D1671171

Jacoby · Erziehen – Unterrichten – Erarbeiten

Heinrich Jacoby

Erziehen Unterrichten Erarbeiten

Aus Kursen in Zürich 1954/1955

Bearbeitet und herausgegeben von
Sophie Ludwig
in Verbindung mit der
Heinrich-Jacoby/Elsa-Gindler-Stiftung

CHRISTIANS VERLAG · HAMBURG

CIP-Titelaufnahme der Deutschen Bibliothek

Jacoby, Heinrich:
Erziehen — Unterrichten — Erarbeiten: aus Kursen in
Zürich 1954/55 / Heinrich Jacoby. Bearb. u. hrsg. von Sophie Ludwig
in Verbindung mit d. Heinrich-Jacoby / Elsa-Gindler-Stiftung. —
Hamburg: Christians, 1989
ISBN 3-7672-1086-X
NE: Ludwig, Sophie [Bearb.]

Herstellung
Hans Christians Druckerei, Hamburg
Umschlagentwurf
Sophie Ludwig, Berlin
ISBN 3-7672-1086-X
Printed in Germany

Aufnahme Sophie Ludwig — Über dem Zürichsee, April 1964

. Regeln sind Zeitgut
und bleiben Zeitgut —
(einer Styl-Epoche)
Gesetze sind bezw. werden
Menschheitsgut.

Inhaltsverzeichnis

Vorwort

Zunehmend verdichtet sich das Bild des weitgreifenden Wirkens von Heinrich Jacoby. Sophie Ludwig profiliert den zu lange unbekannten Pädagogen in unermüdlicher Fürsorge. Sie veröffentlicht seine Aufzeichnungen und Aufsätze, sie eröffnet uns damit Einsichten in die erstaunliche Aktualität und Vielfalt der pädagogischen Erkenntnisse und Reflektionen Heinrich Jacobys und veranlaßt damit, unter wechselnden Gesichtspunkten seinen eindringlichen Argumenten nachzudenken.

Nach 1945 gab es zunächst nur den Artikel von Willy Tappolet, der unter dem Stichwort „Jacoby" 1957 in der „Allgemeinen Enzyklopädie der Musik – Die Musik in Geschichte und Gegenwart" (Kassel-Basel. Bd. 6, Sp. 1631-1633) erschien. Man nahm von Heinrich Jacoby in der öffentlichen Diskussion kaum Notiz und konnte ihn leicht mit dem gleichnamigen Komponisten und Schüler Paul Hindemiths verwechseln.

1980 begann dann Sophie Ludwig ihre Herausgaben mit „Heinrich Jacoby: Jenseits von ‚Begabt' und ‚Unbegabt' – Zweckmäßige Fragestellung und zweckmäßiges Verhalten – Schlüssel für die Entfaltung des Menschen" (Christians Verlag Hamburg). Es handelt sich um die Dokumentation eines Kurses, mit dem Heinrich Jacoby 1945 in Zürich einen Kreis Interessierter in seine Arbeit eingeführt hat.

Dem Bericht liegen etwa 1000 Seiten eines Gesprächsprotokolles zugrunde, die nach den Magnetophonaufzeichnungen des Kurses geschrieben werden konnten und für die Publikation auf 500 Seiten gekürzt worden sind. Das Buch fand viele aufmerksame Leser und rief zahlreiche positive Besprechungen hervor. Unter diesen Rezensionen ragt die umfangreiche Erörterung von Hildegard Finger heraus, die unter dem Titel „Beeindruckt von einem Buch" die Betroffenheit einer Pädagogin durch den Pädagogen Heinrich Jacoby ahnen läßt. Dieser Reaktion auf das Buch, welche 1983 in der Zeitschrift für Musikpädagogik (Regensburg, März 1983, H. 21, S. 44-49) erschien, folgten im gleichen Jahr, ebenfalls in der Zeitschrift für Musikpädagogik (Regensburg, September 1983, H. 23, S. 3-32) Gespräche mit ehemaligen Mitarbeitern und Kursteilnehmern Heinrich Jacobys sowie der Vorabdruck aus einem Musik-Kurs.

1984 erschienen unter der zusammenfassenden Überschrift „Jenseits von ‚Musikalisch' und ‚Unmusikalisch' – Die Befreiung der schöpferischen Kräfte dargestellt am Beispiel der Musik" vier Aufsätze bzw. Vorträge Heinrich Jacobys (Christians Verlag, Hamburg), die aus den Jahren 1921 bis 1927 stammen und in unterschiedlichen Publikationen veröffentlicht worden waren.

Heinrich Jacoby stellt in ihnen verschieden akzentuiert, der auch heute noch leichtfertig behaupteten These von Begabung und Unbegabung, seine Forschungsergebnisse und Überlegungen entgegen, in denen er verdeutlicht, wie unbegründet letztlich die verallgemeinerte Annahme von Veranlagungen bleibt und wie schädlich sich eine Hierarchie von Begabt-Unbegabt in der Erziehung auswirken muß.

1986 folgte dann „Heinrich Jacoby: Musik. Gespräche – Versuche, 1954" (wiederum im Christians Verlag, Hamburg). Das Buch ist mit einer autobiographischen Skizze Heinrich Jacobys eingeleitet, in welcher er die Entstehung und Entwicklung seiner pädagogischen Erfahrungen und Erkenntnisse unter dem Datum „Tel Aviv, Anfang März 1935" schildert. Ein Ergebnis seines pädagogischen Denkens eröffnet in aphoristischer Kürze, einem Motto gleich, das Buch: „Man kann den Leuten die Dinge, mit denen sie sich helfen könnten, ‚anbieten' – aber man kann ihnen nicht helfen!". Entsprechend verfährt Jacoby auch im nachfolgenden Kurs, der den Kursteilnehmerinnen und -teilnehmern die Musik als Medium lebendiger, erfüllter Äußerungen nahezubringen sucht. Er zielt auf eine Nachentfaltung musikalischer Ausdrucksfähigkeit jedes im Kurs Beteiligten. *Diese*, durch die Nachentfaltung gewonnene *Selbsterfahrung führt zwangsläufig zu einer Auseinandersetzung mit kulturellen Problemen unserer Gesellschaft.*

1987 veröffentlichte Heike Le Brün-Hölscher ihre Dissertation, mit der sie die durch Helmuth Hopf angeregten Forschungen über Heinrich Jacoby resümiert und unter dem Titel „Musikerziehung bei Heinrich Jacoby" (Lit Verlag, Münster 1987) beschreibt. Sie greift auf die bereits veröffentlichten Bücher, Artikel und Rezensionen zurück und bezieht darüber hinaus unveröffentlichtes Material aus dem Nachlaß Jacobys in ihre Untersuchungen mit ein.

Mit vorliegendem Buch erscheint nun eine weitere Kursdokumentation, die wiederum auf phonographischen Protokollen von Kursabenden beruht, die allerdings fragmentarischer ausfallen, als bei vorhergegangenen Kursberichten. Die doppelstündigen Arbeitsgemeinschaften sind oftmals nur in Ausschnitten von dreißig bis sechzig Minuten aufgezeichnet. Dennoch erscheinen die Gesprächsverläufe „auf die Kreisbahn um gleichbleibend präsente Kernpunkte gebracht", wie Hildegard Finger es in ihrem oben genannten Aufsatz formuliert, so daß sich die Reihe von Gedanken zu „Fragen des Erziehens, Unterrichtens und Erarbeitens" zum Gedankengang um die Notwendigkeit einer Partnerschaft zwischen Zögling und Erzieher oder Kind und Erwachsenem rundet.

Wie in den anderen Kursen ist auch hier nicht ein systematischer Lehrgang beabsichtigt. Er hätte dem Bedürfnis der Kursteilnehmerinnnen und Kursteilnehmer nicht genügen können, da Jacoby an die pädagogischen Erfahrungen und Probleme der Einzelnen anknüpft und ihnen Wege weisen will, sich selbst zu helfen. In einigen Passagen des Kursberichtes verdeutlicht sich, daß während der Kursabende, mehr aber noch zwischen den Abenden, Aufgaben zu lösen waren, wie zum Beispiel das Schreiben von Resümees. Sie zwingen einerseits dazu, sich an den Verlauf des Kurses zu erinnern und ihn zu beschreiben, also über pädagogisches Handeln nachzudenken, andererseits das eigene Resümee dem kritischen Überprüfen der anderen auszusetzen, gleichzeitig also selbst die Situation des Zöglings oder Schülers zu erleben.

Dem Kurs 1954/55 ist das Gespräch über „Ein pädagogisches Problem“ vorangestellt, das Heinrich Jacoby in einer Arbeitsgemeinschaft 1949 in Zürich führte. Dem Kursbericht folgen Ausführungen zum Thema ‚Erarbeiten der Schreibschrift‘, in denen an einer schulischen didaktisch-methodischen Aufgabe die ‚zweckmäßige Fragestellung‘ und das ‚zweckmäßige Verhalten‘ erörtert sind.

Wir hoffen, daß das Buch vielen Erziehenden in die Hände gerät, von ihnen gelesen wird und als ‚Stolperstein‘ nachdenken läßt über das, was nur allzuleicht zum routinierten Verhalten verkrustet.

November 1988 — Helmuth Hopf und Rudolf Weber

Einleitung

Da dieses Buch auch heute noch ungelöste Probleme der Pädagogik sichtbar werden läßt und positive Wege zur Lösung so mancher dieser Probleme aufzeigt, habe ich mich, obwohl einzelne Kapitel so fragmentarisch sind, zur Herausgabe entschlossen. Ich bin mir bewußt, daß Heinrich Jacoby es für viel zu unzulänglich gehalten hätte. Trotzdem......

Da sein erstes Buch „Jenseits von ‚Begabt' und ‚Unbegabt'" so erfreulichen Widerhall und überraschende Verbreitung gefunden hat, hoffe ich, daß das neue Buch von den meisten Menschen auf dem Hintergrund dieses ersten Buches gelesen wird.

1983 schrieb Hildegard Finger in der *Zeitschrift für Musikpädagogik* unter dem Titel „Beeindruckt von einem Buch" ...Sie (die pädagogisch interessierte Öffentlichkeit, d. Hrsg.) sollte sich des Buches annehmen, um vielleicht festzustellen, daß die pädagogischen und psychologischen Einsichten Jacobys bereits 1945 diverse Erkenntnisse der Pädagogik heute überholt hatten; manches methodisch-didaktische Experiment der letzten beiden Jahrzehnte hätte sein Weitblick als dürr bewachsenen Umweg oder Irrweg entlarvt."

Möge das vorliegende Buch es bestätigen! Möge es dem Fortschritt der Pädagogik dienen!

Ein herzlicher Dank gilt Frau Doris Gold, Adliswil bei Zürich, für die Übertragung einiger Kurse vom Tonband und meinen getreuen Berliner Korrekturleserinnen!

Sophie Ludwig, im November 1988

Ein pädagogisches Problem

Arbeitsgemeinschaft Heinrich Jacoby: 18.3.1949 Zürich

H.K.: ....

... Gelegentlich des so oft aktuell werdenden Themas, wie häufig wir von anderen – besonders von Kindern – etwas verlangen oder erwarten, das wir selbst beim besten Willen nicht befriedigend zu realisieren vermögen, berichten *Hanna* und *Peter K.* von einem Konflikt zwischen ihren Kindern.

H.K. erzählt:

Im Spielzimmer hat jahrelang ein „Turm" gestanden, in dem man kleine Kugeln herunterrollen lassen kann. In all dieser Zeit hat sich keines der Kinder um dieses Spielzeug gekümmert. Aber seit ein paar Tagen ist ein wahrer Kampf um den Turm.

Ernstli hatte letztes Jahr zu Ostern kleine Kugeln bekommen, die er nie benutzt hat. Die kleinen Schwestern fanden, daß sie diese Kugeln, die sonst nicht benutzt würden, für den Turm gebrauchen könnten. Daraufhin hat Ernstli die Kugeln versteckt. Nun war ich der Ansicht, wir sollten diese Kugeln suchen (offenbar hinter Ernstlis Rücken!); denn während Ernstli in der Schule wäre, könnte Evchen doch mit dem Turm spielen. Bei dieser Gelegenheit fielen aus dem Körbchen, in dem Ernstli die Kugeln versteckt hatte, ein paar kleine Eier, die ihm von Ostern her gehörten. Ich habe das gar nicht bemerkt. Evchen fand sie und hat sie gegessen. Als Ernstli dahinterkam, wollte er die Eier ersetzt haben.

Ich habe aber gefunden, es schade gar nichts, daß das so passiert sei, nachdem er so unfreundlich gewesen sei, die Kugeln zu verstecken, um es den Schwestern unmöglich zu machen, mit dem Turm zu spielen. ...

H.J.: Das ist ein geradezu klassisches Beispiel von Erwachsenenlogik gegenüber einem Kind, von Zumutungen, „Gerechtigkeit" zu begreifen, die nur aufgrund von Beziehungslosigkeit zustandekommen konnte.

Als erstes: Wie verträgt es sich mit der Respektierung der persönlichen Sphäre von Ernstli, wenn Sie, ohne ihn zu fragen, in seiner Abwesenheit seine Sachen nach den Kugeln durchsuchen, die Sie doch selbst zu s e i n e n Kugeln gemacht haben und bisher als solche respektiert haben. Entweder führen wir dieses unerfreuliche „Mein" und „Dein" ein, oder wir führen es nicht ein. Aber sie können es nicht einführen und – wenn es Ihnen oder den Geschwistern paßt – es nicht nur ignorieren, sondern so denken und handeln, als ob Ernstli sich die Kugeln zu Unrecht angeeignet hätte. Wir verstehen gut, daß Evchen und Sie selber ärgerlich über Ernstlis Betonung seines Eigentums waren. Aber dann hätten Sie still und freundlich mit ihm darüber sprechen müssen und versuchen müssen, ihn dafür zu gewinnen, die Kugeln von sich aus zur Verfügung stellen zu können. Ich sage „können"; denn offenbar kann er es aus tieferen Gründen, die auflösungsbedürftig wären, nicht. Wie Sie sich aber verhalten haben widerspricht nicht nur der einfachen Logik des Kindes, sondern auch jedem Empfinden für Recht und Unrecht. Sie stellen fest, es geschähe Ernstli recht, daß Evchen seine bei dieser Gelegenheit aufgetauchten Ostereier aufgegessen habe. Sie finden es eine geradezu angemessene Strafe für seine Unfreundlichkeit, die, wenn Sie ein bißchen mehr auf den kleinen Buben reagierten, keine Unfreundlichkeit ist, sondern der Ausdruck der noch immer unbewältigten Not, der Eifersucht auf das Nachgeborene, an deren Entstehung Sie doch selber nicht unbeteiligt sind. Mit solchen Eingriffen zugunsten des Schwesterchens entfremden Sie sich dem Jungen und fixieren ihn immer mehr in seiner Eifersuchtseinstellung, in seiner Angst, gegenüber der kleinen Schwester zu kurz zu kommen.

Sagen Sie *H. K.*, was würden Sie wohl empfunden haben, wenn Sie als Erwachsene aus irgendeinem Ihnen wichtig scheinenden Grunde abgelehnt hätten, einem Erwachsenen Ihrer Umgebung etwas zu leihen, und wenn man, nachdem Sie den Gegenstand verstecken mußten, weil man ihn ohne Ihr Einverständnis benutzen wollte, in Ihrer Abwesenheit Ihre Schränke durchsucht hätte? – Wenn die Indiskreten dabei noch zufällig etwas anderes gefunden hätten, das Sie aus irgendeinem – offenbar Ihnen wichtigem – Grunde sich aufbewahrt hatten, und dieses andere gegessen, beschädigt oder zerstört hätten, und statt sich zu entschuldigen, meinen würden, es geschähe Ihnen recht: „Warum bist du so ungefällig gewesen? Das hast du nun davon!"

Was entstünde wohl daraus außer einem der leider nicht seltenen Familiengezänke? Möglicherweise eine tiefwirkende Vertrauenseinbuße!

Wir verstehen *H. K.s* Vorgehen, solange wir alles mißachten, was wir über die Respektierung der kindlichen Sphäre je gesagt haben. Das war eben eine „Strafe" für Ernstlis Unfreundlichkeit, und Tausende von Erwachsenen würden ihr eigenes leises Empfinden, daß da etwas nicht ganz in Ordnung wäre, übertönen mit jenen allzu bekannten: „Warum hast du?" – „Warum bist du?" – „Es geschieht dir recht!" Hier haben Sie das Musterbild für die Entstehung von Zanken und Streiten. Jeder behauptet im Recht zu sein, und jeder ist es auch, aber auf verschiedenen Ebenen, von verschiedenen Standorten aus! Sie kennen meine Meinung, daß Zanken und Streiten etwas vom Unwürdigsten zwischen vertrauten Menschen sei!

Wir haben uns häufig darüber verständigt, daß sehr viel von einem Menschen verlangt wird – vor allem an Anwesendsein, Affektfreiheit, Kontakt, an echtem Interesse u. ä. –, der „richten" will, urteilen und verurteilen will. Wenn ein Kind bereits eifersüchtig ist, ist sein Empfinden für Rechtlichkeit und Gerechtigkeit der Erwachsenen gerade bei Konflikten, in denen seine Eifersucht beteiligt ist, besonders wach und verletzlich. Von da aus gehört nicht viel zu seiner Bereitschaft, zu verallgemeinern und zu jenem häufigen: „Immer werde ich benachteiligt!" – „Immer bekommen die anderen recht!" etc. zu kommen. Wer Kinderstuben erlebt hat, dem wird diese Art der Argumentation bekannt sein.

Wir scheitern immer wieder an der Erfüllung jener Grundbedingung für den Kontakt mit Menschen und insbesondere mit Kindern: am wirklichen Ernstnehmen des anderen! Wie verschiebt sich in Ihnen das Gewicht von Recht und Unrecht gegenüber Ernstli allein dadurch, daß Sie ihn nicht ernst genug nehmen und nicht aus echtem Bedürfnis den Respekt vor seiner persönlichen Sphäre empfinden, den wir vielleicht manchmal Erwachsenen gegenüber aufbringen, Kindern gegenüber aber fast nie!

Wäre Evchen mit etwas, das dem Vater gehörte und er auf die Seite getan hatte, so umgegangen wie mit Ernstlis Ostereiern, wäre *H. K.s* Reaktion vermutlich anders gewesen.

H. K.: Aber wir haben gar nicht gewußt, daß die Eili dem Ernstli gehörten und wo sie hergekommen seien.

H. J.: Das können sie hinterher sagen. In Wahrheit haben Sie sich nur nicht weiter um das gekümmert, was Evchen tat. Vermutlich liegen im Hause *K.* im März keine Ostereier vom vergangenen Jahr herum! – Hat denn Ernstli die Eier vermißt?

H. K.: Ja, sofort als er nach Hause gekommen ist.

H. J.: Wenn er sie sofort vermißt hat, muß ihm die Existenz der Eier doch etwas bedeutet haben, sie müssen zu seinen „Schätzen" gehört haben! Was geschah denn, als er von der Schule heimkam?

H. K.: Er hat es sofort gemerkt, und gleich ging der Jammer los. Er beklagte sich bei mir, und ich erklärte ihm, wir hätten gar nicht gewußt, woher die Eier kamen (!), und im übrigen geschähe es ihm ganz recht, daß die Eier nun aufgegessen seien. Warum sei er so unfreundlich gewesen!

H.J.: Haben Sie in jenem Moment, als das unglückliche Kind zu Ihnen kam, um sich über Evchens „Missetat" zu beklagen, wohl versucht, einen Moment bei sich zu sein und ihn mit seinem Kummer so ernst zu nehmen, wie wenn etwa ein Ihnen vertrauter Erwachsener mit einem großen Kummer zu Ihnen gekommen wäre? Haben Sie gespürt, daß der kleine Mann mit einer Not zu Ihnen gekommen ist, daß Konflikte, die viel tiefer liegen, geklärt werden sollten? Oder ist es vielleicht so gewesen, wie es bei uns Erwachsenen, wenn wir mit Kindern zu tun haben, so häufig ist: daß man mit viel „dringenderen" Dingen beschäftigt ist oder seine Ruhe vor dem Gezerre zwischen den Geschwistern haben möchte und dann irgendeine Antwort gibt, in diesem Falle die „naheliegende", mit der man den, der eigentlich im Recht ist, dadurch ins Unrecht setzen kann, daß man ihm gleichzeitig ein Unrecht vorhalten kann, das er getan hat. Übrigens ein Verfahren, das leider sehr gebräuchlich ist! Daher kommt auch das durch Verhaltensweisen der Erwachsenen gezüchtete Sichanschwärzen der Kinder, wenn eines bei etwas Unrechtem ertappt worden ist: „Der Fritz (oder das Trudi) hat gestern auch heimlich etwas gemacht!" etc., wodurch die eigene Schuld kleiner erscheinen soll. Das hängt mit unserer Erziehung zum Buchführen zusammen, dem gegenseitigen Vorrechnen, was jeder auf seinem Konto an Freundlichkeiten oder Unfreundlichkeiten vorfindet! –

Wir scheinen uns über eine zentrale Aufgabe, die für jeden von uns besteht, noch nicht tiefgehend genug verständigt zu haben, obwohl Sie sie schon unzählige Male „verstanden" haben. Ich habe Sie oft dafür zu interessieren versucht, daß uns jedes kleine Kind notwendigerweise als vollwertiger, so ernstzunehmender Mensch erscheinen sollte, daß wir das Bedürfnis empfinden, es so zu respektieren, wie wir das selbstverständlich gegenüber einem erwachsenen Partner tun, an dessen guter Meinung über uns uns viel liegt.

Läge uns tatsächlich etwas an dieser guten Meinung eines Kindes – was sich mit dessen Vertrauenkönnen uns gegenüber geradezu deckt –, dann könnten derartige „Erledigungen" eines Konfliktes, solche „Antworten" auf eine bekümmerte Anklage sich niemals auf unsere Lippen drängen. Wir müssen von Anfang an versuchen, alle Spannungen zwischen den Kindern und zwischen ihnen und uns so ernst zu nehmen und so zu schlichten, wie wir das versuchen würden, wenn uns etwas für uns persönlich lebenswichtig erscheint.

Ein Kind muß sich sehr oft um sein Recht betrogen gefühlt haben, wenn es sich angewöhnt hat, das, was es dafür hält, mit allen, auch mit neurotischen Mitteln zu erzwingen. Ich erinnere aber auch daran, daß kein irreparabler Schaden entstehen muß, wenn wir es schließlich noch schaffen, dem, dem Unrecht geschehen ist, spürbar zu machen, daß wir selbst empfinden, etwas falsch gemacht zu haben, und daß wir den ehrlichen Wunsch haben, es wieder in Ordnung zu bringen. Sie werden erstaunt und überrascht sein, wie großmütig ein Kind etwas verzeiht, wenn man ihm Gelegenheit gibt, auch einmal etwas verzeihen zu können, und nicht nur immer wir vollkommenen „Herrgötter" es sein wollen, die dem Kind seine „Unarten", Unzulänglichkeiten und Fehler zu verzeihen haben. Wir brauchen weder Kinderpsychologie noch Erwachsenenpsychologie. Wir brauchten nur Stillsein und Empfindlichsein für Anwesenheit in den zwischenmenschlichen Beziehungen! Den kleinen Menschen so ernst zu nehmen wie einen uns wichtigen Erwachsenen, von dem wir bejaht zu werden wünschen!

Auch das wäre etwas für „Probierers Tageslauf" (eine Verabredung aus *H.J.s* Arbeitsgemeinschaften) und für eine Sammlung von Notizen darüber, wann und wo wir im Verkehr mit Kindern oder mit uns „untergeordneten" Menschen nicht so funktioniert haben wie mit Partnern, die wir spontan als „vollwertige" Menschen nehmen, nämlich: anwesend im Fragen, anwesend im Antworten, anwesend im Bejahen, anwesend im Verneinen etc. Vermutlich gäbe es dabei allerlei in unsere „Stolperliste" einzutragen!

„Nur ein Kind!" – „Nur eine Frau!"

Ein Kind ist noch – auch wenn ihm nichts davon bewußt wird – für dieses „nur" empfindlich. Die überwältigende Mehrzahl der Frauen allerdings hat anscheinend ihre Empfindlichkeit für dieses „nur" verloren oder, besser gesagt, aufgegeben. Es wäre allerlei zu tun, bis wir in unseren Nächsten immer erst den Menschen sähen und dann erst mit dem Be-werten begännen, – erst dann die „Schönheit", das Sympathisch- oder Unsympathischsein, erst dann die Kleider, das Alter, den Beruf etc. sähen, was uns allen, die wir die übliche Erziehung gehabt haben, nicht gerade leicht fällt.

Gerade dort ist der Schlüssel dafür zu finden, ob wir Erziehende und wie wir Erziehende werden können! Dann könnte der Erziehende so sein, wie der wirkliche Erziehende sein sollte:

Nämlich, daß er in gewissem Sinne überflüssig ist, daß er nicht zu erziehen braucht, ja, daß er nichts mehr zu erziehen vorfindet. Auch für den Erziehenden gilt die Möglichkeit, vom Leben fürs Erziehen entfaltet zu werden, vom Gebrauchtwerden durch das Leben, durch unsere Kinder. Zweckmäßiger Gebrauch und zweckmäßiges Verhalten sind Voraussetzung dafür.

Damit sich aber Erziehende so angstlos, so kontaktbereit, so menschlich verhalten können, würde für Menschen aus unseren durchschnittlichen Verhältnissen die Erziehung des Erziehers, die Selbst-Nacherziehung des Erziehenden zur unerläßlichen Vorbedingung und zur wichtigsten Aufgabe!

Wir erleben doch ständig, wie wenig das Wissen, wie man's machen sollte, oder das Wissen, wie man sein sollte, nützt. Gerade die routinierte „Nettigkeit", mit der *H. K.* den Konflikt um Ernstli aus der Welt schaffen wollte, zeigt es uns wieder. Wie lange versuchen die Eltern *K.* schon, es immer richtiger mit ihren Kindern zu machen! Wie viel bedeutet es schon, daß sie sich selbst immer erneut fragen, wie man es besser machen könnte, und daß sie versuchen, still und affektlos mit ihren Kindern zu verkehren, wenn Sie sich gegenwärtig halten, was für ein Geist sonst häufig in Familie und Kinderstube zu finden ist!

Aber ein wesentlicher Schritt – nicht den Kindern, sondern dem Leben gegenüber – muß da offenbar noch getan werden, damit man auch den Kindern gegenüber in kritischen Momenten so anwesend und aufgeschlossen sein, bzw. werden kann, daß einem aus diesem Anwesendsein heraus, aus diesem Offensein, das Kontakt erst entstehen läßt, die zweckmäßigen Verhaltensweisen, die „richtigen" Antworten zuwachsen können.

Wir wissen allmählich zur Genüge, wie anders der Anwesende, Stille, Offene auf dieselbe Situation reagiert als der Eilige, der Besetzte, der Routinierte, der „Wohlwollende", der „Richtig-machen-Woller" oder gar der alles ganz genau wissende „Fachmann"!

Da wir aber in unseren Lebensverhältnissen ohne bewußte Arbeit an uns selbst keine zweckmäßige Grundtendenz unserer Verhaltens- und Reaktionsweisen erwarten dürfen, können wir auch nicht darauf hoffen, ein entfaltend wirkendes Leben nur durch die Ansprüche, die es an uns stellt, leben zu können! Ohne bewußte ernste Arbeit an uns werden wir nicht immer – und gerade nicht in Schwierigkeiten und Konflikten – in unserem Partner in erster Linie den Menschen erleben und respektieren. Auch hierfür gilt jenes Wort des alten Faust:

„Das ist der Weisheit letzter Schluß:
Nur der verdient sich Freiheit wie das Leben,
Der täglich sie erobern muß."!

Täglich, stündlich wird dieses Neu-Erobern von uns verlangt, müssen wir Offensein, Anwesendsein neu erarbeiten. Er-arbeiten heißt in diesem Zusammenhang auch nur wieder, bereit sein zu stolpern, wenn wir nicht so sind, wie wir erkannt haben und wie wir spüren, daß es wünschenswert und auch möglich wäre. Für die Arbeit an uns braucht es kein Studium psychologischer Wälzer und das Anhören vieler Vorlesungen über Psychologie und Pädagogik! Wir müssen es auch nicht von heute auf morgen „können" und „richtig" machen, sondern sollten froh sein, häufiger und immer rascher zu merken, wenn wir's „falsch" machen, weil wir bereit geworden sind zu stolpern. Ist uns das oft gelungen, meldet sich allmählich ein Alarmsignal, bevor wir im Begriff sind, es falsch zu machen, daß es nottäte, anwesender zu werden.

Das Beispiel, das uns *H. K.* erzählt hat, enthält weder für sie noch für uns etwas Neues. Sie weiß – und wir wissen aus anderen Fällen von Schwierigkeiten, von denen die Eltern *K.* hier berichtet haben –, daß Ernstli auf das jüngere Schwesterchen eifersüchtig ist und daß sich das mit der Tendenz zu Neid und Mißgunst, mit der Angst vor Benachteiligtwerden, mit Bedürfnis nach Bestätigung der eigenen Wichtigkeit, Bedeutung und „Tüchtigkeit", nach betonter Anerkennung, nach Beweisen der eigenen Überlegenheit o. ä. äußert und nicht zuletzt mit dem Bedürfnis nach Respektiertwerden, in dem heutigen Fall auch nach Respektieren des eigenen Besitzes!

Was ihm vorher noch gleichgültig und uninteressant war, wird ihm sofort wichtig und geradezu lebensnotwendig, wenn das Schwesterchen es haben möchte. So vielfältig die Erscheinungen, an denen diese Beunruhigtheit aus Eifersucht sich stofflich zu erkennen gibt, so „einfältig" ist der funktionelle Gehalt all dieser Quängeleien, Zwängereien, Streitereien und Beunruhigungen der Atmosphäre der Kinderstube. Stofflich erscheinen all seine vielen „Erziehungsschwierigkeiten" sehr verschieden, der Funktion nach geht es aber im Grunde immer um dasselbe! Man ist nur meist noch so an den Stoff fixiert, daß man sich erst die Gewohnheit erarbeiten muß, sich stets zu fragen, was das Geschehen wohl funktionell bedeuten mag: Ist der „Kampf um die Kugeln" oder das „Unglück" über die vom Schwesterchen vertilgten elf Monate alten Ostereier ein neuer Konflikt, ein neues Problem, oder bedeutet es nichts weiter als die alte, längst vertraute Schwierigkeit, die natürlich auch im Rahmen der Schulgemeinschaft in Erscheinung treten wird.

H. K.: Ja, er kommt jetzt auch aus der Schule heim und will immer auch haben, was Schulkameraden haben.

H. J.: Wie soll das anders sein können, solange Ernstli sich noch als der Benachteiligte empfindet! Das kann erst anders werden, wenn Sie sich sein volles Vertrauen neu erworben haben. Wie Sie das fertig bringen, bleibt Ihre Sache und hängt davon ab, ob und wann die Wärme, die Sie für den Jungen empfinden, statt Ausdruck der Liebe zu „Ihrem" Kind zum Ausdruck der Menschenliebe, zur Zuneigung zu dem Menschen Ernstli wird, zu dem voll respektierten, als Mensch, als Wesen mit eigenen Wünschen und Bedürfnissen empfundenen jungen Partner.

H. K. : In der Schule ist es für Ernstli schwer, weil er so klein für sein Alter ist und ihm das alle immerzu sagen.

H. J. : Hier besteht für ihn noch ein zusätzlicher und echter Konflikt, für dessen Bewältigung er durch das Erlebnis des Benachteiligtseins gegenüber der kleinen Schwester ungünstig vorbereitet ist.

Wenn Sie Ernstli zu erkennen geben, daß man für seinen Kummer über das Kleinsein wirkliches Verständnis hat, daß er an etwas leiden muß, an dem Menschen von jeher zu leiden hatten, wenn sie irgendwie auffällig unter oder über der „Norm" sind, dann könnten Sie sogar mit dem hierbei gezeigten Verständnis manche Fehler von früher ausgleichen. Wenn Sie aber mit dem üblichen Gerede, das sei alles nicht so schlimm, er werde bald größer werden, er solle „auf den Mairegen warten" etc., – zumindest in der gegenwärtigen Etappe ungewöhnlichen Kleinseins – höchst reales Unglück bagatellisieren, dann fühlt er sich mit Recht unverstanden, und das Unglück kann für ihn dadurch noch größer werden. Er muß erleben, nicht daß Sie ihn bedauern, sondern daß Sie Verständnis für seine Lage haben.

Da Ernstli vorläufig immer wieder mit seinem Kummer kommen wird, der ihm gewissermaßen ein Recht auf die besondere Anteilnahme der Mutter gibt, entsteht für die Mutter die ernste Aufgabe, nie Interesse zu heucheln und den „Plagegeist" mit ein paar billigen Trostworten oder Redensarten abzuwimmeln, wenn auch „nett" abzuwimmeln. Mit solchen Worten, mit den schönsten Geschenken, bei denen der Empfänger spürt, es sei Ersatz für wirkliche Wärme, für echtes Interesse, bei denen er spürt, daß man gar nicht für ihn anwesend ist, schaffen wir Vertrauenseinbuße. Es ist viel und zugleich wenig, was wirklich Freund sein mit einem Kind von einem verlangt: Achtung und Anerkennung als vollwertigen Partner.

Wie es uns plagt, uns nicht schlafen läßt, wenn wir einem erwachsenen Freund gegenüber versagt haben, ihn gekränkt oder enttäuscht haben und das nicht sofort haben ausgleichen können, so müßten wir beunruhigt und bedrückt sein, solange wir eine Ungeschicklichkeit, eine Ungerechtigkeit oder Heftigkeit, ein hartes Wort – und sei es noch so wenig „böse" gemeint gewesen! – gegenüber einem Kind noch nicht ausgeglichen haben!

Das noch nicht „abgebrühte" Kind leidet unter Ungelöstem mindestens so sehr wie der von uns geliebte Erwachsene.

Das Kind so ernst zu nehmen ist eine Forderung ohne moralinischen Beigeschmack. Sie ergibt sich aus sachlichen Gegebenheiten und Notwendigkeiten und stellt sich aus Gründen der Zweckmäßigkeit! Sie stellt sich aus der uneingeschränkten Anerkennung des Menschen im Nebenmenschen und aus der Anerkennung auch des Kindes als unserem Nebenmenschen.

Daß alle Menschen Brüder sein sollen oder – um den aus dem Patriarchat gewachsenen Ausdruck zu verbessern – Geschwister, stellt sich nicht als religiöse Forderung, sondern erweist sich bei näherer Überprüfung als eine Forderung, die sich aus den sachlichen Bedürfnissen der Existenz einer menschenwürdigen Gesellschaft stellt! ....

Kurs vom 17.11.1954

Heinrich Jacoby:
Bestehen Unterschiede zwischen „*Erziehen*" *und* „*Unterrichten*? ... Was wird üblicherweise darunter verstanden? ...

M.E.: Erziehen wird doch erst bei abnormal schwierigen Fällen akut. ...

H.J.: Dabei wird die Notwendigkeit einer erzieherischen Einwirkung bloß besonders auffällig akut! ... Im Grunde finden wir bei den „Anormalen" immer die gleichen Probleme wie bei den „Normalen"; sie zeigen gewöhnlich nur jene Schwierigkeiten auf besonders drastische Weise, die bei jedem „Normalen" (den es bekanntlich nicht gibt!) auch bewältigt werden müssen. ... In der Kursankündigung ist mitgeteilt worden, daß diese Gruppe sich hauptsächlich mit *Fragen des Erziehens, Unterrichtens und Erarbeitens* beschäftigen wolle. Es wird entscheidend von der Art der Initiative jedes einzelnen von Ihnen abhängen, welche Probleme wir unter dieser Flagge behandeln und klären wollen. Sicher wird der Unterschied zwischen dem, was man unter Erziehung und dem, was man unter Unterricht verstehen mag, erst im Laufe unserer Auseinandersetzungen klar werden können.

Auch wenn keiner von uns jemals mit Erziehen oder Unterrichten zu tun gehabt hätte, wenn wir weder Familie noch Kinder gehabt hätten, so wären wir trotzdem unser ganzes Leben lang bisher schon – ob uns das bewußt ist oder nicht – in vielfältiger Weise allesamt nicht nur Erzieher gewesen, sondern auch Unterrichter! ... Vergessen sie nicht, daß *alles* in unseren Milieus – auch die sog. toten Dinge! – uns von früh bis spät erzieht und unterrichtet, uns also belehrt. ... Etwas anderes ist es, wie weit wir etwas von dieser ständigen Belehrung und Zurechtweisung durch die Realität unseres Daseins zur Kenntnis nehmen, es uns bewußt werden lassen. ...

M.E.: Für mich scheint das Wesentliche des Unterrichtens ein Beibringen eines gewissen Maßes von Wissen zu sein, und das von Erziehen wäre das Entfalten von dem, was in dem kleinen Menschen drin ist. ...

H.J.: Nehmen wir zunächst diese Erklärung zur Kenntnis. Mancher von Ihnen hätte sich vermutlich ähnlich geäußert, wenn er nicht schon ein paar Jahre hier mitgearbeitet hätte? ... Irgendein Unterschied wird von jedem Menschen empfunden, auch vom einfachsten Arbeiter oder Bauern, der von der Schule andere Einwirkungen auf seine Kinder erwartet als von der Familie. ...

R. M.: Bezieht sich dann Unterrichten auf alles Wissen und Erziehen auf alles, was sonst im Leben notwendig ist? ... Die Eltern zielen doch gewöhnlich mit dem Erziehen nicht auf die Entfaltung des Kindes, sondern darauf, daß es im Leben zurecht kommt. ...

H. J.: Damit wird *M. E.s* Interpretation etwas angezweifelt, obwohl wir auch nur feststellen können, daß wir uns bei *R. M.s* Formulierung wohl etwas „denken" können, ohne aber schon klarer zu sehen. Ist Unterrichten wirklich wesentlich Beibringen von Wissen, wie *M. E.* sagte? Ein Schuster oder ein Tischler, der seinem Lehrling zeigt, was alles zu seinem Handwerk gehört, wird auch überzeugt sein, daß er die jungen Menschen unterrichte und kaum meinen, er erziehe sie, obwohl er gerade durch die praktischen Arbeitszumutungen, die er stellen muß, mehr Chancen hat, die jungen Menschen auch zu erziehen, allerlei Fähigkeiten bei ihnen zur Entfaltung zu bringen. ... Wenn wir uns mit Fragen von Erziehen und Unterrichten beschäftigen wollen, müssen wir davon ausgehen, was jeder von uns selber damit meint, wenn er diese Begriffe benutzt. ...

R. M.: Z. B. in einer frommen Familie wird man das Kind dazu erziehen, daß es die zehn Gebote halte. ...

H. J.: *Wie* wird man es denn erziehen, damit es die zehn Gebote hält? Wenn Eltern auf diesen Wunsch verfallen, werden sie meistens versuchen müssen, den Text dieser Gebote beizubringen. ... Wird man es erziehen, oder wird man es über die zehn Gebote unterrichten? Eltern, denen der Gehalt der zehn Gebote etwas Wesentliches bedeutet, werden kaum von diesen Geboten reden, sondern sie werden versuchen, in ihrem ganzen Sein deren Sinn zu leben, selbst danach zu handeln, und dann würde es wiederum kaum nötig, von den Geboten zu reden. ...

R. M.: Man wird ihnen aber doch sagen: „Du sollst nicht stehlen!" und: „Du sollst nicht lügen!"

H. J.: Glauben Sie, daß irgendein Vater oder eine Mutter, die nur halbwegs bei Trost sind, jemals auf den Gedanken käme, seinem Kinde, solange es nichts gestohlen hat, zu sagen: „Du sollst nicht stehlen!" – oder solange es nicht gelogen hat: „Du sollst nicht lügen!". Daß es Leute gibt, die am liebsten den ganzen Text der Bibel schon einem kleinen Kinde beibringen möchten, ist gewiß; nur wird niemand von uns solche armen Menschen in irgendeinem vertretbaren Sinne als fromm bezeichnen. ... Das sind höchstens Menschen, die selber einmal starr und mit Härte zur „Frömmigkeit" „erzogen" worden waren. Welcher Mensch, der auch nur ein bißchen bei sich ist, wird dergleichen auf Vorrat beibringen wollen! Wenn aber Menschen, die sich selber innerlich den Notwendigkeiten jener moralischen Grundforderungen verpflichtet fühlen, ohne die eine Gemeinschaft nicht eine Gemeinschaft sein kann, erleben, daß ein Kind sich in diesem Sinne asozial verhält, und ihm sagen, man dürfe nicht lügen, so erleben wir ein Musterbeispiel dafür, ob es überhaupt möglich ist, Unterrichten von Erziehen oder Erziehen von Unterrichten zu trennen. ...

Wir werden uns also eher fragen müssen, ob und wieweit es überhaupt vernünftigerweise möglich ist, diese beiden Begriffe innerhalb wie außerhalb der Schulproblematik ihrem Gehalt nach voneinander zu trennen. ...

H. St.: Sie haben das schon immer gesagt, und auch ich kann heute nicht mehr sehen, wie man unterrichten kann, ohne gleichzeitig zu erziehen. ...

H. J.: ... und auch nicht, daß man erziehen kann, ohne gleichzeitig zu unterrichten. Nur gehört nicht dazu, daß man das Erfahrbar-Gewordene unbedingt in Form einer sprachlichen Formulierung noch ausdrücklich mitteile! ... Wenn ich ein Kind, das etwa dem Geschwister etwas „weggefressen" hat, darauf aufmerksam mache, daß es diesem etwas entzogen habe, das ihm zukam, so habe ich ihm damit doch auch etwas bewußt gemacht, ganz abgesehen davon, wie weit es mir dabei gelungen ist, es wirklich zu „erreichen". ... Ich habe es also davon unterrichtet, daß es gegen eine Grundlage der Gemeinschaft verstoßen habe, und zugleich versucht, ihm diese Tatsache nicht bloß bewußt werden zu lassen, sondern auch versucht, seine Art zu sein zu beeinflussen! ...

R. M.: Wenn man aber ein Kind lehren will, daß es sich richtig benehmen kann, daß es sauber ißt bei Tisch, daß es die Hand gibt, wenn jemand zu Besuch kommt, oder daß es „danke" sagt, wenn es etwas bekommt, so sind das doch Sachen, die man gewöhnlich mit Erziehen bezeichnet.

H. J.: Sie sehen die vielen Facetten dieser Begriffe. Die sog. gute Erziehung ist oft das ganze Anliegen, das die Eltern beim „Erziehen" bewegt! Das Kind wird über das unterrichtet, was es zu tun hat, auf daß es vor den anderen Menschen als „erzogen" erscheine. Wenn hinter dem Begriff irgend etwas Wesentliches stehen soll, dann gehört zum Erziehen stets die Tendenz einer Veränderung des Seins und nicht bloß des Wissens! Während es beim Unterrichten meist nur um ein Beibringen von Wissen und Formen geht, ohne Verpflichtung, dafür besorgt zu sein, daß das Beigebrachte auch zu einer Veränderung der Art zu sein führt! ... Nochmals das Beispiel der zehn Gebote: Es ist nichts erreicht, wenn ein Kind z. B. gelernt, beigebracht bekommen hat, daß man nicht töten solle, und dem Kinde nicht deutlich spürbar geworden ist, daß es entscheidend darauf ankommt, sich auch so zu verhalten. Damit sind wir auch bei unserm bekannten Problem: „Er-arbeiten" – „Lernen"! ... Wenn man Kindern die Geschichte von Kain und Abel erzählt, berichtet man dabei durchaus von Problemen und Konflikten, die jedes kleine Kind schon unmittelbar erlebt hat, sofern und solange es nicht Einzelkind gewesen ist! ... Welches Kleinkind ist nicht schon böse gewesen auf das jüngere Brüderchen oder Schwesterchen? Welches ist nicht eifersüchtig geworden, wenn der Vater oder die Mutter das andere Geschwister ihm vorgezogen hatte? Wer von Ihnen hat schon erlebt, daß das ältere Geschwister scheinbar unmotiviert das jüngere stößt und zwackt und schlägt, es mit dem Kinderwagen umwirft o. ä.? Wissen Sie von den unzähligen tatsächlichen Totschlagsversuchen kleiner Kinder an Geschwistern, von den Fällen, in denen das Brüderchen oder Schwesterchen in den Brunnen gestoßen oder aus dem Fenster gestoßen wurde? ... Und wie oft kommt es zu Todesdrohungen oder zu ausgesprochenen Todeswünschen! ... Weder das Gebot, nicht zu töten, noch die Geschichte von Kain und Abel sind abstrakt, noch geht ihr Gehalt über die Lebenssphäre kleiner Kinder hinaus, sobald man mit offenen Augen sieht und erlebt, was sich da täglich in der Familie oder auf der Straße abspielt. Nur vergessen und verdrängen wir Selbsterlebtes, wenn wir älter geworden sind, obwohl hier eine häufige Quelle von schweren Schuldgefühlen ist, die Erwachsene später mit sich herumschleppen, ohne mehr zu ahnen, woher sie gekommen sein mögen. ...

(Hinweis auf Zeitungsberichte ... Beispiele aus *R. S.s* Pflegerinnen-Erfahrungen) ... Wir müssen erkennen, daß es kein Unterrichten ohne Erziehen und kein Erziehen ohne Unterrichten gibt, sobald wir mit beiden Begriffen etwas Wesentliches im Sinne von Entfaltung durch Gebrauch oder Bewußtwerden von Erlebtem und Erfahrenem meinen! Unterrichten ist Aufgabe, dazu bereit werden zu lassen, immer mehr darüber zu stolpern, wenn man etwas bloß weiß, ohne darauf aus zu sein, das Entsprechende im Leben auch geschehen zu lassen oder es praktisch zu realisieren ..., so, wie der Unterrichtende bereit werden müßte, zu stolpern, sobald er merkt, daß er etwas mitgeteilt oder gefordert hat, ohne dafür zu sorgen, daß es realisiert wird und nicht bloß gewußt bleibt! ... So werden so viele Verbote gegenüber Kindern ausgesprochen, ohne dafür zu sorgen, daß ihre Einhaltung immer neu angestrebt wird! ... Würde das in der Familie wie in der Klassengemeinschaft der Schule konsequent angestrebt, so wäre Erziehen wie Unterrichten eine stets untrennbare Einheit und beide Einwirkungstendenzen fruchtbar! ...

Es ist doch alles, was es zu unterrichten gäbe, im realen Leben des Kindes längst vorgekommen, lange bevor Schule oder Belehrung akut wurden. ... Ich erinnere Sie an frühere Hinweise, daß z. B. die gesamten Gehalte der „Mechanik" in den Bewegungen und Tätigkeiten jedes Menschen längst erlebt und gelebt werden, ehe ein Unterricht in Physik und Mechanik fällig wird. ... Dem Unterrichtenden ist nur oft nicht bewußt, *daß er nur eine Beziehung zwischen längst Erlebtem und dem, was in bestimmten Zusammenhängen bewußt erkannt werden müßte, herzustellen versuchen müßte*: eine Brücke zwischen längst Gelebtem und Erlebtem, aber nicht bewußt Erlebtem und damit auch noch nicht Gewußtem! Im Rechenunterricht ist die Wurzelrechnung etwas Neues, nur eben als leere Formeln auswendig Gelerntes ohne Kontakt zu deren funktionellem Gehalt, obwohl Quadrate und Wurzeln im kleinen und großen Einmaleins längst angetroffen worden sind.

R. M.: Hat denn das Kind das Wesentliche vom Schreiben auch schon vorher und unmittelbar erlebt?

H. J.: Das Wesentliche davon gewiß; denn es verständigt sich von Anfang an durch Bilder und erkennt Dinge auf der gleichen Basis wieder, so wie die älteste Stufe der Schrift nicht der Gebrauch von Buchstaben, sondern die „Schrift" aus Bildern ist (siehe China und die Hieroglyphen!). ... Das grüne oder rote Lichtsignal auf der Straße ist im Grunde auch eine „Schrift". Daß dem so ist, braucht nur weder dem Kinde noch dem Erwachsenen bewußt geworden zu sein. ... Das Kind könnte, wenn es in die Schule kommt, längst lesen, nämlich die Funktion des Lesens als Wiedererkennen von Sinnbildern praktizieren, wenn man es nur dort ansprechen wollte, wo es schon voller Sinn-Bilder steckt. Das „Becken" des Barbiers, die „Brezel" vorm Bäckerladen, die Uhr vor dem Uhrenladen, der „Pfeil", der die Richtung zeigt, oder die aufgemalte Hand, die Uhr, die es liest ohne eine Ahnung von den Stundenziffern zu haben, ... der große Bereich der international überall verständlichen Verkehrszeichen, aber auch der menschlichen Gesten, die ohne Worte lange „Geschichten" zu erzählen vermögen. ... Dem Kind erzählt das rote Licht am Straßenübergang sehr genau, daß es jetzt nicht auf die andere Seite darf, obwohl es noch keinen Buchstaben lesen oder schreiben kann. ... Wieviel „Mitteilungen" werden eindeutig an Bewegungen, Haltungen abgelesen, ohne daß es der Umsetzung in Worte, geschweige in Buchstabenschrift bedürfte! Dort müßte angeknüpft werden, beim längst Vertrauten, wenn wir das Lesen in der Schule vorbereiten wollten und dann von da aus erst das Schreiben! ... *Die Schreibschrift bringt funktionell nichts Neues für das Kind*! Das Kind „liest" schon an Vaters verstimmtem Gesicht ein ganzes Buch! Unsere Buchstabenschrift ist bloß eine Abstraktionsreichere Abhandlung des gleichen Leseprozesses und – im Grunde – auch Schreibprozesses! *Immer an das längst Vorhandene anknüpfen, von dessen Vor-*

handensein wir nur selbst erst bewußt Notiz genommen haben müßten! ... Dann würde das Mitteilen, das Unterrichten sich wesentlich anders abspielen können und würde dann jenes Erarbeiten, bei dem man ständig nur an bereits Vorhandenes anzuknüpfen brauchte! ... Wenn der Erstkläßler in die Schule kommt, bringt er viel mehr mit, als in den ersten sechs Schuljahren mitzuteilen wäre, wenn wir nur schon verstünden, an das Vorhandene so anzuknüpfen, daß Unterrichten nichts mehr sein müßte, als das Mitgebrachte als vorhanden bewußt werden zu lassen! ... Wenn wir nur endlich den jungen Menschen als ein lebenserfahrenes, vollwertiges Menschenkind erleben und uns ihm gegenüber entsprechend einstellen lassen würden, wäre vieles leichter und die Unterscheidung Unterrichten – Erziehen würde ihre Existenzberechtigung verlieren! Das Kind als vollwertiger Mensch und Freund, zu dem wir nicht mehr hinunterzuschauen brauchen! Wie oft hört das Kind längst bevor es zur Schule kommt: „Dafür bist du noch zu dumm!" – oder: „Dafür bist du noch zu klein!" etc. ... Das sind nämlich auch Mitteilungen und dazu solche, die meist entmutigend wirken! „Das verstehst du noch nicht!" Nein, es ist hier der Erwachsene, der nicht versteht und nicht weiß und nicht in Beziehung zu dem ist, was das Kind längst kennt, wenn auch noch nicht „weiß"! ...

Wir haben als Erwachsene doch auch erst noch zu erkennen, daß man für so vieles bei sich selbst in die Schule gehen kann, wofür auch das Kind bei sich selbst in die Schule gehen kann! ... Wie oft haben wir uns auch darauf aufmerksam gemacht, wie unsere linke Hand bei der rechten in die Schule gehen kann und der Fuß bei der Hand etc. ... Wozu erziehen? Wozu entfalten wollen? Wozu unterrichten? Wollen wir Entfaltung im Sinne eines „Werde, der du bist"? ... Würden wir so vorgehen, daß wir an überall Vorhandenes anknüpften, dann gäbe es sehr viele „schlechte", „unbegabte" und „anormale" Schüler gar nicht mehr! ... Das „langsame" Kind? ... Woher kommt das? ...

Das „faule" Kind? ... Woher kommt das? ...
Das „freche" Kind ... Woher kommt das? ...
Das „dumme" Kind? ... Woher kommt das? ...
Das „vergeßliche" ... Woher kommt das? ...

und schließlich das „unbegabte" Kind! ... Woher? ... Warum sind Kinder ständig bereit, *zu widersprechen, zu trotzen* etc. ... Die Antwort der Kinderpsychologie mit den verschiedenen „Altern", dem „Trotzalter" ist problematisch. ... Ein Kind, dem man nicht „den Willen brechen" hat wollen, wird sich im „Trotzalter" völlig anders verhalten als eines, das ständig überfordert wurde und das man immerzu abrichten wollte. *Das kindliche Verhalten ist stets auch* A n t w o r t *auf das Verhalten der Umgebung, der Erwachsenen wie der anderen Kinder, und Antwort auf die gesamte Vorgeschichte des Kindes. ...*

In der nächsten Zeit sollten Sie bei allen Aufgaben, die man Kindern zu stellen gewöhnt ist, prüfen, was von unserem Standort aus zweckmäßige Fragestellung und Aufgabengestaltung wären, und ergründen, was als Grundlage für die Leistung überall schon vorhanden ist.
Dieses als B a s i s allen Erarbeitens!

Kurs vom 26.11.1954

H.J.: Wenn wir die vielen Einzelfälle von Erziehungsschwierigkeiten, die von Ihnen schriftlich vorgelegt worden sind, behandeln wollen, so müssen wir uns ausgiebig mit den wesentlichen Eigentümlichkeiten jener sozialen Atmosphäre beschäftigen, in der derartige Schwierigkeiten gewöhnlich gedeihen. Ohne uns um das Klima zu kümmern, in dem Widerstände, Trotz, Faulheit, Gleichgültigkeit, Strebertum, aber auch Ungeschicklichkeit, Ängstlichkeit und Dummheit etc. sich zeigen, finden wir kaum brauchbare Ansatzpunkte für eine Art des Einwirkens, die zu Nachentfaltung führen wird. ... Wann und wo kann es überhaupt einen Sinn haben, einzugreifen, wenn die Erziehungsschwierigkeiten durch Verhältnisse bedingt sind, die, solange sie nicht verändert werden können, die gleichen Schwierigkeiten ständig erneut produzieren müssen? ... Daß wir dabei häufiger von den Schwierigkeiten ausgehen müssen, die der Erzieher oder Lehrer mit sich selber hat, ist uns allen bekannt. Denken Sie an unsere Erfahrungen bei den Versuchen, aufzudecken, weshalb z.B. jemand andere erziehen möchte, weshalb er anderen helfen möchte und wie häufig wir gefunden haben, daß alles andere als sachliche Gründe hinter solchen Wünschen, zu helfen etc., sichtbar werden. ... Erinnern wir uns auch daran, daß unser Wunsch, die Schwierigkeiten anderer besser lesen und verstehen zu können, nicht durch intellektuelles Interesse an psychologischen und pädagogischen Methoden zu befriedigen ist, – daß der Schlüssel dazu die Auseinandersetzung mit unseren eigenen Schwierigkeiten und deren gelungener Bewältigung, zumindest aber gelungene wesentliche Schritte auf dieses Ziel hin *voraussetzt*. Erinnern Sie sich auch an meine etwas unfreundliche Bemerkung, daß es nicht genüge, Psychopath zu sein, um Psychotherapeut zu werden. ... Einige Fragen beziehen sich auch auf die Möglichkeit, in klar umrissenen Fällen zweckmäßig zu raten, wo wir glauben, besser Bescheid zu wissen als der des Rates Bedürftige. ....

Zur Frage von *R. M.*: Ein junges Paar in unserer Familie bekommt sein erstes Kind. Wir wissen schon so viel von dem, was auf alle Fälle vermieden werden oder anders getan werden sollte, aber ich möchte die jungen Leute so gerne vernünftig beraten: Was haben Sie bisher schon unternommen? ...

R. M.: Ich habe die werdende Mutter u. a. gefragt, ob sie den Geburtsvorgang so weit kenne, daß sie ein ungefähres Bild von dem habe, was nun auf sie wartet. Ich habe ihr allerlei geschildert und angeboten, bei der Geburt zu assistieren. Sie ist Belgierin, und dort ist es Mode, die Mutter zu narkotisieren. (*H.J.* : ... leider auch anderswo!) Und ich habe versucht, ihr zu sagen, weshalb man dagegen sein sollte.

H.J. : Und ist etwas davon bei ihr auch angekommen? ...

R.M. : Ich weiß nicht.

H.J. : Das kann ich nicht akzeptieren; denn davon *müssen* Sie doch etwas gemerkt haben, wenn Sie mit der jungen Frau Kontakt hatten! Und Kontakt ist doch die entscheidende *Voraus*-setzung jeder Art von Beratung oder Erklärung! Denken Sie daran, daß *auch beim Beraten das Grundprinzip des Erarbeitenlassens durchzuführen wäre*! Nicht sagen, was zu tun sei, sondern fragen, wie sich der zu Beratende die nächsten Schritte vorstellt, um auch da, vom Unzweckmäßigen ausgehend, allmählich das Zweckmäßigere finden zu lassen. Entscheidend ist, daß der andere zu begreifen beginnt, weshalb etwas anders versucht werden sollte, als er oder seine Umgebung es bisher beabsichtigt hat oder als selbstverständlich angesehen hat.

(Exkurs über das Buch von *Read*: ,,Mutterwerden ohne Schmerz" und die völlig irreführende deutsche Übersetzung des englischen Titels ,,Childbirth without Fear".) ... Den anderen deutlich erleben lassen, weshalb und woher die traditionelle Angst vor dem Vorgang des Gebärens kommt! Die Angst ist auch hier der Faktor, der zu unzweckmäßigem Verhalten, zu Panikentstehung, Verhinderung des Kontakts mit dem, was von sich aus vorgehen möchte, zwangsläufig führen muß.

(Exkurs über das, was wir im Einführungskurs über das Gebären als Beispiel für unzweckmäßiges ,,Machen" und Panikbereitschaft gesagt haben, während es sich in Wahrheit um ein ganz besonders drastisches Beispiel für positive Bedeutung von ,,Geschehen-Lassen", von Sich-überlassen-Können handelte, und darüber, daß und weshalb diese Panikbereitschaft nicht zufällig entstanden ist, sondern daß vor *Semmelweis*,* dem Entdecker der Ursachen des Wochenbettfiebers, diese Gefahr sehr groß gewesen ist.) ...

Bei der Beratung müßte man stets so vorgehen, daß man sich selbst darüber klar ist, was man an anerkannt Fortschrittlichem empfehlen könnte und wofür auf Grund *unserer besonderen grundsätzlichen Einstellung zu ,,Machen" und ,,Geschehen-Lassen"* das Interesse des zu Beratenden erst geweckt werden müßte. ... Nicht bloß ,,abladen" beim anderen, was man weiß und besser zu wis-

---

* Ignaz Philipp Semmelweis, 1818 – 1865, Professor der Geburtshilfe in Pest.

sen glaubt! Sich vergewissern, ob unsere Worte auch angekommen sind. Das ist nicht selbstverständlich! Erinnern Sie sich alle wohl noch, wie lange es gedauert hat, bis Sie parat geworden sind für die vorgeschlagene Prüfung der überkommenen Betrachtungsweise und zu einer Auseinandersetzung mit den eigenen Verhaltensgewohnheiten? Wieviel Widerstände, wieviel Ausweichen, wieviel Angst, etwas Neues auch nur zu erwägen, geschweige denn zu versuchen zu realisieren! Gerade das dürfen Sie nie vergessen, wenn Sie meinen, durch ein paar mehr oder weniger unverbindliche Unterhaltungen von den anderen, die doch alle in der gleichen überkommenen Mentalität aufgewachsen sind, erwarten zu dürfen, auch nur zu verstehen, wovon wir sprechen, geschweige denn all das Ungewohnte so weit zu akzeptieren, daß es für ernsthafte Versuche des Realisierens ausreichend wäre. ... Ich erinnere an übliche Einwände von Müttern, man solle doch erst einmal selber ein halbes Dutzend Kinder aufgezogen haben, bevor man ihnen sagen dürfe, das, was sie bisher gemacht haben, sei nicht richtig. ... Es wäre möglich, bescheiden davon auszugehen, daß man das, was man heute anders sieht, früher selbst genauso gesehen und getan hat, damit der Gesprächspartner offen für das wird, wofür man ihn interessieren möchte. Man kann mit Erfolg dem andern nur das empfehlen, mit dem man sich *tätig selber auseinandergesetzt* hat. Glänzen-Wollen mit dem Neuen, das man niemals selber gefunden hätte, gehört auch zu Verführungen, denen der Ratgeber erliegen kann. Daß etwas nicht bei ihm gewachsen und nicht voll erarbeitet ist, das wird am raschesten durch die Art der Auseinandersetzung mit Einwänden offenbar. Derartige hochstaplerische kleine Unaufrichtigkeiten in unserem menschlichen Verhalten hindern mehr als wir ahnen das spontane Entstehen von Vertrauen und Offensein. ... Die Arbeit von Read* ist heute vermutlich schon vielen als etwas „Fortschrittliches" bekannt. Er betont aber leider die Gefährdung des Kindes durch die Narkose nicht scharf genug. Der Mutter das bewußte Miterleben der Geburt durch Narkose unmöglich zu machen, bedeutet eine wesentliche Beeinträchtigung der Auseinandersetzung mit positiven Realitäten für die Mutter. Die Angst vor Schmerz wirkt sich bekanntlich nicht erst beim Gebären entfaltungshindernd aus. All das kann man mit Hilfe des gesunden Menschenverstandes jedem Menschen nahebringen, und man kann sich auf ernst zu nehmendes allgemein zugängliches Material berufen. ... Was wäre auf Grund der möglichen Vertiefung der Beziehung zum eigenen Organismus zu tun, auf Grund der Möglichkeit, mehr von zweckmäßigem und unzweckmäßigem Ver-

---

* Siehe: D. G. Read: Mutter werden ohne Schmerz. Hamburg: Hoffmann und Campe 1950.

halten zu erfahren? Wenn Read von unserer spezifischen Auffassung des Verhaltensproblems wüßte, würden seine Ratschläge und ein Teil seiner praktischen Vorschläge sicher von ihm verändert werden. ... Bei allem ist es notwendig, sich über den Lebenskreis der zu Beratenden und über die Mentalität dieses Kreises zu orientieren, um zweckmäßig an schon Erfahrenes anknüpfen zu können. ... Die gleichen Tatsachen müssen einer Bauersfrau auf dem Lande oder einer Arbeiterfrau in Außersihl (Quartier der Stadt Zürich) oder einer feinen Dame vom Zürichberg durch jeweils andere konkrete Anknüpfungspunkte nahegebracht werden! Wir stoßen dabei auf verschiedenartige Mentalitäten, und *wir müssen stets vom Vorhandenen ausgehen*, wenn wir den Menschen in seiner Lebensrealität anrühren wollen! Das gilt im Grunde für jede Art von zwischenmenschlichem Kontakt, für alles, wofür wir Menschen interessieren wollen, wie für alles, was auf Erziehung oder Schulung zielt. Und nicht anders ist es mit jedem Versuch, Leute für etwas zu interessieren, für das sie sich von sich aus noch nie interessiert haben; ... das gilt auch fürs Ratgeben, das noch problematischer wird, wenn man unseren Rat gar nicht gesucht hatte. Für *R. V.s* Frage, wie sie die Verkäuferin und das Lehrmädchen für Maßnahmen interessieren könne, die ihr nötig erscheinen, obwohl es im Laden bisher anders gemacht wurde, gilt auch nichts anderes! ....

Etwas beschäftigt mich Euretwegen sehr: ... Daß ich nicht weiß, was ich dazu beitragen kann, daß Ihr erlebt, wie sehr Einsichten zu haben, von denen man glaubt, sie seien fruchtbar, denjenigen, der daran teilhat, verpflichtet, ... daß es nicht unserer privaten Entscheidung anheim gegeben ist, ob wir andere daran teilnehmen lassen wollen, denen diese Einsichten förderlich wären. Es kann zu einer fahrlässigen Vernachlässigung unserer Pflicht gegenüber dem Mitmenschen werden, wenn man schweigt. Wenn man schweigt, weil man Ablehnung oder Widerstand befürchtet oder Sorge hat, ungeschickt zu sein, so ist das keine ausreichende Ent-schuldigung. Wenn wir nicht auch bereit sind, aus sauberer innerer Haltung heraus etwas zu versuchen, auf die Gefahr hin, daß es ungeschickt herauskomme, werden wir nie vom Fleck kommen; denn auch hier kann man nur am „Falschen" lernen, wie man es das nächste Mal weniger falsch machen könnte! Keiner kann etwas schon am Anfang „vollkommen" machen. ... Den Unsinn, den andere zu machen gewohnt sind, werden sie zunächst auf alle Fälle weiter machen, ob wir ihnen zu Wünschenswerterem helfen wollen, ob wir den Mund auftun oder nicht; bestimmt wird jener Unsinn nicht unsinniger gemacht, wenn wir den Mund ungeschickt aufgetan haben.

Entscheidend bleibt eben, aus welcher menschlichen Einstellung heraus man den Mund auftut! Bin ich der, der gescheiter ist, bin ich der, der sich für reifer hält, bin ich der, ders besser weiß ... oder bin ich doch im Grunde der, der es vor nicht gar so langer Zeit auch noch nicht besser gewußt hatte?! Dort liegt das Entscheidende, von dem es abhängt, ob wir den anderen erreichen werden oder nicht, und ob wir den anderen erreichen werden, selbst wenn wir dabei noch ungeschickt vorgehen! Ist man ohne Nebenabsichten erfüllt von dem, was man mitteilen will, so entsteht Kontakt und unsere Mitteilung spricht den anderen an. Der andere spürt dann sehr wohl, was man ihm sagen möchte, auch wenn es noch ungeschickt herauskommt. Helfen tut man nicht mit der Anmaßung, helfen zu wollen, sondern dadurch, daß man sich zum andern brüderlich, schwesterlich, teilnehmend verhält, daß man ihn an etwas teilnehmen lassen will, von dem man überzeugt ist, es könne ihm förderlich sein. Wer nicht als Besserwisser an die anderen herantritt, z. B. an Eltern, wird kaum je die Antwort bekommen, daß er ‚gut reden habe', – er hätte ja selber keine Kinder. Käme solche Einwendung dennoch, so wäre bestimmt jeder fähig, darauf freundlich und entwaffnend zu antworten. Aber wer sachlich und bescheiden und mit Wärme zum andern spricht, wird gar nicht solche Antworten bekommen! ...

Wenn wir aber sehen, daß mit einem kleinen Kind Unsinn gemacht wird, haben wir gar keine Wahl mehr, ob wir uns „einmischen" sollen oder nicht, sondern dann sind wir dazu verpflichtet, auf die Gefahr, zurückgewiesen zu werden. Beim nächsten oder übernächsten Mal wird man dann vielleicht schon so sprechen können, daß man nicht mehr zurückgewiesen wird. Man muß bereit sein, solange man sich aus lauterer Gesinnung einmischt, notfalls auch ein paar blaue Flecken hinzunehmen. Man muß im Leben damit und darauf rechnen, mißverstanden werden zu können, und muß auch mit schlechter Behandlung für gute Absicht zu rechnen bereit sein. ... Wenn wir etwas besser zu wissen oder zu können glauben, sind wir als Erwachsene leicht so, wie Eltern, die etwas zu Kindern sagen, d. h. mit Freundlichkeit und Herzlichkeit, aber es ist eben doch bloß ein Kind! Schon Kinder reagieren sauer auf nichtanwesend angebotene Freundlichkeiten. ... Entscheidend bleibt, daß wir unmittelbar mit der Situation des anderen in Kontakt kommen und *auf den Standort zu treten versuchen, auf dem er gerade steht*, und von dem aus er notwendigerweise vorläufig alles sehen und verstehen wird, was man an ihn heranzubringen versucht. ... Im übrigen hilft nichts, als probieren und probieren und nochmals probieren. Ich halte nicht viel von dem Wort Bescheidenheit; aber von dem, was in einem guten Sinne damit gemeint sein kann, davon halte ich sehr viel! Sich nicht etwas auf Dinge und Wissen einbilden, die man sich gar nicht selber erworben hat. Man hat uns doch von Säuglingszeiten an mit all den Gütern überschüttet, – mit Geschenken der Kultur, – mit dem Kennenlernen der Endresultate, die sich andere im Laufe von hunderten und tausenden von Generationen entdeckt und erkämpft und erworben haben. Wer etwas hat, an dem er andere teilnehmen lassen will, hat es doch auch nur „geschenkt" bekommen, und es ist nicht sein Verdienst, es zu „haben". ...

Wo es in einer Familie wirklich menschlich zwischen den Eltern und anderen Erwachsenen zugeht, gibt es bei den Kindern keine Trotzperiode. Auch das Trotzen und das Zwängen ist immer bloß Antwort auf etwas aus der Umgebung des Kindes. Nur, da es leider so wenig Familien bei uns gibt, in denen es zwischen den Erwachsenen wirklich menschlich zugeht, finden wir eben bei Kindern so häufig in einer bestimmten Etappe des beginnenden Selbständiger-Werdens auffallende Zeichen von Trotz, so daß manche Psychologen von einer Trotzperiode reden, die jedes Kind in einem gewissen Alter durchmache! ... Es ist notwendig, sich sein Empfinden für Menschenwürde zu erhalten oder es sich wieder zu erobern. Die besondere Situation der Frau in unserer patriarchalischen Gesellschaft, in der dies bei den Frauen so systematisch verletzt wird, daß die Frau selber nicht mehr merkt, daß sie sich Anmaßungen und Zumutungen gefallen läßt, die, weil sie sich das widerspruchslos gefallen läßt, die Männer leider nicht erkennen läßt, daß das unzulässige Zumutungen sein könnten. ... So sind die Frauen weitgehend selber mitschuldig, daß und wenn Männer so sind und so bleiben, „wie sie eben sind"!

(Exkurs über Fragen von *H. St.*, was die Kinder schon alles an unbewußt gewußtem Wissen mit in die Schule bringen, ... über die Verständigung aufgrund der Semantik, aufgrund unmittelbarer Mitteilungen, die keiner Analyse für das Verstehen bedürfen –, Verkehrssignale etc. –, ... über die derzeitige Tendenz, den Beginn der Spezialisierung der Schule im Hinblick auf „geistige" oder praktische Berufe bereits in der Primarschule beginnen zu lassen, ... über das Vorurteil, die Kinder der „besseren" Stände seien intelligenter, „begabter" als die aus einfachen Verhältnissen kommenden, ... über die scheinbaren Gründe, die diesem Vorurteil Nahrung geben, ... über die zunehmende Möglichkeit, durch Verbreitung qualifizierter Radiosendungen und echter Kulturfilme, auch den minderbemittelten Schichten mehr Material für die Erweiterung des Horizontes ins Milieu zu tragen und über die Möglichkeiten des Kulturfilms, mehr Fragen und echte Interessen bei den Kindern zu wecken, als aller Naturkundeunterricht mit Erzählungen und Schulbüchern.) ... (Hinweis auf Disney's „Die Wüste lebt")

M. E., die den Film gesehen hat, findet ihn ungeeignet für Kinder. Es passiere darin nichts als Fressen und Gefressen werden, es gäbe dort soviel Grausamkeiten etc. ... *H. J.* weist darauf hin, daß es in diesem Film nicht entfernt so grausam zugeht wie bei den Menschen, die versuchen, sich gegenseitig als gleiche Art auf die grausamsten Arten umzubringen und zu verstümmeln, ... wie in Kriegen, Bürgerkriegen etc. Im übrigen käme in einem großen Teil der so beliebten Märchen mehr Grausamkeiten, mehr Angsterregendes und Beunruhigendes vor, als in diesem Disney-Film. ...

(Exkurs über die Moralhüter, die durch die Zensur aus dem neuesten Disneyfilm die Geburt eines Bison-Kalbes haben herausschneiden lassen! Die unhaltbare und durch die Realität längst überholte Einstellung zur sexuellen „Aufklärung" der Kinder, die heute oft besser aufgeklärt sind als manche Eltern.) ...

Die Kindermärchen waren alle ursprünglich für Erwachsene erzählte Märchen. Die Phantasie der Kinder ist nicht bedürftig angeregt zu werden, solange man die Kinder nicht verängstigt und durch Vielwisserei verdummt! Nichts ist so phantastisch wie die Realität der Umwelt und des Lebens! Mit Märchenerzählen die Phantasie der Kinder anregen zu wollen, dieser Wunsch und diese Meinung kann nur auftauchen, wo wir Erwachsene selber nicht mehr offen und empfangsbereit auf die Umwelt reagieren können. ... Wir sollten nicht gar zu ängstlich sein, ob ein Buch oder eine Geschichte für Kinder schon passe. Auch bei den Kindern gilt meine Überzeugung, daß man in einem guten Buche immer nur so viel findet, als man selbst schon ist!

Kurs vom 1.12.1954

Verabredung, daß jeder versuchen solle, von nun an nach jedem Kursabend *ein kurzes Resümee* zu schreiben über das, was jeweils an Wesentlichem vorgekommen ist. ... Vor allem versuchen, den „Faden" wiederzufinden, der sich durch alles am Abend Behandelte durchzieht. Je mehr wir so etwas probieren, desto leichter wird es allen allmählich werden, den jeweiligen funktionellen Zusammenhang hinter den verschiedenen behandelten Stoffen zu erkennen und wiederzufinden. ... Außerdem wäre das die beste Vorarbeit für den folgenden Kursabend. ...

H.J. weist auf die Broschüre „Lebensweisheit und Wahrheitsgehalt im Märchen" von Hanna Brack hin, die *M.E.* ihm geschickt hatte.

M.E.: Ich habe gedacht, ich müßte Sie bekehren.

H.J.: Das haben Sie gar nicht nötig. Ich habe nichts gegen Märchen. Ich habe eine Sammlung von Märchen der verschiedensten Völker und Kulturkreise. Was ich gegen das Märchen am falschen Ort habe, sagte ich schon beim letzten Mal. Aber ich empfehle Ihnen allen, das Büchlein von Hanna Brack zu lesen. Sie finden dort, wie wenig selbstverständlich es ist, daß ein Märchen auch von alten, erfahrenen Lehrern verstanden wird, und wieviel dazu gehört, ein Märchen wie z. B. das von Frau Holle etc. auf seinen Symbolgehalt hin so deutlich werden zu lassen, wie Hanna Brack das fertigbringt. Wenn Erwachsene, die Kindern Märchen zu erzählen gewöhnt sind, sich vorher, auf Erwachsenem-Niveau so ernst mit einem Märchen auseinandergesetzt hätten, wie es dort geschieht, dann hätte ich wahrscheinlich weniger gegen die Erzählerei, hinter der meistens doch das bekannte „Sich-Hinabneigen" zum Kinde zu spüren ist. ... Die meisten Menschen, die Kindern Märchen erzählen, werden selbst gewöhnlich bloß vom „Stoff" der Märchen angesprochen und nicht von dem Gehalt, der im übertragenen Sinne symbolisch damit ausgesprochen wird. ...

(Exkurs über das Symbolhafte im Symbol, die Bilderschrift, die Symbole benutzt „für etwas", ... der Traum, dessen Stoffe meist Symbole sind für etwas, ... die kirchlichen Symbole, den Nimbus, das Kreuz etc.) ...

Was im Märchen symbolisch gemeint sei, das wird dem Kind, an dessen Adresse das Märchen ursprünglich doch gar nicht gerichtet war, noch weniger beim üblichen Erzählen offenbar als es dem Erwachsenen offenbar wird. ...

Die Märchen aus „Tausendundeine Nacht", die wie „Aladin und die Wunderlampe" *M.E.s* Kinder so brennend interessieren, haben mich als Kind auch schon interessiert, obwohl sie mir als Erwachsenem viel mehr erzählt haben. Sie sind doch „Geschichten", von einer täglich vom Tode bedrohten Frau dem Kalifen Harun-al-Raschid erzählt, um ihn so an der „Fortsetzung" zu interessieren, wenn die Nacht zu Ende geht, daß er ihr Geköpft-Werden wieder um einen Tag hinausschiebt. ... Daß der Geisterspuk Kinder sehr beeindruckt, ist sicher, ob das aber gerade günstig auf die Kinder wirkt, sollte man sich immer und immer wieder fragen. ... Daß die Kinder ebenso „gespannt" werden wie Harun-al-Raschid, das sagt weniger für diese Märchen als gegen das, was man normalerweise den armen Kindern als Lektüre in den Schulbüchern etc. vorsetzt! ... Mit dem Märchenerzählen wollen wir gewöhnlich die Kinder doch für uns gewinnen, ihnen etwas weniger Trockenes anbieten, als sonst durch den Lehrstoff fällig ist. Wie anders wäre es mit dem „Märchen-Bedürfnis" bestellt, wenn das, was sie von uns „lernen" sollen, was der Lehrplan verlangt etc., auf ein echtes Interesse ihrerseits stoßen würde! Wir haben doch meistens die Kinder mit Dingen zu überschütten, für die sie sich durchaus nicht aus eigenem Interesse interessieren können. Wenn je *das Problem zweckmäßiger Fragestellung* zu klären wichtig wäre, dann wäre es das: „*Wie kann ich vorgehen*, wenn ich mit Kindern zu arbeiten habe, *um zu entdecken, wo und wie jeweils ein spontanes, echtes kindliches Interesse für das geschaffen werden kann, für das ich die Kinder interessieren möchte*? Ist überhaupt die Aufgabe, die mir von der Behörde, vom Lehrplan etc. gesetzt wird, so zu fassen und zu gestalten, daß durch sie und für sie das spontane Interesse des Kindes mobilisiert werden kann? Diese Frage kann sicher mit „ja" beantwortet werden, aber nur nach einer sehr wachen und improvisationsbereiten Vorarbeit und vor allem über große Umwege! Und in den Seminaren wird man für alles andere erzogen als gerade dafür, diese Aufgabe zu leisten. Man erwartet später vom Lehrer Dinge, für die er in Wahrheit gar nicht vorbereitet worden ist. Es ist schön, daß trotzdem viele Lehrer produktiv beunruhigt sind und jeder für sich auf die Suche nach tauglicheren Hilfsmitteln geht; aber viele, gar zu viele, werden in ihrer Hilflosigkeit gereizt, ungeduldig, grob und trocken, müssen mit Gewalt und Strenge die Kinder dazu zu bringen versuchen, wozu sie gebracht werden müssen, um die Schule „mit Erfolg" absolvieren zu können. Es sollte Ihnen ein permanenter Wunsch sein, der auch zwischen Erwachsenen fruchtbar werden könnte: „Wie muß ich vorgehen, damit ein echtes Interesse für das entsteht, das ich jemandem nahebringen will, und an das ich bei der weiteren Arbeit anknüpfen kann?!" *Wenn diese Aufgeschlossenheit und dieses Bedürftigwerden für das, von dem wir wünschen, daß der an-*

dere es kennenlerne, geschaffen werden kann, dann ist 999 pro mille aller Erziehungs- und Unterrichtsarbeit schon getan! ... Es könnte das Programm für einen Lehrerkurs sein, gemeinsam zu untersuchen, an was *von längst vorhandenem Interesse* angeknüpft werden könnte, *um das im Lehrplan Geforderte zu echten Forderungen der Kinder an den Lehrer* werden zu lassen. Wenn Sie sich an die Säuglingsbilder erinnern und an das echte und tiefe Interesse der Kleinen an ihrem eigenen Leib, an der Bewegung ihrer Glieder, am Gewicht und Gleichgewicht, ohne das sie gar nicht zum Stehen und Laufen kommen könnten, dann erinnern Sie sich vielleicht auch an das, was wir s. Zt. *von den längst erlebten und praktizierten Gesetzen der physikalischen Mechanik* sagten. Wie leicht der Wunsch, *lesen zu können und dann schreiben zu können*, zu einem echten Wunsch und Interesse vom Kinde her werden kann, davon haben wir auch gesprochen. ... Und „*Rechnen*" praktizieren unsere Kleinen schon seit den ersten Wochen nach der Geburt ... und nicht nur das, sondern sie praktizieren unbewußt *die Grundlagen der ganzen Mathematik*! Erinnern Sie sich an das, was wir wiederholt *über Vergleichen und Messen als die Grundlage aller mathematischen und naturwissenschaftlichen Einsichten* feststellten und daran, *daß die gesamte frühkindliche Entwicklung und Orientierung bei sich selbst und in der Umwelt sich auf Grund von Vergleichen und Messen abspielt*! Der Säugling beginnt sich sehr bald auch in der Zeit zu orientieren, obwohl er noch keine Ahnung von Minuten und Stunden oder gar von der Uhr hat; – er „reklamiert", wenn er die Brust oder den Schoppen nicht zur gewohnten Zeit bekommt; – er erwacht, wenn es Zeit ist; – wie vollzieht sich das, wenn so ein Kleines beginnt, mit dem Löffel den Mund treffen zu wollen? – etc. All das ist uns schon begegnet, wenn wir über die Notwendigkeit des Falschmachens gesprochen haben, um „by try and error" zum Richtigeren vordringen zu können. ... Es gibt nichts, das charakteristischer für den Weg eines noch nicht gestörten Kindes wäre, als „to try", „to try" und „to try"! ... Das kleine Kind ist ein auf hohem Niveau permanent vergleichender und messender Mensch und ein dabei brennend interessierter Mensch – lange bevor es eine Ahnung bekommt, daß es so etwas wie Vergleichen und Messen geben soll. Beim Vergleichen und Messen kommt es leicht zum Erkennen von „gleichen" und „ungleichen" gegebenen Größen, zum Erkennen der Teilbarkeit, des Sammelns und Summierens, des Wegnehmens und Hinzutuns. ... Wenn wir an diese Tätigkeit und dieses Interesse anknüpfen und nicht *anfangen* damit, Zahlennamen und Zahlensymbole „beibringen" zu wollen, dann fängt das Kind früh an zu entdecken, daß die Zahlen und der Umgang mit Zahlen zu einem interessanten Werkzeug werden können, das er für sein praktisches reales Kinderleben gut gebrauchen kann. Nur braucht es dazu „Lehrer", die selbst daran interessiert sind, all das schon so früh „Gelernte" und beziehungslos Benutzte erst einmal in seiner funktionellen Bedeutung erkennen und erleben zu wollen. ... *Das Kind* muß die uns vertrauten Abstraktionen und die Möglichkeit und Zweckmäßigkeit von Abstraktionen „entdecken" und darf sie nicht von uns „auf Vorrat" mitgeteilt bekommen. ... Wenn wir so eingestellt versuchen, was uns selbst bekannt ist erst durch die Kinder wiederfinden zu lassen, dann müssen die Kinder *uns* den Weg führen, der gerade für diese Etappe zu einem gesuchten Ziel führt und nicht *wir* die Kinder nach einem Schema, das fast nie etwas mit dem lebendigen Leben zu tun hat. ... Und vor allem: nur nicht möglichst rasch für eine „Ordnung" all des spontan von den Kindern gelieferten Materials sorgen wollen oder gar zum Beginn schon Ordnung verlangen oder ein Schema liefern. *Ordnung kann immer nur am Ende kommen, wenn schon Möglichkeit zum Überblick über das inzwischen Geschehene entstanden ist*! Vorher kann die Funktion des Sich-Orientierens nicht funktionieren! Es muß doch erst Material genug entstanden sein, in dem man sich dann zu orientieren versuchen kann. Je mehr an die Funktion des Sich-Orientierens, des Ordnens – was auch immer nur durch Vergleichen und Messen möglich wird – appelliert werden kann, desto sicherer und ausgiebiger entfaltet sich ein produktives, ein selbständiges Denken! Je früher wir vorschreiben, *wie* etwas gemacht, gesagt, getan zu werden hat, desto mehr „verdorrt" unsere intuitiv wirkende Denkfähigkeit. ... Je mehr wir Erwachsene abgeneigt werden, für unser Wissen alles als „Fertigware" im Buchladen zu kaufen, desto empfindlicher werden wir dafür, zu stolpern, sobald wir selbst solche Fertigware anzubieten im Begriffe sind. ... Auch da geht die zweckmäßigere Fragestellung zur Sicherung der Entfaltung des Kindes erst wieder über die Nachentfaltung des Erziehers. Je mehr und je eher wir stolpern über von uns selbst verwendete Begriffe und Aussagen, die wir bloß einmal „gelernt" hatten, ohne uns mit ihrem Gehalt auseinandergesetzt zu haben oder für die zunächst noch keine Möglichkeit bestand, sie zu überprüfen, desto mehr Chancen bekommen wir, mit dem Kinde auf einer produktiven Basis zu verkehren. ... Will man *nur „für das Kind"* eine produktivere Zukunft schaffen, dann ist man schon gescheitert, bevor man damit hat beginnen können! Wir wissen, daß die Arbeit an der eigenen Nacherziehung das ganze Leben lang nicht aufhören wird, und deshalb können wir mit dem Weitergeben des Kulturgutes nicht warten, bis wir genügend nachentfaltet sind! Aber es ist nichts so fruchtbar und für alle Beteiligten so lebendig und interessant, als wenn man mit den Kindern gemeinsam auf Entdeckungsreisen geht. ....

Wir sollen ja, wenn wir einen Menschen erreichen wollen, diesen Menschen –

gleichgültig ob ein Kind oder einen Erwachsenen – überhaupt nicht interessieren wollen! Wir sollen nur versuchen, zu spüren, für was er sich bereits interessiert, um dort ansetzen zu können. ... Niemand kann mich dazu bringen, zu glauben, es gäbe Kinder, die sich nicht für s e h r vieles interessieren! Aber es gibt – Gott sei Dank! – unzählige Kinder, die sich nur nicht auf Bestellung gerade für das interessieren, von dem ich mir wünschte, sie möchten sich interessieren. ...

Auch das ,,trägste" oder ,,faulste" oder ,,stumpfste" Kind steckt in Wahrheit voller Interessen, aber das Interessiertsein und Interessiert-werden-Können steckt gewöhnlich ganz wo anders als dort, wo wir wünschten, sie sollten es sein! ...

M. E. : Aber wie bringt man nur in einer Klasse die Interessen der Kinder auf einen Nenner?!

H.J. : Das wäre vorläufig noch eine Frage ,,auf Vorrat". Sie werden bald merken, daß, wenn bei *einem* Kind ein echtes Interesse spürbar wird, daß, wenn dieses Interesse wirklich vom Kind her akut ist, sehr rasch die Kameraden auch interessiert sind, weil sie von einem echten Interesse – gerade wie wir selbst – sehr rasch und unmittelbar angesprochen werden. ... Sobald die Fragen aus ihrer eigenen Welt kommen, wird eine Gruppe von Kindern sofort munter und alle beteiligen sich am Fragen und an Vorschlägen, wie das nur bei einigermaßen vom Druck der Angst vorm Falschmachen befreiten Kindern möglich ist! ... Sie haben es ja nun mit ,,ihren eigenen Angelegenheiten" zu tun und nicht mit den Wünschen und Forderungen des ,,Lehrers"! ... Und wenn der ,,Lehrer" auf die gleiche Weise die Kinder nach etwas fragt, wie die Kinder ihn fragen, dann darf der Lehrer ohne Sorge mit von der Partie sein. Es ist so leicht, auf das hinzusteuern, von dem man möchte, daß die Kinder sich dafür interessieren, wenn man nur nicht mehr als ,,der Lehrer" fragt, sondern auf der Ebene *gemeinsamer* Arbeit. ... ,,Wer hat schon einmal von diesem oder jenem gehört?" Dann wird es, wenn das, wonach gefragt wird, wirklich ,,mit dazu" gehört hat, an Antworten und Vorschlägen nie fehlen. Natürlich kommt dann häufig erst mal vieles, das auch nur gewußt ist, und da glänzen denn die Kinder aus sog. kultivierten Familien allzu leicht. ... Die haben schon von so vielem gehört, daß bei ihnen sogar Interessensgebiete, hinter denen etwas von echtem Interesse stehen kann, sich andeuten können, die bei Kindern aus sog. einfacheren Verhältnissen noch nicht ohne weiteres Resonanz wecken werden. Da kommt es nun auf den Lehrer als Menschen an, um rasch zu zeigen, daß sehr wohl viel mehr Brücken dorthin vorhanden sind, wo es schien, etwas käme ,,aus einer anderen Welt". ... Vergessen wir nicht, auf was ich bei der Begabungs-Diskussion immer und immer wieder hinweise: Wie viele Menschen, die für die Entwicklung der menschlichen Kultur von größter Bedeutung geworden sind, waren Autodidakten gewesen und kamen ,,aus einfachen Verhältnissen"! Wir brauchen dabei nicht einmal an Jesus, den Sohn des Zimmermanns zu denken! ... Vielleicht lohnt es sich auch, wieder einmal daran zu erinnern, daß die wichtigsten Entdeckungen und Erfindungen, aus denen sich schließlich alle Kulturen und die Zivilisation entwickelt haben, von Jägern und Hirten stammen, für die es noch nicht einmal Lesen und Schreiben gab! ... Sie wissen, daß ich damit nicht sagen will, es müßten in Zukunft alle Menschen Autodidakten bleiben, aber zumindest lohnt es, sich von Zeit zu Zeit gegenwärtig zu halten, was alles in der Welt auch schon ohne unsere moderne ,,Schule" möglich gewesen ist. ... Vielleicht sollte man aber zu denken wagen, daß jene außerordentlichen Autodidakten, die es noch bis zum heutigen Tage gibt, geworden sind, was sie wurden, weil sie von unseren Belehrungsmethoden weitgehend verschont geblieben sind. ... Wer allzuviel ,,auf Vorrat" gelernt hat, aber munter geblieben ist, der stößt auch auf Fragen. Aber wenn er dafür bereits ,,Antworten" in seinem gelernten Wissensschatz vorfindet, gibt er sich selbstverständlich viel eher mit diesen zufrieden, als daß er selbst noch einmal zu prüfen anfangen würde. ... Es bedeutet einen großen Schritt zum Selbständigwerden hin, wenn jemand merkt, das, was er weiß, in tieferem Sinne noch gewußt werden müßte! Das „Gewußte" muß erst wieder frag-würdig werden, und zwar im Doppelsinn, den dieses Wort hat: ,,fragwürdig" in dem heute gebrauchten Sinne von ,,zweifelhaft" und zugleich im wahren Sinne des Wortes ,,frag – würdig", ... wert, gefragt zu werden! ... Dem kleinen Kind ist noch alles in jenem positiven Sinne des Wortes ,,frag- würdig". ... Was in der Schule aus uns wird, das hängt viel mehr von dem Menschen ab, der unser Lehrer ist, als vom Lehrplan. Sobald man spürt, daß der Lehrer menschlich an einem interessiert und nicht nur Polizist ist, dessen Beruf es ist, drohend auf der Lauer nach Fehlern zu liegen, die uns passieren mögen, werden unsere Chancen automatisch größer! ...

(Exkurs über die Angst vor der Schule, vor den Noten und gar vor schlechten Noten! ... Über die je nachdem erschwerende oder ausgleichende Wirkung der Haltung des Elternhauses, wenn die gute Meinung über das eigene Kind von den guten Zensuren abhängt, die es heimbringt, oder wenn Ehrgeiz, Eitelkeit und Zensuren zu Hause nicht das höchste erstrebenswerte Ziel sind, ... die ,,Klassenplätze", ... die Zensuren, ... die Rolle des ,,Primus"!) ...

Wir dürfen die Schule in ihrer Wirkung nicht losgelöst vom Heim und dessen Atmosphäre sehen. Was für Interessen, welche Sorte von Interessen haben das Verhalten der Familie bestimmt? Was für eine Sorte Interesse an unserem Wohlergehen in der Schule hat dort bestanden? Überwog das Interesse daran, daß das Kind menschlich frei bleiben konnte und sich in der Schule auch wohl fühlte, oder bestand das Interesse in erster Linie daran, daß man möglichst gute Zensuren mit nach Hause bringen konnte! ... Schlecht dran ist ein Kind, das nichts behalten kann, was ihm nicht mit irgendeinem faßbaren Sinn verbunden dargeboten wird. Diese Fähigkeit zur Unfähigkeit erscheint mir in der Rückschau die erfreulichste „Gabe", die ich bei mir vorfinden konnte, obwohl sie mir das Leben in der Schule herzlich schwer gemacht hat. Ich habe so häufig keinen Sinn in dem gefunden, was ich behalten sollte, und die anderen konnten einfach behalten, was man ihnen zum Behalten vorsetzte, und verstanden gar nicht, was es da noch zu verstehen geben solle! In diesem Sinne habe ich vermutlich ein „schlechteres Gedächtnis" als jeder von Ihnen, einschließlich derer, die meinen, „ein schrecklich schlechtes" Gedächtnis zu haben oder, noch besser, „kein" Gedächtnis zu haben! ...

(Hinweis auf den Vortrag von Albert Zsent-Györgi (in der Bücherverlagsgesellschaft Budapest 1937/38) „Wie sich das Buch in die große Aufgabe und Kunst des Lernens und Unterrichtens hineinfügt." ... Was man in der Wissenschaft (Chemie) auswendig wissen müsse und was nicht, ... keine Formeln und Zahlen! *Die* aufzubewahren sei ja gerade die Funktion des Buches. ....
....

Kurs vom 8.12.1954

H.J.: Ist es deutlich, was bei allem Unterrichten und Mitteilenwollen Hauptaufgabe wäre?

M.E.: Die Durchführbarkeit ist mir nicht klar.

H.J.: Das Fragen liegt bei Ihnen. Wie kann man das oder das, wie könnte man das anfangen? Kamen Sie heute nicht noch mit Fragen oder Diskussionsbeiträgen hierher?

H.St.: Ich kam nicht gleich dazu, mir ein paar Notizen zu machen, und dann fand ich bis jetzt noch nicht den klaren Zusammenhang. Wie sind wir darauf gekommen, daß wir in einer patriarchalischen Ordnung leben? Es ist mir nicht mehr klar, wie wir vom Vorhergehenden darauf gekommen sind. Z.B. hat *M.E.* gesagt, wie soll ich als unverheiratete Frau z.B. irgendeiner verheirateten Frau oder Mutter etwas sagen können oder dürfen? Und dann sind wir später eben auf die patriarchalische Ordnung gekommen.

M.E.: Irgendwie mit dem „Willenbrechen" und den „braven Frauen" war der Zusammenhang.

H.J.: Ihr wart ja alle beteiligt, erinnert Euch!

R.M.: Ich glaube, daß man es als Frau noch schwieriger hat, denn als Mann, wenn man jemanden beraten will.

H.J.: Ein bißchen, aber es ist noch nicht ganz das............

H.St.: Wir sind als Frauen allzusehr gewohnt, immer zurückzutreten und uns nichts zuzumuten.

M.E.: Daß wir uns von vornherein selbst als minderwertig betrachten.

H.J.: Daß Sie eigentlich weitgehend das Gefühl dafür verloren haben, daß man permanent in dieser Männerwelt der Menschenwürde der Frau zu nahe tritt. Das ist so selbstverständlich geworden, daß keiner mehr spürt, daß es der Fall ist. Ermannen Sie sich mal und wehren Sie sich!

R.M.: Alle Menschen sind Brüder.

H.J.: Ermannen Sie sich mal, „ermannen"! Sie müssen sich erfrauen! Erfrauen Sie sich ruhig mal, Sie Frauen! Sie können auch eine kleine Sammlung darüber anlegen, was sich in unserem Sprachgut als patriarchalisch bestimmt verrät.

M.L.: Woher kommt es, daß die deutsche Sprache wenigstens einen *Menschen* hat, während die meisten anderen Sprachen nur Männer haben?

H.J.: Ja, ich weiß nicht, wieweit es in allen anderen Sprachen auch so ist.

M.L.: Doch!

H.J.: ....

Adam heißt, aus Erde gemacht, nichts sonst. Dann gibt es das Wort isch, das ist der Mensch, ein Mensch überhaupt. Aber ein weiblicher Mensch hat wieder eine andere Bezeichnung, – nicht etwa die weibliche Form von isch, sondern eine andere Bezeichnung. Wissen Sie, daß es den Don und die Donja gibt, – den Herrn und die Herrin, – daß es die Frau gibt und das Mädchen, das von der Magd herkommt, und daß die Magd ursprünglich keine Dienerin gewesen ist, sondern eben ein Mädchen, das in der Hausarbeit funktioniert hat? Sie brauchen nur anzufangen, in Ihrer Muttersprache spazierenzugehen, um zu merken, daß L'humanité und humain und ein être humain – das ist nur in zwei Worten gesagt – etwas anderes ist als homme und femme. Daß man dann homme für alle Menschen nimmt, weil es auch vom selben Stamm kommt – nebenbei, für a l l e –, für Frauen ebenso wie für Männer, das ist eine Frage für sich. Aber es beweist, daß der Begriff für Mann nicht von Monsieur, nicht von Herr und Gebieter kommt..................

Wenn man das geschichtlich zurückverfolgt, sieht es auch anders aus, als man denkt. Nehmen wir z.B. F r a u ! Was hat dieses Wort für eine Geschichte! Das Weib und die Frau! Und wie Weib mit der Zeit etwas direkt Abschätziges bekommen hat, obwohl Weib – das Weibliche – der Grundbegriff ist. Das passiert in der Sprache durch Zeiten hindurch genauso, wie wir das von frag-würdig festgestellt haben: daß das an sich so sinnvolle Wort später abschätzig gebraucht wird, wenn der Kontakt zum Sinn verloren gegangen ist. Ähnlich ist es mit liebens-würdig! Wie wenig von dem Gehalt, nämlich, daß jemand würdig ist, geliebt zu werden, wird meistens beim Gebrauch dieses Wortes empfunden! Es könnte einem Spaß machen, aber auch nachdenklich werden lassen, wenn man sich eine Liste anlegen würde und in diese Begriffe schreiben würde, bei denen einem auffällt, daß der Sinn, den sie aussagen, sich im Sprachgebrauch geändert hat. Da ist Ihren Entdeckungsreisen keine Schranke gesetzt.

Wie ist es nun mit Ihrer Frage, *H.St.*? Wie sind wir darauf gekommen? Hat sich da schon mehr assoziiert?

H.St.: Ja, ich glaube schon. Es hängt doch mit dem zusammen, was mir schon zu Hause in den Sinn kam von der Untergeordnetheit...

H.J.: Hm, hm! Es scheint mir das Wichtigste für Sie, die Sie ja alle Frauen sind, zu sein, daß Ihnen spürbar wird, in welch hohem Maße gewisse Einstellungen in dieser Gesellschaft derart den Charakter des Selbstverständlichen bekommen haben, so daß die Betroffenen selbst nichts mehr davon spüren.

M.L.: Ja, ich denke, ich habe es nie so stark wirklich empfunden, als wie ich von Amerika zurückkam. Ich finde, daß hier die Frauen eben...

H. J.: Ja, das hat nun auch seine Geschichte.

R. M.: Können Sie ein Beispiel sagen?

M. L.: Es ist schwerer zu sagen, was mir hier auffällt, als was mir drüben aufgefallen ist.

H. J.: Ja, geben Sie ein Beispiel, was Ihnen aufgefallen ist.

M. L.: Daß in einer gemischten Gesellschaft die Frauen ebenso das Wort ergreifen wie die Männer und daß ich nie gesehen habe, daß die Männer sich irgendwie mit lächelnder Überlegenheit dagegen äußern. Und daß es, wenn Ehepaare dabei waren, selbstverständlich war, wenn die Frau eine andere Meinung hatte als der Mann––––

H. J.: ...und daß sie deswegen nicht streiten mußten!

M. L.: Nichts von Streit!

H. J.: Es kommt einem Menschen zu, seine Meinung zu haben. Nebenbei, wissen Sie, in einer Ehe, wo die Partner verschiedener Meinung sind, ist es doch viel interessanter, als wenn alles gleich ist. Stellen Sie sich vor: Der Mann muß ins Wirtshaus gehen, weil die Frau zu allem ja sagt! Würde sie nicht ja sagen, wäre es interessanter zu Hause. Fallen Ihnen noch weitere Beispiele ein?

M. L.: Es fällt mir gerade nichts ein.

H. J.: Glauben Sie, daß es sich für Sie, ich meine nun für Sie als Frauen im besonderen, lohnt – nicht über den Kopf, sondern über Ihre Empfindung –, mehr Klarheit zu gewinnen, wo überall Sie eigentlich eingeengt und eingeschränkt sind? Eingeschränkt ist auch so ein schönes Wort, wenn wir uns seinen Gehalt gegenwärtig werden lassen: Die Frau ist so eingeschränkt wie die Nippessachen, die im Glasschränkchen, in der Vitrine stehen. ... Ist sonst noch etwas vom letzten Mal akut?

R. M.: Mich hat noch sehr frappiert, daß Sie so betont haben, daß man nicht helfen wollen soll, wenn man jemand beraten will. Ich weiß nicht, ob es den anderen auch so ergangen ist?

H. J.: Ich wehre mich gegen ein Helfen, das eher geschieht, um Anerkennung und Dank zu gewinnen, statt es zu tun, um andere an etwas teilhaben zu lassen, das einem selbst zuteil geworden ist. Das ist sehr Verschiedenes. Helfen wird uns immer wieder als Problem begegnen, weil ich wirklich überzeugt bin, daß das unzweckmäßige Helfen eine der verhängnisvollsten Einwirkungen in der Erziehung ist. Es fängt an mit den Hilfen, die man dem kleinen Kind gibt, wenn es sie nicht mehr unbedingt nötig hat, ganz davon abgesehen, daß man dem Kind weder zum Aufrichten, Sichsetzen, Stehen oder bei seinen ersten Schritten helfen *darf*.

Ist es eigentlich klar, daß man dem Kind die Auseinandersetzung vorenthält, die es unbedingt – und zwar ungestört – braucht, um zu seiner Last Beziehung zu bekommen? Das kann jeder als leicht vermeidbar zur Kenntnis nehmen, und wenn Sie es wirklich akzeptiert haben und selbst danach handeln, so sollten Sie es auch anderen nahebringen; denn den Kindern könnte damit eine erhebliche Belastung für die Zukunft erspart werden. Also, was gehört alles dazu: z.B. das Helfen, wo's nicht notwendig ist, was noch?

H.G.: Etwas vormachen und zeigen.

H.J.: Ja, das meiste Vormachen und Zeigen, das Vorsprechen. –

M.E.: Aber das kann doch nötig werden, das Vorsprechen z.B. Meine Erstklässler, die sollen jetzt hie und da Schriftdeutsch sprechen, und dann möchte ich doch, daß sie nicht Zürichdeutsch-Schriftdeutsch sprechen. Dann muß ich es ihnen doch vielleicht mal vorsagen.

H.J.: Ja, aber ist Ihnen nun klar, wann Vorsprechen, Vormachen und Zeigen die tragische Rolle spielen, – in welcher Zeit?

M.E.: Wenn sie noch kleiner sind.

H.J.: Bei der ersten Auseinandersetzung mit der Umwelt. Nachher ist es nicht mehr so schwerwiegend, weil die Kinder längst in dieser Richtung verstört sind. Das könnte man vermeiden. Ihr bekämt ganz andere Kinder in die Schule, wenn sie nicht durch Vormachen eigentlich schon so befriedigt wären, so „gestillt" wären. Sie sind ja nicht mehr auf Entdeckungsreisen. Kaum läßt sich beim Kind ein Wunsch, etwas zu wissen, bemerken, schon wird's überfallen mit Antworten, während man die Antworten so lange vorenthalten müßte, wie es nur geht, damit es sich mobilisiert. Dort fängt ja das Erarbeiten an. Wenn Sie dann vorsprechen, ist es kein Vorsprechen, sondern ein Nachsprechen, mit dem Sie hörbar zeigen, wie etwas in Deutschland ausgesprochen wird. Woher soll das Kind das wissen, wenn es nicht gerade in seiner Umgebung jemanden hat, der so spricht. ....
In Deutschland gibt es ja so viele Dialekte, aber wenn jemand „etwas Besseres" war, so hat er doch nicht seinen Heimatdialekt gesprochen, sondern hat Hochdeutsch, also Schriftdeutsch gesprochen. Darum besteht in Deutschland heute noch die Meinung, daß die Schweizer Dialekt und nicht ihre Muttersprache sprechen. Da haben die Schweizer auch ein bißchen Mitschuld; denn sie haben nicht rechtzeitig dafür gesorgt, für ihre Muttersprache eine Schriftsprache zu entwickeln. Es wäre manches viel leichter, auch für die nationale Selbstbehauptung der Deutschschweizer, wenn sie eine Schriftsprache entwickelt hätten wie die Holländer oder die Dänen z.B. Ihr Lehrer habt in der Schule auch eine besonders schwierige Situation, weil Ihr vergeßt, daß das Schriftdeutsch eine Fremdsprache ist.

M.E.: Nein, nein, das vergessen wir nicht. (Allgemeine Heiterkeit!)

H.J.: Doch, doch!

M.E.: Das erleben wir tagtäglich, daß es eine Fremdsprache ist.

H.J.: Ja, – aber in anderem Sinn, als ich es meine. Es müßte von Anfang an eine vollkommen andere Einstellung zum Schriftdeutsch sein, ähnlich, wie wenn Ihr

Holländisch unterrichten müßtet; denn Holländisch ist fürs Schriftdeutsche eine fremde Sprache, Dänisch ist fürs Schriftdeutsche eine fremde Sprache. Im Grunde ist Englisch ja auch weitgehend eine germanische Sprache.

Aber wer Plattdeutsch spricht, also an der Nordsee- oder Ostseeküste lebt, der versteht die Engländer verhältnismäßig leicht und ebenso die holländische und die dänische Sprache. Es sind die Bauern und die Beamten, die Plattdeutsch reden. Wer in der Schule ein bißchen gelernt hat und etwas auf sich gibt, der spricht Hochdeutsch. Das ist ein Klassenproblem, ein ökonomisches Problem, ein Geltungsproblem und ist etwas vom Sonderbarsten, das sich in einem Land, das eine so wunderbare und eine so reiche Sprache hat, nur finden läßt. Sicher ist es eine schwierige Sache, die wir hier häufig erleben, daß die Menschen hochdeutsch sprechen, und wenn sie mit einem Deutschen reden, der dann sagt: „Ich kann Ihr Schwyzerdütsch ganz gut verstehen."

Den Kindern Schriftdeutsch (Hochdeutsch) nahezubringen, müßte man bewußt als eine Aufgabe des Unterrichtens in einer „fremden" Sprache betrachten. Und der Unterricht in einer fremden Sprache geschieht bekanntlich am besten auf dem Weg übers Hören und nicht durch den Versuch, gleichzeitig eigentlich das Schwyzerdütsch ins Schriftdütsch zu verbessern; denn auch der ganzen Sprachstruktur nach ist Schwyzerdütsch anders als – das vergißt man auch – das Schriftdeutsch. Hochdeutsch würde man besser sagen als Schriftdeutsch. Es ist auch schon eine Art irrtümlicher Einstellung zum Problem, sonst würde man nicht Schriftdeutsch sagen; denn man will ja gerade das mustergültig gesprochene Deutsch damit treffen, und das wäre ja das Schriftdeutsch. Sonst hätten Sie das gute Recht, Schriftdeutsch auszusprechen, wie's Ihnen Spaß macht, wenn's nur halbwegs verständlich wird.

Es ist eine andere Einstellung notwendig, um Schriftdeutsch – also Hochdeutsch – zu reden, als Schwyzerdütsch zu reden. Es ist eine andere Art zu denken dabei. Ich meine, das Drastische ist und bleibt, daß Ihr nur eine perfekte Vergangenheit habt und keine imperfekte. Entweder ist's oder ist es gewesen.

M. L.: Aber der Schweizer, der nicht mehr in die Schule geht und doch hochdeutsch sprechen muß und nur unter Schweizern lebt, benutzt die andere Sprache, wenn er etwas aufschreiben will. Er übersetzt dann doch eigentlich sein Schweizerdeutsch.

H. J.: Er muß dann permanent übersetzen.

M. L.: Darum ist das, was er schreibt, dann ein Schriftdeutsch, nämlich das Schweizerdeutsch quasi geschrieben.

H. J.: Das ist es dann auch nicht.

M. L.: Aber ich meine Übersetzen.

H. J.: Lesen Sie die Zeitungen: Sie finden eine ganze Menge alemannisches darin, aber normalerweise ist es so hochdeutsch geschrieben, daß ein Helvetismus, der einem darin begegnet, auffällt, nicht wahr?

M.L.: Das schon, natürlich, das man liest. Aber das findet man selten in Briefen, die man sich so schreibt, ... in Sachen Vergangenheit.

H.J.: Schauen Sie sich den jetzt gerade wieder gefeierten Bitzius, den Gotthelf an! – Wie der sich gequält hat, ein Mittelding herauszukriegen zwischen Schriftdeutsch und doch für seine Leute zu schreiben. Es tut einem manchmal in der Seele weh, dieses Gemische, das dabei herauskommt. Aber es ist mir schon lieber als das, was beim „Uli, der Knecht“ am Radio herauskommt.

Also, es ist sicher für Euren Schulbetrieb, und gerade auch an der Primarschule, eine Belastung, daß es keine Schriftsprache gibt für Schwyzerdütsch. Andererseits könnte man sagen, ist es ein Glück, sonst gäbe es noch eine Fremdsprache mehr in Europa.

Sprechen Sie im Unterricht Schriftdeutsch oder Schwyzerdütsch?

M.E.: Wir beginnen mit Schweizerdeutsch. Die würden uns groß anschauen und wahrscheinlich nicht verstehen.

H.J.: Steuern Sie darauf hin, sich möglichst bald mit den Kindern in Schriftdeutsch verständigen zu können, oder bleibt die Umgangssprache im Unterricht bei Euch auf dem Land doch Schweizerdeutsch?

H.St.: Es ist doch schon wegen des Lesens nötig, daß man auf die Schriftsprache hinzielt.

H.J.: Ja, ja, aber ich meine, ob sich später die Unterhaltung und die Diskussion in Schriftdeutsch abspielen oder in Schwyzerdütsch?

H.St.: Ja, das kommt darauf an. Erzählen tu' ich in Mundart.

M.E.: Also nach Lehrplan müßte es möglichst bald Schriftdeutsch werden. Aber da sind wir ziemlich frei drin. Also bis Ende der dritten Klasse macht bei uns jeder nach Gutfinden, aber die Bücher werden nach dem ersten Halbjahr in Schriftsprache gelesen.

H.J.: Aber es ist doch sehr schwierig, daß man so früh damit anfängt, und noch dazu auch wieder übers Lesen und nicht über das Hören. Für die Kinder ist es immer wie eine Fremdsprache. Das muß einem gegenwärtig sein. Wir Erwachsene unterschätzen immer wieder, was den Kindern eigentlich so früh schon zugemutet wird, – was an Abstraktionsvermögen etc. Ich weiß nicht, wieweit es bei Euch eine Zeitlang diskutiert worden ist, in Schwyzerdütsch zu schreiben, eine phonetische Schrift mit den Kindern ...

M.E.: Ja, ja, das Problem kennen wir, welches ist dann die nächste Schrift?

R.M.: Mit den verschiedenen Dialekten.

H.J.: Vom nächsten Dorf an, wo es anders klingt. Sie sehen, die regionale Selbständigkeit hat auch manchmal ihre Schattenseiten. ....

(Pause)

H.J.: Schon am ersten Abend und auch heute entstand die Frage, wie man vorgehen müßte, um in einem Kind oder auch in einem Erwachsenen Interesse für etwas zu erwecken, das man ihnen nahe bringen will. Wir müssen herausbekommen, ob schon Interesse besteht, an das man anknüpfen könnte, oder wir müssen so fragen, daß durch unser Fragen Interesse entstehen kann oder sogar muß. Wenn sich z.B. Ihr Schützling, *R.M.*, selbst wenig Gedanken über Gebären und Geburt macht, dann ist zu vermuten, daß er sich anhört, was Sie sagen, und zu einem andern Thema übergeht. Dabei müßte diese Frau, die nun merkt, daß eine Ärztin in ihrer Familie, die auch Erfahrung aus der Frauenklinik mitbringt, bereit ist, Auskunft zu geben und zu beraten, brennend daran interessiert sein, mehr über das zu erfahren, was ihr bevorsteht, Beziehung dazu zu bekommen.

R.M.: Das Hauptinteresse ist, ob man eine Narkose haben könnte, um den Schmerz nicht so stark zu spüren.

H.J.: Wie haben Sie auf die Frage, ob man die Narkose haben könnte, reagiert?

R.M.: Ich habe probiert zu erklären, daß die Narkose für das Kind sehr schädlich sein kann.

H.J.: Und was meinte sie, hat sie's schon gewußt?

R.M.: Ja, sie hat sich in dieser Hinsicht schon mit ihrem Mann beredet.

H.J.: Wußte der's?

R.M.: Ja, er wußte nur, daß man es nicht mehr so gern macht. Sie sind viel zurückhaltender geworden, als noch vor ein paar Jahren.

H.J.: Wenn Sie gesagt haben, daß es gefährlich wäre, sind wir mitten in der Pädagogik. Es ist die Frage, ob man damit anfangen dürfte. Denn wenn es beim Gespräch angekommen ist, daß es für das Kind schädlich werden kann, und sich herausstellt, daß eine Narkose notwendig ist, entstehen möglicherweise neue Konflikte. Es läßt sich die Frage nach der Narkose nicht isoliert beantworten. Wenn so eine Frage entsteht, sollte Ihnen gegenwärtig sein, daß sich jede Frage nur sinnvoll beantworten läßt, wenn sie möglichst ganzheitlich gesehen wird. Und da der Frager gewöhnlich isoliert fragt und selbst nicht ganzheitlich orientiert ist, muß man die Frage auf Umwegen beantworten, so daß jede Frage z.B. möglichst sofort eine Gegenfrage bewirkt: „Wie kommst Du auf die Idee, daß es hierbei eine Narkose gibt? Bist Du überzeugt, daß eine Narkose zur Geburt gehört?“

R.M.: In dem Milieu, wo sie herkommt, gehört es dazu.

H.J.: Das ist eine andere Frage. Eine einfache Bauersfrau z.B., die zu Hause niederzukommen gewohnt ist, die wird diese Frage kaum stellen. Und wer heute in eine Frauenklinik geht, der braucht diese Frage nicht zu stellen, weil die Herrgötter in weißen Schürzen genau bestimmen, was mit ihnen zu geschehen hat. Auch in einer Situation, in der man etwas anderes für richtig hält als der, mit dem man gerade zu tun hat, müßte man sich fragen, wie man vorgehen müßte, um ihn für die eigene Auffassung zu interessieren. Wie vermittelt man's ihm so, daß er an meiner Auffassung interessiert wird?

M. L.: Zur Narkose ist mir so allmählich in dem Buch von Read aufgefallen, daß er den Frauen das Narkosegerät immer griffbereit neben sie legt und ihnen erklärt, daß sie es jederzeit haben können, – daß das offenbar doch wichtig war, damit sie wissen, wenn's doch schlimm wird, brauche ich auch dann nicht Angst zu haben.

H.J.: Das ist psychologisch, taktisch ganz gut, aber es hat auch seine Geschichte, und zwar nicht nur die, daß er den Widerspruchsgeist gegen die Narkose weckt, sondern auch die, daß er als Arzt eine Rückendeckung braucht, damit man ihm nicht, wenn es irgendwelche Komplikationen gibt, einen Kunstfehler vorwerfen kann, z.B. nach einer schweren oder sogar schlimm ausgehenden Geburt sagen könnte, er habe der Frau etwas versagt, was ganz allgemein üblich sei. Wahrscheinlich würde das in zwanzig Jahren, wenn die Frage der Angst bei den Schmerzen vor der Geburt geklärt worden ist, so nicht mehr notwendig sein. Aber klug, wenn er sagt: „Ich schlage Ihnen das vor, versuchen Sie's. Wenn Sie spüren, daß es nicht geht, können Sie die Narkose immer noch bekommen.“ Das ist eine Einstellung, die dieser historischen Etappe angemessen ist. Wir dürfen auch dabei die Ganzheitlichkeit nicht außer acht lassen und müssen einbeziehen, wie die allgemeine Einstellung heute ist. Diese Frau wird vermutlich von vielen hören, sie solle sich eine Narkose geben lassen, sie brauche sich doch nicht so zu quälen. Manche Frauen sind auch so schlecht beraten, daß es ihnen jammervoll bei der Geburt geht und sie wirklich sagen: „Nie mehr ein Kind!“ Wenn's dann so weit ist, kommt's doch. Das ist eine andere Frage. Aber in dem Moment haben sie geschworen: „Ich will kein Kind mehr.“

Das muß nicht sein. Darum müßten Sie anders vorgehen. Read ist für uns kein Repräsentant dessen, worauf es ankommt. Wir sind nur sehr froh, daß ein Arzt von sich aus nun die Frage der Narkose und die Bewältigung der Geburt mit weniger Angst und Schmerzen angeschnitten hat. Er ist nicht konsequent, aber das ist kein Vorwurf. Wir können leicht konsequent sein, weil wir von einer Grundkonzeption ausgehen, die für alles gilt, nicht nur zufällig gerade fürs Kind-auf-die-Welt-Bringen. Was ja kein ganz unwichtiges Problem ist.

Das Beispiel ist wirklich als Fragebeispiel nützlich: „Wie schaffe ich Interesse für das, was mir für den *Menschen* wichtig ist?“ Das ist ein Grundproblem in allen Schulen. Den Erwachsenen ist von einem bestimmten Standort aus für junge Menschen das wichtig, was sie *lernen* sollen. Sonst würden sie nicht gar eine obligatorische Schule einrichten. Und darum ist, ob man es nun mit Kindern oder Erwachsenen zu tun hat, die erste Frage, wie man Interesse für etwas erwecken kann, für das noch kein Interesse besteht. Wenn Sie das schaffen, dann ist alles andere mehr oder weniger ein Spiel. Die Kinder sind viel wißbegieriger – ich meine in gutem Sinn – als irgendein Erwachsener, auch die schon verdorbenen Kinder! Wenn sie nämlich einmal den roten Faden erwischen, der sie weiterzuführen scheint, nämlich wenn das Interesse zu spielen anfängt! Das ist nun, das müssen Sie mir zugeben, ein Problem, das wir in keiner Weise weder allgemein noch symbolisch behandeln müssen, sondern wo wirklich unser ganzes Leben von konkreten Ansätzen bestimmt werden könnte.

Besonders die Lehrer möchte ich bitten, bei ganz konkreten Dingen anzufangen und zu fragen, wie man denn da oder dort vorgehen könnte, wobei dann wahrscheinlich wieder die Gegenfrage käme, ob das Problem sich – für sich isoliert – schon richtig fassen läßt. Es wird dann wieder nach anderen Zusammenhängen rufen, aber dazu sind wir ja da. Wenn wir diese Arbeit im Winter durchführen, würde es für Sie am fruchtbarsten werden, wenn Sie wirklich anfingen, vom Alltag zu lernen, – im Alltag bei jedem Gespräch ein bißchen von dem ausprobierten und nicht erst, wenn irgend etwas kritisch wird. Wenn Sie erst anfangen wollen, wenn es in einer wichtigen Situation brennend ist, ist es zu spät, um umfunktionieren zu können. Wer sieht denn eine Chance, dieser jungen Mutter eine Antwort zu geben, die sie weiterbringt?

E. St.: Vielleicht an etwas anknüpfen, das sonst bei ihr nicht in Ordnung ist und von dem sie weiß, daß es nicht stimmt und das sie quält, und von dem dann auf das andere hinzielen.

E. G.: Ich denke jetzt daran, wie unser Ältester auf die Welt gekommen ist, wie es gewesen ist, bevor er auf die Welt gekommen ist, und was mir dabei eigentlich das Wichtigste gewesen ist. Ich habe mich doch zuerst erkundigt, wie ich mich verhalten muß, damit es dem Kind nicht schadet. Ich will doch ein gesundes Kind zur Welt bringen. Das war mir eigentlich die Hauptsache, und die Schmerzen sind ja dazugehörig.

H. J.: Hat Sie vielleicht jemand beraten können darin?

E. G.: Ja, ich hatte einen vernünftigen Hausarzt, so einen alten Papa. Er war im Alter von meinem Vater. Der hat voher sehr nett mit mir gesprochen, und ich muß sagen, auch meine Mutter hat sehr vernünftig mit mir gesprochen.

H. J.: Das macht ja schon viel aus. Aber Sie dürfen nicht vergessen, daß es selbst heute noch junge Frauen gibt, Erstgebärende, die nur sehr wenig von der Geburt wissen und die das sogar als ein heikles Thema ansehen und dem Gespräch aus dem Weg gehen. (Zustimmung!) Von der älteren Generation der Mütter will ich gar nicht reden.

Wie häufig gehört das alles noch zu der Sphäre, die möglichst weggeschoben wird! Sie müssen eigentlich schon Glück haben oder Sie müssen auf dem Land leben, wo diesen ganzen Problemen gegenüber normalerweise eine einfache und gesündere Einstellung besteht. Wir sprachen beim letzten Mal davon, daß man sogar in einem Disney-Film ein Stück herausschneiden mußte, weil da die Geburt eines Bisons aufgenommen worden war. In dem Pferdefilm, in dem das Füllen eine Rolle spielt, ist auch die Geburt des Füllens gezeigt, die erlebt man etwas mit; aber dann gibt's plötzlich irgendeine Lücke, und dann ist das Füllen auf einmal da. Diese sonderbare Prüderie ist doch noch viel verbreiteter, als es uns bewußt ist, und nicht etwa nur in Amerika! Ein sehr wichtiger Problemkomplex ist, daß es uns möglich wird, selbst über Auswirkungen unserer Erziehung zu stolpern, die uns so selbstverständlich geworden sind, daß wir oft gar nicht mehr wissen, wie weit wir befangen sind und Dingen aus dem Wege gehen oder sie nicht mehr wissen wollen, – die wir nicht anrühren, weil sie zu etwas gehören, bei dem es einem nicht mehr ganz behaglich ist.

M.E.: Also ich kann mir gar nicht vorstellen, daß eine werdende Mutter sich nicht brennend interessiert für das, was dann geschieht. Ich habe den Eindruck, ich würde wirklich alles wissen wollen.

R.M.: Ich habe viel mehr die Erfahrung gemacht, daß sie eine unbestimmte Angst davor haben und eigentlich nicht versuchen, sich zu klären, was geschieht. Sie bleiben in dieser Angst.

H.J.: Sie haben doch viele Geburten miterlebt und gesehen, wie es um die Mentalität der Frauen in dieser Situation bestellt ist. Ist es Ihnen klar, man stellt sich's vor; aber man schließt von sich auf andere, was nicht immer hilfreich ist, weil's zu Fehlschlüssen führt. Ich glaube auch, daß Sie, *M.E.*, brennend interessiert wären, wenn Ihnen das begegnete. Sie sind ja auch für so manches interessiert, für das sehr viele sonst nicht interessiert sind.

H.St.: Oder dann kann es passieren, wie es meiner Mutter gegangen ist. Sie hat sich an ihre eigene Mutter gewendet, weil sie's wissen wollte, und die Mutter hat ihr gesagt: „Wirst es dann schon sehen, es ist kein Herrenessen!" (Große Heiterkeit)

R.M.: Ein Herrenessen, nicht ein Frauenessen! (Lachen)

H.St.: Das war die Vorbereitung. So kommt man an, wenn man sich interessiert, nicht wahr?

H.J.: Nein, wenn man sich wirklich interessiert, läßt man sich mit dieser Antwort nicht abspeisen. Aber sagen wir lieber statt Interesse *Gebissensein* von etwas, weil man unter Interesse so viele Abstufungen von Neugier, von „Möchtegern" usw. finden kann. Es muß einen beißen! Wenn ich wüßte, wie das zu machen wäre, daß Menschen etwas beißt, das sie beißen sollte um ihres „Seelenheils" willen, – das wäre sehr schön. Wir können wirklich nur versuchen, uns dem Problem zu nähern und nicht mehr zufrieden zu sein mit dem Auf-jemand-einreden-Wollen. Und denken

Sie, wie reden wir auf die Kinder ein! Wenn Sie also versuchen, erarbeiten zu lassen, besteht die Frage, wie Sie Ihr Wissen „an die Frau bringen“ – – nicht immer nur „an den Mann bringen“! Kennen Sie diese Redensart? (Ja, ja!) Ja, warum nicht an die Frau bringen? Da zeigt sich auch wieder die patriarchalische Einstellung. Seid munter und Ihr werdet mit großem Spaß viel Derartiges finden! Es kann einem Spaß machen, wenn man darauf kommt, und Sie werden neben dem Spaß empfindlicher für etwas, für das man empfindlicher werden müßte. Wenn Sie's sammeln, dann können Sie am Ende vom Kurs die Sammlungen gemeinsam ergänzen, und wir haben eine Generalsammlung, in der alles vorkommt, was Sie gefunden haben.

Ist es Ihnen spürbar, daß das eine bessere Vorbereitung von Frauen wäre, um brauchbare Kämpferinnen für die Emanzipation zu werden, als wenn sie nur immer schimpfen über die „Mannen“, wie sie sind u.ä.? Das wären Argumente, die den Männern auch einleuchten, wenn sie nett vorgebracht werden. Was meinen Sie? Wieviel mehr könnte man wohl andere Leute mit einem Scherz über diese Dinge nachdenklich machen, als wenn man mit schwerem Geschütz kommt, – und vor allen Dingen mit affektgeladenem Geschütz, – immer eigentlich schon mit Gekränktheit an den anderen herangeht! (Sehr nachdenkliche Hm, Hm – –) Wir haben hier ja keine ganz richtigen Frauenrechtlerinnen in orange, haben sie aber auch schon im Kurs gehabt.

M.L.: Sie meinen die Affektgeladenen? (Große Heiterkeit)

H.J.: Eine Frauenrechtlerin ist meistens affektgeladen. Das ist ja das Malheur. Sonst hättet Ihr längst Eure Rechte. Wenn die Frauenrechtlerinnen nicht so affektgeladen wären und dadurch in der Affektmachtung, d.h. nicht reagieren können im Affekt. Dadurch spricht man den anderen nicht so an, daß er offen wird. Da liegt die Schwierigkeit. Allein deswegen lohnt sich's, seine Affekte über Kränkungen, die einem begegnen, abzubauen; denn man erreicht sein Ziel viel eher, wenn man ohne Affekt reagieren kann und mit dem Partner in Kontakt kommt. Aber wenn Sie gereizt sind und gekränkt mit dem „Da haben wir's ja wieder! Schon wieder macht er's so!“ oder: „Immer dasselbe! Schon wieder denkt er so!“ .... (Hörbares Schmunzeln!) Wie sollen sie anders denken, wenn seit Hunderten oder Tausenden von Generationen so gedacht worden ist! Wie sollen Sie's jemand übelnehmen? Was meinen Sie? Also da besteht außer den Resümees noch eine Aufgabe. – Ist ein Weg in unserem Zickzack zu spüren?

M.E.: Es geht immer ums Interesse.

H.J.: In gewisser Weise schon. Es geht auch um Erziehung! Es wäre schön, wenn es für uns von nun an immer ums Interesse ginge. Ich meine das Interesse, das mit Gebissensein zusammenhängt, kein intellektuelles Interesse, kein Möchte-gern-Wissen, überhaupt kein Interesse, das sich auf Wissen bezieht; denn Sie sind alle mit allen notwendigen Kenntnissen und Mitteln ausgerüstet, um Antworten in allen Büchern der Welt zu finden. Das hat wenigstens die Schule geleistet! Das intellektuelle Interesse ist ja da. Aber es käme nun darauf an, daß das vitale Interesse .... (Unterbrechung durch Störung im Aufnahmeapparat) ....

So, jetzt dürfen Sie nochmals schlußrätseln! – – –

M.E.: Ja, aber nicht auf Kommando. ....

H.J.: Was häd Sie gseid? Verratet Sie's! Seid einmal ausnahmesweise nicht solidarisch. Es interessiert mich doch, die Resonanz von dem, um das es heute abend gegangen ist, kennenzulernen. Es isch sogar Züridütsch gsi.

M.E.: Die Formulierung hat mich sehr interessiert, daß es beiden wohl ist, den Kindern und uns, und da hab ich eben gesagt, daß es mir öfter mal nicht wohl ist. (Heiterkeit!)

H.J.: Das macht ja nichts! Wenn's wäre, würden Sie doch gar nicht hier sitzen. Wie ist das? Wie soll das anders sein! Ich meine, es ist doch ein Ziel, um das es sich lohnt, daß man das, was man tun muß, so bewältigen kann, daß es allen Beteiligten Spaß macht, – sogar das Falschmachen! Sie wissen doch, daß ich immer wieder sage: „Spaß am Falschmachen!" Es gehört mit zu den wichtigsten Dingen, daß man sich das wieder holt. ...

Ist das ein isoliertes, pädagogisches Problem oder eigentlich ein Lebensproblem? Ich kann mir niemanden vorstellen, der nicht in irgendeiner erzieherischen Beziehung existiert, deren Sinn ihm nicht bewußt ist.

E. Gr.: Es braucht ja gar nicht immer erzieherisch zu sein. Man kann ja auch sonst irgendeinem Mitmenschen etwas nahebringen wollen.

H.J.: Ich meine ja auch nicht Erziehung in Anführungsstrichen. Wirklich erzieht uns doch nur das Leben. Zum Leben gehört eben jeder Mensch; auch die, mit denen man nichts zu tun hat, gehören dazu. Sehen Sie, irgendein Mann, der die Konfektion mit Pariser Modellen versorgt, erzieht Sie auch. Der sitzt in Paris. Und die Zeitungen, die Illustrierten erziehen Sie auch. Darin sehen Sie, wie man sich anziehen soll, auch wenn Sie modisch nicht interessiert sind. Oder der Coiffeur erzieht Sie und sagt, wie man die Frisur jetzt trägt: das ist modern, das steht Ihnen gut usw. Wenn Sie etwas kaufen wollen, empfiehlt man Ihnen das oder das. Ich weiß nicht, es ist doch überhaupt fast kein Atemzug denkbar, ohne daß ein Austausch stattfindet.

Darum würde es sich in den ersten Schulwochen und Schulmonaten lohnen, mit den Kindern nichts zu tun, was auch nur im Entferntesten nach Schule riecht. Geschichten erzählen, spielen, anscheinend nichts anderes tun, als sie sonst machen, oder etwas zusammen arbeiten, etwas Nützliches, – meinetwegen im Garten umgraben o.ä., bis die Kinder merken, daß die Lehrerin oder der Lehrer ja gar nichts anderes ist als die Menschen, mit denen sie sonst zu tun haben. In dem Maße, in dem der Lehrer sich in bezug auf Selbstverständlich-Sein davon unterscheidet, ist er schon kein guter Lehrer mehr, würde ich sagen. Verstehen Sie, was ich meine? Das ist erst der Übergang zu dem, was wir so Schule nennen, der fließend ist. Es wird so vieles arrangiert, um diesen Tag zu einem wichtigen, großen, oft beängstigend beunruhigenden Tag zu machen, – diesen Übergang! Jetzt ist es aus mit dem Spielen, jetzt kommt der Ernst des Lebens.

M.E.: Ja, aber dann sagen sie nach dem ersten Nachmittag – am Morgen sind sie mit den Müttern da, und am Nachmittag kommen sie zum ersten Mal allein –, dann sagen sie nachher: „Es isch blöd gsi, ha na gar nüd gleert." (Große Heiterkeit)

H.J.: Gut, gut! Also diese schreckliche Mitteilung müssen Sie auf Ihren breiten Buckel zu nehmen versuchen.

M.E.: (Lachend) Hab' ich schon verschiedentlich!

H.J.: Ja, solang die Schulpflege nicht kommt und sagt: „Chind säged ja sälber, daß sie nüd gleert händ bi inne." dann geht es ja noch. Aber verstehen Sie, was ich meine? Auch in dem Rahmen unserer Schulpflichtschulen, wo meistens große Klassen bestehen und alles bis zu einem gewissen Grade im wesentlichen auch organisatorisch festgelegt ist, – auch da könnte man so anfangen, daß die Schule das Leben ist und keine besondere Angelegenheit. Sonst ist Alltag, und da ist die Schule. Sonst lebt man mit seinen Verwandten und Freunden, ist man so, und in der Schule ist es so, und ist man so. Also, daß man erst in Reih und Glied sitzt und die Hände auf den Tisch legt, das ist ja heute alles nicht mehr so schlimm, obwohl ich weiß, daß selbst hier in der Schweiz so etwas noch gefordert wird. Gibt's das noch?

M.E.: Ja, ja, wissen Sie, also sonst haben wir die Hände – ich weiß nicht wo überall!

H.J.: Ja, das würde aber eine schöne schlampige Schule sein! (Heiterkeit!) Da machen Sie noch Staat damit und wollen es noch präsentieren? Da chömmed Sie bi mir a dä lätz! ... Ja, ja, ich weiß noch von *H.St.*, daß es für eine Schule und Schulpflege fast eine Revolution bedeutet, wenn die Bänke abgeschafft und Tisch und Stühle angeschafft werden sollen. Sie haben das doch selbst für die Schule gemacht, weil's die Gemeinde nicht liefern wollte, wie ich mich erinnere.

H.St.: Es war für die anderen eben keine Notwendigkeit, nicht akut.

H.J.: Für wen?

H.St.: Eben, also z.B. für die Schulpflege oder die Gemeinde.

H.J.: Das will ich gerade sagen. Es wäre doch eine Revolution notwendig gewesen, damit die Gemeinde endlich die veralteten Bänke wegschafft und sich die Kinder in der Schule wie vernünftige Menschen bewegen können. Sogar das ist doch auch heute noch oft eine Zumutung. Die neuen Schulen sind, glaube ich, alle schon nicht mehr mit Bänken eingerichtet?

M.E.: (Seufzend) Doch leider, wir haben uralte Bänke im Schulhaus Gabler, Zürich – Enge. Stattdessen werden Millionen-Palais gebaut mit Nußbaummaserung und weiß nicht was, aber für neue Tische und Stühle reicht es dann nicht.

H.J.: Vielleicht geht's auch, wenn Ihr Euch genügend mobilisiert, aber nicht mit einer so generösen Lösung wie bei *H.St.*.

H.St.: Das wäre ja auch nicht möglich im großen.

H.J.: Ja, selbst für so kleine formale Dinge, die die Schule etwas des Charakters von Zwang entkleiden, selbst dafür muß gekämpft werden. Es wird schon seit so langer Zeit dafür geworben, und die neuen Schulen werden alle so eingerichtet. Aber es ist alles andere als selbstverständlich, daß es überall geändert wird, und fällt auch gar nicht mehr auf, daß Hunderttausende oder Millionen von Kindern noch anders sitzen. Es ist auch symbolisch, so in der Schule sitzen zu müssen!

R.M.: (Im Aufbruch) Man hat ja auch in der Universität überall Schulbänke.

H.J.: Nein, man hat keine Schulbänke, das sind Amphitheater mit diesen Bänken! ....

Wenn Sie schon früh fertig sind mit Ihren Notizen, hätte ich Sie gern vor dem nächsten Kursabend, damit ich darauf eingehen kann. ...

Auf Wiedersehen!

Kurs vom 15.12.1954

R. M.: All die verschiedenen Schwierigkeiten, die man als Kind hat, das wird auf ein paar Grundfälle zurückzuführen sein.

H. J.: Fälle nicht, aber auf ein paar Grundfunktionen.

R. M.: Wie kann man die besser kennenlernen?

H. J.: Ja, sehen Sie, das ist so eine Frage, da ist man mittendrin. Wir wollen anhand des vielfältigen und scheinbar rein zufälligen Materials, das uns hier vorkommt, versuchen, ob wir dabei allmählich ein paar Gruppen von Hintergründen herausarbeiten können. Sonst erzähle ich, was ich für richtig halte, während es viel fruchtbarer ist, wenn Sie erkennen, da ist wieder etwas ähnlich wie neulich. Gehört es zusammen oder gehört es nicht zusammen, gibt es einen prinzipiellen Unterschied gegenüber dem anderen? Ich möchte gern, daß diese funktionellen Hintergründe allmählich an den Tag kommen. Das mag zwar unsere Geduld auf eine harte Probe stellen, aber es ist immer wieder die Frage, ob es *Ihnen* gelingen kann, hinter den verschiedensten Stoffen – die als Stoff so grundverschieden sein können, wie man sich das nur vorstellen kann – prinzipiell ähnliche oder gleichartige funktionelle Hintergründe zu erkennen. Nur auf diese Weise können Sie allmählich auch die Courage haben, Stellung zu nehmen. Ein „Zwei-gleiche-Fälle" gibt's nicht, so wenig, wie es zwei gleiche Fälle oder zwei gleiche Menschen gibt. Aber es gibt funktionell die gleiche Problematik, in der Art wie die Lebensweisen sind, ihre Verschiedenheiten sind; es handelt sich um dieselbe Grundtendenz, sich verhalten zu können. Nicht darum, sich so oder so zu verhalten. Ist das verständlich?

Wir müssen erkennen, daß es jedem, der uns reizt, der uns böse macht, ungeduldig macht, – schlecht geht. Nicht, daß er Schnupfen hat oder Influenza oder sonst etwas Ähnliches, sondern der steckt in Schwierigkeiten. Ob's ein Kind ist, ob's ein Erwachsener ist! Beim Erwachsenen sind die Schwierigkeiten oft nicht so deutlich zu sehen, weil das schon den Charakter eines Charakterzuges bekommen hat, der ist eben so. – Wir nehmen ihn so, als ob er so fertig auf den Markt gekommen wäre. Aber was für eine Leistung ist da von der Umwelt vollbracht worden, bis der Mensch sich so für sein späteres Leben eingefahren hat, sich so benimmt, wie er sich nun eben benimmt und wie es ihm gar nicht gefällt, – was man erfährt, – wenn man ihn in seiner stillen Stunde ernst nimmt. Jeder Mensch ist dazu zu bekommen, daß er – wenn auch noch so vorübergehend – spürt, daß es ihm nicht ganz so wohl ist, wie er nach außen behauptet.

H. Sch.: Ich denke jetzt da grad an zwei Buben, zwei Brüder. Wie kommt es, daß sie, die in derselben Familie, also unter denselben Verhältnissen aufwachsen, so stark verschieden sein können?

H. J.: Ich vermute, daß wir diese Frage früher auch schon mal behandelt haben. Sehen Sie, da haben wir eigentlich, wie schon oft, wiederholte Situationen: Geschwister in denselben Verhältnissen, in derselben Familie. Wenn Sie anfangen, diese Sache ernst zu nehmen, dann ist der eine Bruder älter und der andere Bruder jünger. Zwei Brüder sind verschieden. Vielleicht ist der eine der Erstgeborene. Der zweite kommt als neuer Kronprinz, und der erste wird abgesetzt von seiner Führerrolle und Lieblingsrolle, nicht wahr? Ist es Ihnen klar, in was für eine wesentlich andere Atmosphäre der zweite hineinkommt als der erste? Es passiert meistens ja dem ersten ein Schock, wenn ein Konkurrenz-Geschwister kommt, nicht wahr? Allein schon das! Aber nun können Sie außerdem sich weiter vorstellen, als das erste Kind kam, war vielleicht Konjunktur und alles ging gut. Der Vater hatte Arbeit und keine Sorgen. Dann wollten sie eigentlich kein zweites Kind haben, weil's anfing, nach Krieg auszusehen. (Ich erfinde jetzt eine Situation.) Und nun kommt, eigentlich nicht gewollt, schon ein zweites. Es sieht nach Krise aus. Es ist noch gar nicht so lange her, daß wir solche Sachen erlebt haben, und das Kind wird noch im Mutterleib mit Sorgengefühl begrüßt. Am liebsten wär's einem, es käme gar nicht. Das Kind kommt auf die Welt. Entweder wird es benachteiligt in der Art und Weise, daß man es immer, wenn auch ohne Absicht, fühlen läßt, es sei nicht erwünscht, oder, weil man Todeswünsche oder ähnliches gehabt hat, ehe es auf die Welt kam, wird das Kind nun verwöhnt, bewußt oder unbewußt. Wissen Sie, Sie können ruhig anstelle von Krise und Konjunktur etwas anderes setzen, z. B. daß Vater und Mutter beim ersten Kind noch wunderbar d'accord waren. Vielleicht ist irgendein Mann aufgetaucht und die Frau braucht ihren Mann nicht betrogen zu haben, sie bleibt „brav", aber ist mit ihren Gedanken woanders und ist dadurch gereizt; oder, was viel häufiger ist, der Mann findet irgend jemand und wird aushäusig. Anzunehmen, daß die Atmosphäre nur ein halbes Jahr lang gleich sein könnte, ist nur so schon eine kühne Hoffnung. Ich sage das nur so grob zugespitzt, weil man nicht erkennt, daß es für Geschwister, solange sie nicht Zwillinge sind, kein relatives „Gleich" gibt; denn das erste Kind kommt zu zwei Erwachsenen, das zweite Kind kommt zu einer Familie, in der zwei Erwachsene und ein Kind sind, und das dritte Kind zu noch mehr Personen. Es ist gar nicht so schwer, die mir so häufig gestellte Frage im Zusammenhang mit derselben Familie und den gleichen Verhältnissen zu beantworten. Das ist eine Fiktion, das läßt sich nicht aufrechterhalten, wenn man anfängt, die Faktoren ernst zu nehmen. Sie vergessen vielleicht auch, daß es Ihnen einmal nicht selbstverständlich gewesen ist, daran zu zweifeln: das ist eben so geboren, das ist geerbt, das ist eine Anlage etc., etc. Was dann wirklich vererbt und als Anlage speziell da sein mag, das wollen wir noch offenlassen. Ich habe noch nie gefunden, daß man, wenn man sauber nachprüft, gezwungen ist, auf besondere Erbanlagen für diese oder jene Verhaltensweise zu tippen, weil wir, wenn wir genügend Material über die Verhältnisse zusammenfinden, eigentlich immer auf irgendwelche Einflüsse stoßen, die es bewirkt haben, daß das Kind sich von dem abgewendet oder dem zugewendet hat.

R.M.: Wie ist es eigentlich mit den Einflüssen, bevor das Kind auf die Welt kommt?

H.J.: Liebe Leute, die Einflüsse, bevor das Kind auf die Welt kommt, sind eine in keiner Weise durch Forschung und saubere Untersuchungen abgeklärte Frage. Sie ist auch beim Menschen sehr schwer exakt zu untersuchen. Wir können nur eines wissen, das man nachprüfen kann: daß Sorgen und Bedrücktheit einer Mutter sich auf ihren chemischen Haushalt auswirken können. Wie weit sie das müssen und können, wissen wir nicht. Wir können uns aber über eines klar werden, – daß es keine Gemütsbewegung gibt ohne Störung von Drüsenfuktionen. Ich meine, Sie ärgern sich, werden böse, gereizt, es gibt eine Adrenalin-Ausschüttung. Das wissen wir alle, das ist keine Problematik, auch für die Wissenschaft keine.

R.M.: Ich kenne einen Jungen, der so schwierig ist. Da sagt die Mutter, er sei vom ersten Tag an schwierig gewesen, und zwar, weil sie ihn im Jahr 1940 erwartet hat, in der Zeit, wo also der Einbruch von Deutschland in Holland und Frankreich gewesen ist, wo all die Aufregungen gewesen sind. Sie hat einfach das Gefühl, das käme von dort her.

H.J.: Ja, – aber ich bin trotzdem noch skeptisch. Es bietet sich immer aus der Umwelt allzu leicht, allzu verführerisch etwas an, das wir verantwortlich machen können. Wir sollten das überlegen. Ich würde durchaus nicht hundertprozentig Nein sagen. Aber zu diesem Hinweis gebe ich immer auch noch einen anderen. Wir können also annehmen, daß solche Verhältnisse sich bei der Mutter auf irgendeine Weise auf das werdende Kind auswirken. Ob sie sich im Sinne von Störungen auswirken, können wir nicht nachweisen. Wir können nur in besonders drastischen Fällen auf die Vermutung kommen: damals war die Mutter so erregt oder in Sorge usw., das mag mitgespielt haben. Die Natur ist jedoch gnädiger, als wir meinen. Sie hat nämlich das Ungeborene im Mutterleib auf so phantastische Weise geschützt, daß überhaupt kein halbwegs gesundes Kind mehr auf die Welt käme, wenn wirklich jede Erregung, jeder Verdruß sich auf das Ungeborene auswirken würde. Ist es auch klar? Das ist etwas, das wir leicht, leicht vergessen. Das eine Mal meinen wir so, das andere Mal das Gegenteil. Wir müssen beides in Rechnung ziehen. Wir müssen uns aber gegenwärtig halten, daß das Ungeborene auf eine Weise geschützt ist, die wirklich phantastisch ist.

Auch wenn die Mutter nicht genug zu essen hat in der Zeit der Schwangerschaft, dann wird die Mutter immer schwächer, und das Kind wird trotzdem kräftig. Erst wenn das über ein Maß hinausgeht, das weder für die Mutter noch für das Kind reicht, dann wird auch das Kind betroffen. Sie kennen ja vielleicht diese Redensart: „Jedes Kind kostet die Mutter einen Zahn." Das ist noch aus der Zeit, in der man das alles noch nicht genau prüfen konnte; wir wissen, daß das Kind seinen Kalkbedarf mit der Unerbittlichkeit eines Räubers deckt. Und wenn die Mutter alle Zähne verlieren würde und die Knochen so weich würden wie bei einer Rachitis, das Kind würde zuerst erhalten. So ist es eingerichtet. Auch wenn die Ernährung der Mutter noch so unzweckmäßig ist, holt sich das Kind aus dem Mutterleib, was es braucht, und wird bei der Mutter ein Defizit erzeugen. Das Kind ist das letzte, das Not leidet. Diese Zusammenhänge muß man sehen. Und, sehen Sie, je mehr wir uns Fälle und Details vornehmen, desto komplexer wird das Ganze. Das ist eine Sicherung .... Je mehr Sie überhaupt offen sehen, was in der Welt alles an phantastischen, wunderbaren, klugen und weisen Dingen vorgesehen ist, desto andächtiger müßten Sie werden. .... Eine andere Frage ist, ob wir nun irgendeiner patentierten Instanz, von der wir glauben, sie sei die einzige, – ob wir der nun all das zuweisen wollen. Das ist dann eine Sache für die Theologen. Wir können nur sagen, ob man nun die Macht, das Göttliche, was da wirkt, – ob man das nun so nennt oder so nennt, oder mit dem oder jenem identifiziert, das ist nicht so wichtig. Wichtig ist, daß man merkt, wie so phantastisch, wie kein Mensch sich jemals etwas selbst denken, schaffen oder vorstellen könnte, das alles geordnet ist. Wenn das Kind im Mutterleib nicht so wunderbar geschützt wäre, wäre die Welt wahrscheinlich schon längst ausgestorben. Das darf man nicht vergessen und schon aus dem Grund mit einer ziemlich großen Berechtigung annehmen, daß Störungen, die beim Kind sichtbar werden, ziemlich alle diesseitig sind. Sehen Sie, wenn ein Kind vom ersten Moment an schwierig ist, wenn mir das eine Mutter sagte, würde ich fragen: „Darf ich wissen, wie haben sich die ersten Schwierigkeiten geäußert?"

R. M.: Daß z. B. das Kind nicht recht trinken will.

H. J.: Es scheint, daß es sehr viele Kinder gibt, die am Anfang nicht recht trinken wollen, und je mehr man sie in Ruhe läßt, desto früher und sicherer kommen sie zum Trinken. Wenn man aber mit seiner Tabelle dasitzt, das Kind muß so viel getrunken haben, und auch noch eine patentierte Kinderpflegerin hat, die gleich mit dem Schoppen kommt und nachschöppeln will, dann bringt man fertig, daß das Kind in den ersten acht Tagen ruiniert ist. Ein Kind zu ruinieren, – dazu gehört nicht viel. Es im Mutterleib zu ruinieren, dazu gehört eine ganze Menge. Wir sind aber nicht gewöhnt, solche Faktoren genügend in Rechnung zu stellen. Ich weiß z. B., daß in solchen Fällen, wenn man genügend zurückfragt, sich zeigt, daß die Kinderpflegerin dieses oder jenes durchsetzen wollte oder daß die Mutter dieses oder jenes durchsetzen wollte. Von welcher Amme, von welcher Großmutter und welcher Tante sie mal erfahren hat, daß man das so machen soll, das ist gleich. Jede Mutter sitzt mehr oder weniger voller Meinungen, was durchgesetzt werden muß. Manchmal sind's gute Meinungen mit einem Hintergrund, manchmal sind's Ammenmärchen, die kolportiert werden, und wo diese Ammenmärchen kolportiert werden, sind's ganze Generationen, die die Folgen davon tragen müssen.

(Telephon schrillt) – – Entschuldigen Sie – –

....

R. M.: Inwiefern sind die Buben so verschieden?

H. St.: Ja, der eine ist der fröhlichere. Der ältere, der zu früh auf die Welt gekommen ist, kann auch lustig sein, natürlich und fröhlich, aber der ärgert sich viel, und ich habe mir gerade in der letzten Zeit gedacht, ob er sich nicht zurückgesetzt fühlt durch den andern; denn der andere ist auch körperlich besser entwickelt, obwohl er jünger ist.

H. J.: Ja, das kann nun auch wieder so sein, daß der ältere die Entthronung nicht verwunden hat. Und dann wissen Sie, daß jemand, der abgesetzt wird, es schwerer hat, lustig zu sein. Es wäre nicht nötig. Es zeigt sich immer, daß dort, wo ein älteres Geschwister entthront wird durch das nachfolgende, die Eltern kein Gefühl dafür hatten, daß man dem älteren gegenüber doppelt nett sein muß, weil es schon durch die neue Situation benachteiligt ist. Es kommt auch darauf an, wie so ein Kind abgesetzt worden ist von der Mutterbrust. Wenn das ältere Kind nun z. B. erlebt, daß das Kleine die Mutterbrust bekommt und es selbst nicht, ist das etwas, das große Eifersucht erzeugen kann. Es wird von Primitiven immer wieder berichtet, daß die Mutter auch die älteren Kinder an die Brust nimmt, wenn sie noch genug Milch hat. Dann fällt das sowieso dahin. Es ist auch üblich, daß die Mutter zwei und mehr Jahre stillt und daß sie mindestens ein volles Jahr, nachdem das Kind da ist, nicht wieder empfangen darf – dies nebenbei –, so daß die Milch nicht wegbleiben kann.

R. M.: Ich habe gerade ein Buch über Negerstämme in Afrika gelesen, die haben nur alle zwei Jahre ein Kind. Und wenn das zweite auf die Welt kommt, dann kommt das erste Kind zu den Großeltern.

Zwischenruf: Ja, für ganz?

R. M.: Nein, ein paar Jahre bleibt es bei den Großeltern.

H. J.: Das kann natürlich auch traumatisch wirken und Verletzungen setzen. Aber immerhin wendet sich im Kind nichts gegen das Neugeborene, weil es nicht weiß, daß das damit zusammenhängt. Also das sind auch noch Überreste von matriarchalischen Gesellschaftsformen; denn es kommt immer zu den Großeltern mütterlicherseits?

R. M.: Es steht nicht darin, wahrscheinlich.

H. J.: So wie ich das kenne – ich habe viel über solche Fälle gelesen –, dreht sich's immer wieder darum, daß das Kind der Mutter nachfolgt oder mütterlichen Familien zugehört. Das sind so Zwischenstufen matriarchalisch/patriarchalich, im allgemeinen. Wir haben heute noch viel matriarchalische Überreste. Da überall wird das Kind der Familie der Mutter zugerechnet und nicht der Familie des Vaters. Was von jedem Standort aus als Familiensicherung klar ist. Sogar die Römer haben in dem römischen Recht noch immer den Satz: „Pater semper incertus est." Der Vater ist immer unsicher. Insofern geht's bei matriarchalischem Recht immer recht, das Kind folgt der Mutter nach. Das ist eindeutig.

Ja, aber zur Frage Gleichheit und Nicht-Gleichheit genügen nun im Grunde vorläufig die paar Hinweise. Es bleibt Ihnen überlassen, sich einmal zu überlegen, wie vielfältig noch sonst Einflüsse im Leben bei dem Kind, das älter ist, wirksam gewesen sind, die bei dem Kind, das jünger ist, entweder nicht mehr wirksam sind oder sich anders auswirken. Wenn z. B. das erste immer aufgehoben war, allein, ohne Konkurrenz, das zweite plötzlich eine Konkurrenz ist und dann die Eltern vielleicht noch für einen Wettbewerb zwischen den beiden Kindern sorgen, angefangen mit dem: „Wen hast du lieber, den Papa oder die Mama?" oder das ältere gegen das jüngere oder das jüngere gegen das ältere ausspielen: „Siehst du, der Fritzi hat seinen Teller schon leer gegessen und du noch nicht." So werden Affekte und Spannungen provoziert. Man kann das nicht ernst genug nehmen. Die Faktoren, die uns in dieser Epoche Kleinigkeiten dünken, haben oft schwerere Auswirkungen als die, die uns als Tragödien erscheinen.

R. M.: Manchmal ist es auch so, daß die Mutter beim zweiten oder dritten oder vierten Kind angstloser ist.

H. J.: Ja, und darum haben diese Kinder mehr Chancen. Oft ist es auch so, daß die Mutter beim zweiten und dritten noch mehr Angst hat.

Das eine und das andere gibt es. Darum sage ich, wenn wir ernsthaft fragen wollen, müßte man sich viel mehr mit dem einzelnen Fall beschäftigen, um Material zu finden, nicht was schuld sei, diese Frage ist immer falsch, sondern was mit im Spiel sein kann. Das ist ein Unterschied. Denn sonst stürzt man sich gleich auf das erste, was wirksam gewesen zu sein scheint – zu sein s c h e i n t, und übersieht vielleicht viel wichtigere andere Sachen. Vergeßt nicht, eine verantwortliche Motivierung setzt eine ausgiebige Befragung voraus. Das braucht nicht in dem Sinne zu sein, daß man dieses oder jenes fragt, sondern, daß man still und interessiert die Verhältnisse auf sich wirken läßt. Die erzählen einem viel mehr als die Mutter erzählt, was der Vater erzählt oder was die Großmutter erzählt. Die Verhältnisse selber, wenn wir sie auf uns wirken lassen, erzählen uns sehr viel, meistens auch mehr, als den beteiligten

Personen bewußt wird. Sie können's nicht erzählen, weil sie's meistens gar nicht merken. Sie erleben ja selbst, wie wir, während wir fragen, manchmal Dinge offenbaren, die uns selbst gar nicht bewußt sind.

M.E.: Was mich auch noch sehr beschäftigt hat vom letzten Mal, das war diese Frage Antipathie-Sympathie in den beiden Fällen, die ich Ihnen vorgetragen habe, von meinem Rechengenie und meinem „Zügeln". Da haben Sie mir beide Male gesagt, daß meine Einstellung doch sehr stark durch Antipathie gefärbt sei. Ich weiß, ich bin dem ziemlich stark unterworfen, aber den Schülern gegenüber habe ich es wirklich so gut wie möglich abgebaut.

H.J.: Das können wir Ihnen ohne weiteres auch zugute halten,– daß es so sei.

M.E.: Hingegen mit den Müttern –, also, da komme ich immer wieder an einen Punkt, wo ich nicht mehr kann. (Verständnisvolles allgemeines Lachen)

H.J.: Sehen Sie, das kann man auch verstehen. Das kommt eben daher, daß wir den Erwachsenen gegenüber meinen, mehr Recht zum Ungeduldig-Werden zu haben als den Kindern gegenüber, obwohl die armen Erwachsenen wahrscheinlich viel mehr unseres Mitleids bedürftig wären als unserer Abneigung. Die Erwachsenen sind auch oft nicht bös', sondern haben nur auch wieder ihre eigenen Schwierigkeiten. Und dann muß ich sagen, wir können als Erwachsene den Kindern gegenüber wunderbar neutral sein und trotzdem kann spürbar sein, daß wir zumindest ohne Wärme sind.

....

M.E.: Eben das wollte ich sagen, das kann man nicht produzieren.

H.J.: Das soll man auch nicht produzieren. Das wird Ihnen im selben Moment möglich, in dem Sie die Schwierigkeiten der Kinder anders zu lesen anfangen. Es ist ja wichtig, daß wir die Hintergründe ein bißchen aufdecken, damit wir nicht mehr so viel Platz für Abneigung bei uns haben, damit man mehr Platz für Bedauern hat und für Sorge, wie man den Kindern auf die Beine helfen kann. Wenn Wärme aber akzentuiert kommt, ist es etwas Furchtbares. Wenn jemand seine Antipathie zudecken will durch „Zuneigung", durch „Freundlichkeit", ist es wirklich etwas Entsetzliches, Schlimmes, das schlimmer ist als eine kalte Ablehnung, weil nämlich so ein kleines Wesen, nicht über den Kopf, aber sonst spürt, es ist etwas unbehaglich, nicht in Ordnung. Aber kein Mensch kann verlangen, daß man von heute auf morgen diese affektive Ablehnung aufgeben kann, wenn man nur anfängt zu entdecken, daß man anders fragen müßte, die Zusammenhänge anders sehen müßte. Das hilft uns noch nicht heute und hilft vielleicht auch nicht morgen, aber im Moment, in dem einem bewußt spürbar wird, daß das Kind ja viel mehr in Not ist, als daß es unsympathisch sei, ändert sich unsere Einstellung, ob wir's wissen oder nicht. Wir sind anders, wenn wir bedauern, daß das Kind in dieser Situation ist, als wenn wir gereizt sind durch dieses Kind. Also wir sind nicht verpflichtet, hundertprozentige Ideal-Erzieher zu sein oder zu werden, aber wir können auf die Reise gehen, wo wir uns vorher nicht helfen konnten. Da liegt ein großer Unterschied in der Situation, und wir müssen parat sein zu stolpern, wenn wir wieder in alte Gewohnheiten fallen. Und sehen Sie, wenn man dann stolpert, sogar nachdem eine Ungeschicklichkeit oder eine Heftigkeit passiert ist, hat man die Möglichkeit, etwas zum Ausgleich zu tun. Wenn man aber nicht darüber stolpert, dann passieren diese Dinge immer wieder. Sie werden dann nicht bewußt. Das ist der Ansatz zu einer langen Reise, und kein Mensch darf weder sich noch einem anderen Menschen übelnehmen, wenn er ausrutscht. Nur wenn er anfängt, mehr bewußt zu spüren, daß etwas schiefgeht, wächst seine Verantwortung. Wenn wir eben ungeduldig gegenüber einem Kind gewesen sind, können wir, wenn wir es merken, später dem Kind sagen: Es tut mir leid, ich bin vorhin nicht nett gewesen, ich wollte eigentlich zu dir nicht unfreundlich sein oder Ähnliches. Sie brauchen auch gar nichts zu sagen, eine Hand, die dem Kind freundlich über den Kopf streichelt, kann mehr Entschuldigung sein, wird mehr als Entschuldigung akzeptiert vom Kind, als längere Reden. Üblicherweise ist man aber eingestellt, daß man sich einem Kind gegenüber nicht zu entschuldigen braucht. Da liegt der Haupthaken. Im Gegenteil, Sichentschuldigen bedeutet ja zuzugeben, daß man kein Herrgott ist. Der Lehrer müßte bei sich häufig abbauen, daß er unfehlbar sei.

Sie alle miteinander werden wissen, daß man, wenn man schwer zugeben kann, daß man sich geirrt hat oder daß etwas mißlungen ist, aus „schlechtem Gewissen" leicht starr und unfreundlich wird, wo man aus Wärme freundlich sein müßte und sich entschuldigen sollte. Eben, weil man sich ärgert über sich selbst. Es gehört zur Frage nach gemeinsamen funktionellen Zusammenhängen, daß man sich, wenn man Menschen gegenüber gereizt wird, fragt, was man selbst dem Menschen gegenüber falsch gemacht haben mag, statt daß man sieht, was er falsch gemacht hat. Das gilt also nicht nur für den Umgang mit kleinen Kindern!

Wer hat solche Sachen auch erlebt? Ich weiß es nicht – sehen Sie, finden Sie Zusammenhänge, auch ohne daß wir schon ausdrücklich darauf eingegangen wären! Es ist tatsächlich wenig, was man mit der Zeit klar sehen und wissen muß. Es sind immer wieder die gleichen Tendenzen, z. B. daß wir gereizt werden, wenn wir etwas ausgefressen haben. Gibt's das? Das ist so ungefähr die infantilste Reaktionsweise, die es gibt.

R. M.: Die viele Gereiztheit, die es zwischen Eheleuten gibt, z. B.!

H. J.: Ja, das geht auch auf ähnliche Dinge, auch viel auf schlechtes Gewissen zurück, daß man etwas verpaßt hat, daß man etwas nicht gesagt hat, ich weiß nicht was alles. Und dabei, daß man gereizt ist, ist natürlich noch eine andere Frage. Bei den Eheleuten sind so viele Probleme, die schwer zu bewältigen sind. Bei vielen ist in der Partnerschaft die sexuelle Frage ein Problem, das x-mal zu Gereiztheit und Ungeduld führt; wenn der Mann nicht so interessiert ist wie die Frau oder die Frau nicht so interessiert wie der Mann, – schon gibt es statt des Versuchs freundschaftlicher Verständigung Ungeduld, Gereiztheit und Vorwürfe. Gehässigkeit ist eigentlich ein Ausdruck von Unzufriedenheit, die nicht weiß, woher sie kommt. Wohlgemerkt! – Das geht ja alles nicht über bewußte Vorstellungen: Unzufriedenheit, Unlust, Anklage, Heftigkeit, Herr-im-Haus-spielen, bzw. Frau-im-Haus-spielen. „Pantoffelhelden", die auch hinnehmen, daß sie Pantoffelhelden sein sollen, sind es nicht ohne Grund. Sie wehren sich nicht, weil sie unbewußt spüren, daß irgend etwas bei ihnen nicht in Ordnung ist. Das kann vielfältig sein in seiner Begründung, aber wir dürfen nicht vergessen, daß in den Partnerbeziehungen so viel affektive Dinge mitsprechen, die eben mit der Frage der sexuellen Beziehung zu tun haben, mit den gelösten und ungelösten Problemen. Und daß das eine große Rolle spielt, hängt zusammen mit der maßlosen Unwissenheit im ganzen Bereich. Nicht nur die Kinder haben nötig, aufgeklärt zu werden. Denn was da schiefgeht in so vielen Ehen, geht meist schief aus Unwissenheit. Es ist ein großer Glücksfall, ob sich das abspielt, wie's zwischen Kameraden und Freunden sich abspielen müßte, oder ob das Dinge sind, die ungeschickt und unklug und unwissend dirigiert werden, und wo man nie weiß, ob's schief ausgeht oder nicht schief ausgeht. Da sind auch in primitiven Gemeinschaften, bei primitiven Völkern viel mehr Hilfen da, um das klar zu sehen und vernünftig vorzugehen. –

R. M.: Und die vielen gereizten Kinder. Es gibt doch so viele Kinder, die gegenüber den Eltern so gereizt sind!

H.J.: Das stimmt nur bedingt. Da würde ich, wenn die Eltern nicht wissen, woher es kommt, daß das Kind so gereizt ist, sagen: „Haben Sie einen Spiegel an der Wand? Gehen Sie hin und gucken Sie hinein, dann wissen Sie, woher es kommt." Wo die Eltern in Anwesenheit der Kinder allerhand herausrutschen lassen aus dem Mund, was sich nicht gehört, ist's kein Wunder, wenn ein Kind schimpft und Schimpfwörter gebraucht; aber dann heißt es sofort: „Das hast du von der Straße mitgebracht." Wenn ich ein Phonogramm in der Wohnung aufnehmen könnte, wie manchmal der Vater vom „Cheib" und vom „Um's Verrecke" spricht, so ganz en passant, wie nichts, dann wüßte ich, daß das Kind nicht erst auf die Straße gehen muß, um so üble Worte zu hören. Es hört zwar auf der Straße auch noch üble Worte, aber so manches wird von zu Haus kommen.

M.E.: Die meisten haben sie dann erst aus der Schule!

H.J.: Ja, außerdem! Aber da ist dann die Lehrerin verantwortlich dafür. (Heiterkeit!) Wissen Sie, wer nicht sehen will, woher etwas kommt, findet immer einen Ersatz-Schuldigen. Das dürfen Sie nicht vergessen, und das muß man mit der Zeit auch abbauen. Sehen Sie, aus dem, *wie* Sie jetzt sagten – „Er hat es aus der Schule mitgebracht“ –, spricht ja schon ein Ansatz von Humor. Den brauchen wir. Den brauchen wir! Aber sicher ist, daß diese Art von Heftigkeit, Gehässigkeit oder Gereiztheit oder Ungeduld, – daß die von den Eltern kommt, sagen wir von den Erwachsenen, zwischen denen das Kind lebt. Es müssen gar nicht immer Vater und Mutter sein, es sind ja noch mehr Erwachsene da, oder wenn die älteren Geschwister schon ihre Übermacht so ausüben, daß sie schimpfen und die jüngeren schlagen, was auch vorkommen soll, dann weiß auch wieder niemand, woher sie das haben, es sei denn aus der Schule.

R.M.: Vom Großvater geerbt!

H.J.: Vom Großvater geerbt!

H.St.: Vom Vater!

H.J.: Vom Vater? Also bitte gerecht sein: Warum denn immer nach den Männer fragen, warum nicht auf die Mutter, nach der Großmutter? In diesen Sachen bin ich im Zweifel, wer mehr Verantwortung zu tragen hat, die Männer oder die Frauen. Vergeßt nicht, wir haben im allgemeinen wenig Ahnung, wie wir wirken, und Eltern haben auch keine Ahnung, wie sie wirken, und je länger sie schon zusammenleben, um so weniger auffällig ist alles geworden, was ungehörig ist. Die Kinder kommen also mit sechs Jahren in die Schule. Die Tendenz, sich zu benehmen, *M.E.*, ist aber schon fixiert im dritten, spätestens im vierten Jahr. Also die entscheidenden Reaktionsformen haben sich geprägt in den ersten drei bis vier Jahren bei jedem Kind, nicht wahr? Weiteres kann immer noch in dieselbe Kerbe hauen oder kann ausgleichend wirken. Darüber müssen wir uns auch im klaren sein.......... Wenn der Erwachsene so viel schlechtes Gewissen hat, müßte man fragen, welches wohl die Gründe für diese Tendenz zu schlechtem Gewissen sind. Er braucht nichts ausgefressen zu haben, er braucht nur sich selbst allerhand übelzunehmen. Und das ist ja auch eine Folge von Tendenzen der „Moralin“-Erziehung, in der den Kindern so viel abgefordert wird, wie sie zu sein haben: sie dürfen nicht lügen, sie dürfen nicht naschen und ich weiß nicht was alles sonst, – keine häßlichen Wörter gebrauchen. Etwas, das keiner der Erwachsenen, der das verlangt, selbst realisiert. Und wenn die Kinder sehen, die Erwachsenen machen das zwar auch, so bleibt doch ein schlechtes Gewissen, daß sie etwas machen, was nicht sein darf, was nicht sein soll, was der liebe Gott nicht gern sieht und – da meistens die Eltern sich mit dem lieben Gott identifizieren –, was die Eltern nicht gern sehen. Und wenn die Eltern etwas nicht gern sehen, ist es schon fast immer so, daß sie dann den lieben Gott in Anspruch nehmen. „Weißt du, der liebe Gott sieht alles, und wenn du lügst, der liebe Gott, der hört das, und wenn du nascht, das hat er auch gesehen.“ Wer weiß das? Als Drohung wird der schwarze Mann oder der Polizist an der Ecke in Anspruch genommen – und als Warnung der liebe Gott! Mit diesen Instanzen, diesen übergeordneten Instanzen, die da geschaffen werden, schaffen wir einen Hauptkeim für schlechtes Gewissen. Darum ist es einem Kind, das etwas ausgefressen hat, häufig viel wohler, wenn es in irgendeiner Form dafür gestraft wird, als wenn niemand etwas gemerkt hat. Denn wenn niemand gemerkt hat, daß es etwas Verbotenes gemacht hat, dann plagt es das schlechte Gewissen. Wenn es aber irgendeine Strafe dafür bekommen hat, dann geht die Sache in Ordnung. Das ist das Richtige.

M.E.: Es fordert manchmal die Strafe direkt heraus.

H.J.: Eben, das Kind provoziert durch sein Benehmen die Strafe geradezu. Sehen Sie, wenn man das nun versteht, dann braucht man das Kind nicht zu strafen, wie wir es sonst gewohnt sind. Dann kommt wieder an den Tag, wovon wir letztes Mal gesprochen haben: daß ein Kind, das sich so benimmt, daß es die Strafe provoziert, in Not ....

Nun war die Frage mit dem Pierrot neulich noch gar nicht abgeschlossen. Es war der Fall vom letzten Mal. Wie geht es eigentlich jetzt mit ihm?

M.E.: Also, – ich hatte mir vorgenommen, ich würde die Mutter noch eine Zeitlang meiden, aber leider hat s i e mich nicht gemieden, sie ist wieder einmal angerückt in persona. Ja (zögernd), – – und nun habe ich also versucht, ein bißchen nett mit ihr zu sein. (Heiterkeit!)

H.J.: Hat es funktioniert, nachdem sie „in persona angerückt“ ist?

M.E.: (Unverständliche Bemerkung – – wieder Gelächter)

H.J.: Kann ich mir denken – kann ich mir denken!

M.E.: ...noch schlimmer als ein Wecker! (Gelächter) Und ja (lächelt selbst), heute habe ich auch wieder eine Dummheit gemacht.

H.J.: Na ja, es wird noch immer welche geben, davon abgesehen.

M.E.: Es ist einfach fatal, daß er mich immer wieder irgendwie herausfordert.

H.J.: Das ist aber das Fatale bei den Kindern. Sie fordern einen so lange heraus, bis man ihnen mit einem Affekt doch zum Opfer fällt.

R.M.: Mit was?

M.E.: Wir hatten Konvent und als ich reinkam, war er natürlich wieder unterwegs. Statt daß er seine Arbeit gemacht hat, ist er in der Klasse herumgerannt.

H.J.: Ja, und...?

M.E.: Mit zwei andern auch noch, er war nicht allein. Dann habe ich den dreien gesagt, sie könnten ja ihren Platz in der Pause kennenlernen und dann arbeiten, wenn die andern heimgehen. Denn etwas muß man wirklich unternehmen.

H.J.: Kein Zweifel: jetzt sind wir schon wieder mitten im konkreten Leben.

M.E.: Also erstens mußte die Arbeit gemacht werden, die nicht gemacht worden war.

H.J.: Was war's für eine Arbeit?

M.E.: Eine Rechenreihe fertig schreiben und ein paar Linien setzen nachher. Und dann mußte das auch noch in Farben übermalt werden. Das war der Übergang über den Zehner. Das wollte ich auch in Farbe dargestellt haben. Alle haben das erfaßt, nur der Pierrot hat es natürlich wieder anders gemacht.

H.J.: Wie hat er's denn gemacht?

M.E.: Alles in der gleichen Farbe.

H.J.: Aber haben die Zahlen wenigstens gestimmt?

M.E.: Ja, die Zahlen hatten gestimmt, aber der Sinn war nicht ersichtlich.

M.L.: Vielleicht will er nicht das Zehnersystem anwenden, sondern ein anderes?

H.J.: Eine nette Bemerkung, aber trotzdem .... (Satzende vom Tonband nicht verständlich)

M.E.: Wir haben das vorher gemalt mit Kerzen. Nicht wahr, mit zwei Farben usw., und nachher haben wir diese Kerzen auf die nackten Zahlen übertragen mit den gleichen Farben.

H.J.: Ja, also sehen Sie, nun würde ich eines sagen, wenn's gestimmt hat mit den Stellen.........

M.E.: Ja, aber das stand an der Tafel.

H.J.: Also ist's doch abgeschrieben?

M.E.: Ja, die Reihe schon, aber die Antwort nicht.

R.M.: Sie müssen ein Beispiel geben.

H.J.: Sehen Sie, ich bin sehr schwer von Begriff und möchte – – (allgemeine Heiterkeit). Das ist kein Scherz, ich bin schwerer von Begriff als jedes Ihrer Kinder, die schon gelernt haben, brav zu tun, was der Lehrer von ihnen will. Vergessen Sie das nicht! Darum möchte ich so gerne mal wissen, was ist in dieser Reihe drin, was mußten die Kinder tun.

M.E.: Also, wir haben geschrieben. Ich sage die einfachste Rechnung: 9 + 1 + 1 sind 11 und nebenan 9 + 2 sind 11. Dann haben wir also die 9 rot geschrieben und 1 blau und 1 blau, weil wir das vorher so gemalt hatten mit den Kerzen, nicht wahr? Dann wurde das so auf die Zahlen übertragen, und nebenan schreiben wir auch wieder rot 9 + blau 2.

H.J.: Blau 2? War doch 1 vorher?

M.E.: 1 + 1, nicht wahr? – die 2, die nachher dazukommen, auf's Ganze dann, nicht wahr? Und das hat er offenbar doch nicht erfaßt, was wir machten! (Alles in gereiztem Ton gesagt)

H.J.: Ja, das könnte ja an sich möglich sein, aber dafür kann er doch nichts.

M.E.: Ich glaube eher, daß es einfach wieder so eine... ja, man hat wieder so schnell was hingepfuscht.

H.J.: (Sehr still) Das ist eine Frage, w a r u m pfuscht er so schnell? Die Mutter scheint auch nicht zufrieden zu sein, weil er zu Hause auch so schnell pfuscht, und Ihnen quasi vorzuwerfen, daß Sie nicht streng genug mit ihm sind, weil Sie nicht die Arbeit in der Schule nochmal machen lassen wollen, sondern sich so etwas anbieten lassen von ihm. Nun ist ja die Strenge nicht immer die beste Erzieherin, wenn ein Kind Schwierigkeiten hat. Nun müssen Sie konsequent sein. Eine wichtige Aufgabe, ob Sie es mit Kindern oder mit erwachsenen Menschen zu tun haben, ist immer das gleiche: Sie müssen, wenn etwas durchgesetzt werden soll, es durchsetzen. Darum ist die Frage so wichtig, ob das, was ich fordere, wirklich notwendig ist, durchgesetzt werden m u ß. Je weniger Forderungen Sie stellen, desto mehr Chancen haben Sie, daß etwas durchgesetzt wird. Je mehr Forderungen wir stellen, desto mehr Chancen haben wir, daß auch das Wenige, das ohne weiteres erfüllt werden könnte, nicht erfüllt wird. Es ist schwierig, da das Kind offenbar noch immer nachhinkt, dieser Pierrot. Ich weiß nicht, wie es mit den zwei anderen gewesen ist, die durch's Zimmer marschiert sind, ob die in einer ähnlichen Situation sind?

M.E.: Auch in keiner leichten.

H.J.: Gleich und gleich gesellt sich gern. Es ist komisch, daß in den gleichen Kappen immer die gleichen Brüder stecken.

Das ist kein Zufall. Sie sehen hier, wie auch das soziale Phänomen sich immer wieder auswirkt, so daß Kinder oder Menschen in ähnlicher Situation leichter aneinander kleben als Kinder und Erwachsene, die verschieden sind. Auf diese Weise bildet sich auch die Gruppe der Unzufriedenen. Diese Kinder sind doch nicht in unserem Sinne unzufrieden und sind trotzdem unzufrieden. Das ist auch eine Art passive Resistenz, ohne daß es ihnen bewußt ist. Aber nun habe ich verstanden: sie sollen mit blau dies 1 + 1 und mit blau das 2 malen. Gut! Wenn sie nun wirklich richtig auf die andere Seite schreiben 1 + 1 = 2 oder = 11, dann würde ich zwar feststellen, sie haben die Bedeutung der Farbe noch nicht erkannt, aber ich würde sagen, die Hauptsache ist, daß die Aufgabe, die Rechnung richtig gelöst ist. (Nachdenkliches ‚Hm, hm' von *M.E.*) Ich kann aber eigentlich erst reklamieren, nachdem ich gesagt habe: „Die Aufgabe hast du zwar richtig gelöst, aber du hast vergessen, daß wir verabredet haben, daß wir's mit den und den Farben machen wollten. Dann können Sie das, was einen Anspruch hat, anerkannt zu werden, auf freundliche Weise nachmachen lassen. Wenn Sie aber im Augenblick einzig und allein nur auf das reagieren, was nicht erfüllt ist, so bleibt nur die Ablehnung. Ist das auch verständlich? Da sind wir wieder beim gleichen Problem, nicht wahr?

M.E.: Und dann wieder die Kettenreaktion: Ich war natürlich gereizt, weil der da wieder herumrannte, und dann habe ich die Seite einfach – „rrrrrrr" – durchgestrichen. (Einsichtig, nett!) Das ist natürlich allerhand, aber es war schon zu spät.

H.J.: Schadet nichts, schadet nichts, *M.E.*!! Es ist noch nicht zu spät. Jetzt kommt die eigentliche Aufgabe. Jetzt käme die eigentliche Aufgabe. Solche Kleinigkeiten nehmen wir sonst doch gar nicht wichtig. An diesen Kleinigkeiten erfüllt sich etwas vom Wichtigsten, das es überhaupt gibt. *M.E.* exponiert sich jetzt mit den Kleinigkeiten, weil sie den Fall zur Sprache bringt. Wenn ein anderer einen Fall vorlegt, wird es ihm genauso gehen, nur mit anderen Vorzeichen. Wir haben uns neulich erinnert, in welchem Tonfall *M.E.* in aller Selbstverständlichkeit und Harmlosigkeit von der Mutter und dem Kind gesprochen hat. Daraus ging hervor, wieviel Unmut sich aufgestapelt hat. Wenn wir auf Unmut stoßen, müssen wir immer fragen, was los ist, und zwar nicht nur bei den anderen.

Um bei dieser Aufgabe zu bleiben, scheint mir das Wichtigste dennoch zu sein, daß die Aufgabe richtig gerechnet ist. Das muß man anerkennen. Sonst kommt es nämlich, daß Ihnen die Erfüllung Ihres pädagogischen Ticks, den Sie mit den bunten Farben haben, wichtiger ist als die Lösung der Rechnung. Ist das klar? (Zustimmendes Ja!)

Die Farbe kann ein wunderbares Hilfsmittel sein beim Rechnen. Aber wenn die Rechnung richtig gelöst ist und Sie das durchstreichen, sind Sie ungerecht und wieder weiter davon entfernt, das Vertrauen des Kindes zu bekommen. Überall spielen sich die gleichen Prozesse ab. Aber dort setzt es an: Ob ich es jetzt mit einem Lehrmädchen zu tun habe, oder ob meine beiden Gehilfen Schwierigkeiten miteinander haben, oder ich mit Schülern zu tun habe, oder ob's der Professor ist, der mit seinen Assistenten zu tun hat oder der Arzt mit seinen Patienten, der Vorarbeiter mit dem Arbeiter – ganz gleich, wer sich vorgesetzt oder mächtiger fühlt als der andere, überall spielen sich gleiche Prozesse ab.

Und je weniger man *spürt*, wie sehr man darauf aus ist zu kommandieren, um so nötiger hat man es zu merken, wie wenig man es spürt. Daß das so lange passieren konnte, ist kein Unglück, wenn man es allmählich nur immer früher merkt. Es kann jedem noch nach Jahren passieren, daß er wieder „ausrutscht". Aber wenn man dann ausrutscht, merkt man es deutlicher und kann dann reagieren.

Nur, – ist es Ihnen klar, daß ich mit dem Entschuldigen meine, dem anderen spürbar werden zu lassen, daß man's bedauert? Das ist etwas, um das niemand herumkommt, wenn er wirklich Frieden in seiner Umgebung haben will. Und vor allen Dingen: Die Überwindung, die es kostet, zuzugeben, daß man sich geirrt hat, ist lange nicht so groß wie der Kummer, den es gibt, wenn Jahre und Jahre voll Zank und Spannung und Streit vergehen.

Ich habe es oft genug ausgesprochen, aber es ist noch immer nicht genügend mit dem Inhalt verbunden, daß die *Beziehung Erwachsener – Kind sich von Grund aus zu ändern hat!* Von der Basis Mensch aus stehen sie auf demselben Boden, von der Basis Erwachsener und Kind sind sie nach Lebenserfahrung und Alter verschieden. Sie sind nur ein älterer und ein sehr viel jüngerer Mensch, deren Beziehung im besten Sinne FREUNDSCHAFT sein könnte.

Es ist eine déformation professionelle, daß viele Lehrer gar nicht mehr merken, daß sie schulmeistern! Die Kinder müssen parieren und man glaubt sogar, seine *Pflicht* nicht ganz zu erfüllen, wenn *die Kinder nicht parieren.* Wir müßten weg vom Parieren der Kinder; unsere Kinder müssen unsere Mitarbeiter sein. Mitarbeiter kommen gar nicht in Verlegenheit, nicht zu parieren, sondern sie haben etwas noch nicht begriffen. Ich habe etwas gesagt, da war er vielleicht grad bei den Hühnern auf dem Hof. Ich weiß nicht, was ihn interessiert hat, und wir werfen ihm auch noch vor, daß ihn das im Moment mehr interessiert als das, was die Lehrerin sagt. Aber es ist das gute Recht von Erst-, Zweit- und Drittkläßlern, daß ihnen jeder Vogel, der am Fenster pickt, wichtiger ist, als was der Lehrer sagt. Das ist ihr *Recht*, ihr *Naturrecht*, das dürfen wir nicht vergessen. Das müssen wir bewahren. Also: „Kinder, ich habe auch den Vogel lieber, er interessiert mich mehr. Wir müssen uns verschwören miteinander, wir müssen gemeinsam eine Konspiration machen und uns sagen: Herrgott nochmal, diese Welt der Erwachsenen, die existiert nun, die verlangt von uns, daß wir diese und jene Dinge kennenlernen! Wir müssen sehen, daß wir das mit möglichst wenig Schmerzen, mit möglichst wenig Unlust erreichen können." Und nicht: „Ich bin der Repräsentant der Welt der Erwachsenen. Ich habe die Aufgabe, euch beizubringen, daß ihr aufmerksam werden müßt. Ich habe die Aufgabe, euch beizubringen, daß ihr fleißig sein müßt. Ich habe die Aufgabe, euch beizubringen, daß ihr bei der Sache bleiben müßt." usw. *Diese Aufgabe haben Sie nicht. Diese Aufgabe hat die Aufgabe zu leisten*, die Sie stellen. Da landen wir wieder bei der Verabredung, die Aufgabe so zu stellen, daß Sie an etwas anknüpfen, das die Kinder interessiert. Wenn Sie wollen, haben Sie wieder ein Musterbeispiel mit den Farben. Solange Sie das mit den Farben nur anwenden, weil die Unterscheidung und die Koppelung gewisser Größenbeziehungen mit bestimmten Farben nützlich ist, – solange zeigt sich, daß das ein *System* ist, das Sie *anwenden*. Die Kinder müssen nämlich auch gemerkt haben, daß blau gemachte Zahlen einen Nutzen haben. *So* müssen sie daran denken, die Lehrerin hat es blau gemalt und nun müssen wir's auch blau malen. Trotz aller Farben sind wir dann wieder beim Lernen. Aber den Kindern wird's sehr bald deutlich. Sie wollen doch diese Abstraktion: erst waren's so viel Kerzen, rote Kerzen und blaue Kerzen, nun kommen Zahlen, rote Zahlen und blaue Zahlen, nicht wahr? Diese Abstraktion ist eigentlich eine sehr große Zumutung für Erstkläßler. Wie ich überhaupt, wenn wir ernsthaft darüber reden wollen, sagen würde, so beim Rechnen vorzugehen, ist zwar üblich, aber das führt nicht zu echtem Interesse an Größen-

und Zahlenbeziehungen. Die Frage ist: Sind das Hilfen, um das übliche Rechnen schneller oder zuverlässiger beizubringen, oder kommt damit etwas, was wirklich eine Unterscheidung ist, oder ist das nicht nur eine neue Form von Abstraktion? Wird nun in dem System das Blau immer für 1 + 1 und 2 reserviert oder werden noch andere Ziffern und andere Größen oder Ordnungen mit Blau geschrieben?

M.E.: Nein, nein!

H.J.: Jetzt bin ich schon wieder überfordert. Ich habe immer gedacht: 1 + 1 = 2, bei 3 sind Sie schon schlechter dran, das kann 1 + 1 +1 sein oder 2 + 1 sein. Bei 4 sind Sie noch schlechter dran, da gibt es noch eine Möglichkeit.........
(Tonband ein Stück unverständlich!)
Denn 3 ist ja erstmals ein Ganzes, da sind verschiedene Teile verankert.

R.M.: Ich habe verstanden, daß alles, was über 10 ist, blau wird.

M.E.: Was bis zum Zehner und darüber geht, ist blau.

M.L.: Da hat sie zwei Summen, die erste wird rot geschrieben und die zweite blau.

M.E.: Ja,......

H.J.: Man sieht, was für Probleme da sind. Ich kann nur eines sagen, ich möchte nicht Erstkläßler sein, ich hätte es schwer dort.

M.E.: Der Übergang über 10, das ist eben das, was am sauersten ist in der ersten Klasse.

H.J.: Sie ahnen nicht, wie süß es Ihnen werden kann – (Heiterkeit!), wenn Sie eine kurze Zeit die Courage haben, alle Systeme schon im ersten Jahr auf der Seite zu lassen und mal mit den Kindern zusammen Entdeckungsreisen zu machen. Nicht diese Ordnung bis 10 und dann gibt's den Zahlenraum bis 50 und dann bis 100 und dann bis 1000. Das ist ein Faktor, den es in der Mathematik gar nicht gibt. Das ist eine äußerliche Kategorie von leicht und schwer, die an nichts anknüpft, an funktionell leicht und funktionell schwer. Ich glaube, im Lehrfach ist es doch so, daß in der ersten Klasse die Zahlenreihen bis wohin gehen?

M.E.: Bis 20 im ersten Schuljahr, im zweiten Schuljahr bis 100 und im dritten Schuljahr bis 1000.

H.J.: Sehen Sie, dort sitzt die Schwierigkeit. An sich ist schnuppe, ob ich mit Einern, Zehnern oder mit Hunderten oder mit Millionen zu funktionieren habe, wenn ich nur die Funktion erlebe. An sich ist die Abstraktion Aufgabe, aus Dingen zu Zahlen überzugehen. Soweit ich es sehe, liegt die Hauptschwierigkeit dort, wo Kinder in Zahlen etwas Konkretes sehen sollen und trotzdem nicht an den Stoff gebunden bleiben müssen. Ungegenständliche Rechnungen machen, ist sicher eine Forderung nach Abstraktion, die sehr, sehr viele Erwachsene in primitiven Kulturen nicht lösen können. Sie wissen vielleicht, daß eine Reihe von Rechnungsmethoden (wie früher bei uns auch) so gehen: eins, zwei, drei und viele, fertig. Andere gibt es, wo die Finger benutzt werden: eins, zwei, drei, vier, fünf und viele, – andere, die schon mit beiden Händen zählen: eins, zwei, drei, vier, fünf, sechs, sieben, acht, neun, zehn und viele, und wo dann keine Differenzierung mehr anfängt, sondern nur x-mal die Hände genommen werden. Es wird immer angeknüpft an etwas Überschaubares. Nicht an Bilder von etwas, sondern an eine überschaubare Ausdehnung. Offenbar gibt es menschliche Zivilisationsformen, in denen nur die Drei differenziert ist – man sagt ja so schön: „Du kannst nicht bis drei zählen!" – nach drei fängt schon viel an. Kein Zahlwort für mehr als drei, und dann dehnt sich das aus. Sie wissen, daß bei uns auch das Duo-Dezimalsystem existiert hat, die Sechs und die Zwölf, das Dutzend, das Schock, das Gros. Das sind alles Sechser- und Zwölferrechnungen. Unsere Groß- und Urgroßmütter haben noch mit dem Sechsersystem gerechnet. Ich weiß noch, daß bei meiner Großmutter alles noch nach Schock ging.

R. V.: Was ist Schock?

H.J.: Wieviel ist Schock? Was ist Mandel? Wer erinnert sich noch? Das sind diese Größen: ein Dutzend – zwei, drei, vier, fünf, sechs Dutzend – zwölf Dutzend sind wieviel?

Im Chor: Ein Gros.

H.J.: Dazwischen kommt eine Mandel Eier und ein Schock Eier. Das sind alles die Maße, die noch vom Duo-Dezimalsystem her rechnen. Viele Wörter sind geblieben. Wie fruchtbar wäre es, wenn man in der Ausbildung der Lehrer und auch der Kinder selbst auch die Schritte, die die Menschheit gemacht hat, im Kleinen gehen würde. Wir sprechen so oft von der biogenetischen Entwicklungsreihe. Wie wäre es, die Entwicklung in einem solchen Gebiet noch einmal zusammen herauszuarbeiten, bis sich dann herausstellt, daß man mit zehn viel übersichtlicher und leichter rechnen kann. Wenn man mit zehn fertig ist, mit elf eine neue Zehnergruppe anfängt, während es, wenn elf und zwölf kommt, dann fertig ist. Was gibt's jetzt?

E. St.: Das könnte man doch mit jeder Zahl machen. Es ist doch keine ausgezeichnete Zahl, die Zehn.

H.J.: Die Zehn ist dadurch eine ausgezeichnete Zahl, daß man die Null erfunden hat. Die Null ist eine sehr späte Entdeckung. Ehe man die Null als Zahl erfunden hat, konnte es kein Dezimalsystem geben. Wir wissen ja, daß es x Zahlensysteme gibt. Ein Einer-, Zweier-, Dreier-, Vierersystem. Man kann damit genauso rechnen und genauso viel Zahlen kombinieren, nur für uns ist es schwer, weil wir an das Dezimalsystem gewöhnt sind. Haben wir nicht mal den Versuch gemacht zu klären, wie noch die Griechen und die Römer rechnen mußten? Was es für eine Mühe gewesen ist, ein paar kleine Posten zu addieren, weil sie die Summen nicht untereinandersetzen und so addieren konnten. Stellen Sie sich mal die Zahl 231 in römischen Zahlen vor! Wie sieht die aus? CCXXXI. Schreibt's Euch auf, und nun setzt darunter 39 – XXXIX –, gut. Jetzt ist die Rechnung noch nicht fertig. Jetzt kommt 729. Merkt Ihr schon, wie schwierig Rechnen damals war? Es war nur möglich mit dem Abakus, d. h. mit dem Rechenbrett. (Nach weiteren Versuchen, Zahlen zum Addieren untereinanderzusetzen.) Ist es Euch klar, welch ein Schritt zu Übersichtlichkeit der Schritt zum Zehnersystem, Dezimalsystem gewesen ist?... Jedes kleine Kind im zweiten Schuljahr kann heute spielend Rechnungen schreiben, für die man früher mit dem Rechenbrett komplizierte Rechnungen ausführen mußte. Wenn nur ein paar solcher Versuche in der Schule gemacht würden – ich denke jetzt nicht ans erste Schuljahr! –, würde erkennbar werden, welch eine Hilfe es gewesen ist, die Null zu entdecken und das Dezimalsystem aufzubauen. Das würde interessieren!

So aber wird nur das Ganze auswendig gelernt ohne eine Ahnung, was für Umwege, auch vernünftige Wege, die Menschheit versucht hat, um weiterzukommen. Wahrscheinlich sind die Inder die ersten gewesen, und nicht die Araber, die die Null entdeckt haben, d. h. dafür, wo nichts ist, auch eine Position zu schaffen. Es ist eine phantastische Leistung gewesen, die Null zu erfinden, und die Hauptschwierigkeit beim Interesse der kleinen Kinder ist nur wieder, daß wir selbst, wir Erwachsenen, das Sinnvollsein unseres Rechensystems nie erarbeitet haben. Deswegen haben wir auch gar keine Vorstellung, daß die kleinen Kinder zunächst einmal die gleichen Schwierigkeiten haben, solange sie sich mit kleinen Zahlen beschäftigen müssen, wie zur Zeit des Altertums, als es noch kein Dezimalsystem gab. Deswegen haben wir auch kein Verständnis dafür, daß so viele Kinder im Rechenunterricht scheitern, weil sie nicht brav genug sind, um einfach das stillschweigend nachzuschreiben und nachzusprechen, was wir ihnen mitteilen. Das sind nicht die dümmsten Kinder, die Rechenschwierigkeiten haben!

Ich möchte nochmals hinweisen auf das, was ich eben ausgesprochen habe, daß die Schwierigkeiten entstehen, weil wir die Tatsache nicht erarbeitet haben, wie sinnvoll und wieviel einfacher das Rechnen mit der Zehnermethode ist, mit der Einführung der Null. Ich weiß nicht, wie Sie den Kindern z. B. die Null schmackhaft gemacht haben, als Sie bei zehn die Null einführten?

M. E.: Ja, das ist ziemlich schwierig, aber am Zählrahmen geht das ganz gut.

H. J.: Ist am Zählrahmen eine Null?

M. E.: Nein! Wir sagen eben, da ist die Zehn und auf der nächsten Reihe ist nichts mehr.

H. J.: Aber ich fragte nach der Zahl 10. Wenn Sie 10 schreiben, schreiben Sie ja eine 1 und eine 0. Wir haben vergessen, daß es eine 1 und eine 0 ist. Wir meinen 1, 2, 3, 4, 5, 6, 7, 8, 9, 10. Es ist aber Eins und eine Null, und wir haben ganz vergessen, daß hier die Null eingeführt wird. Die 10 ist nur eins mit einer Null dazu, nachher kommt elf usw., dann kommt zwei wieder mit einer Null dazu. Es ist nicht 10 und nicht 20, sondern 1 _und nun kommt eine neue Reihe, eine neue Zehnergruppe, die charakterisiert wird durch die Hinzufügung der Null, nämlich durch die Hinzufügung dessen, was vor dem Eins da war. Eigentlich müßte man zählen lernen: mit Null anfangen – ist noch nichts da, 1 da, 2 da, 3 da, 4 da, 5 da, 6 da, 7 da, 8 da, 9 da, und jetzt kommt wieder eine Eins, aber mit einer Null dahinter. Diese neue Einheit setzt sich aber aus zweien zusammen, nämlich aus 1 und 0, und die neue Einheit 20 setzt sich aus zweien zusammen, nämlich aus 2 und 0. Das haben wir einfach gelernt. Nur da fängt eben die schwierige Zumutung der Abstraktion an.........

(Nach einer längeren Demonstration mit kleinen Würfeln.)

Es wäre wichtig, erfahren zu lassen, daß die Null nichts ist und die Null, je nach Stelle, an der sie vorkommt, nur ein untergeordnetes Null bedeutet, nämlich eine zweite Reihe von 10, in der noch kein 1 vorhanden ist. Ist das verständlich? Das sind Dinge, über die wir stolpern, ohne darüber zu stolpern, und das macht nämlich das Arbeiten für die Kinder so schwer, weil wir stillschweigend ein Abstraktionsvermögen bei ihnen voraussetzen, das wir selbst nicht aufbringen. Wir haben's nur gelernt und wollen nur, daß es die Kinder auch wieder lernen. Aber ihnen würde es einen Heidenspaß machen, wenn sie's entdecken könnten. Es ist kein Zufall, wenn wir die Zahl 0 nicht so einführen, da wir alle entweder nie gewußt haben oder es wieder vergessen haben, daß die Ziffer 0 eine phantastisch wichtige Ziffer ist, die erst entdeckt und ins Rechnen eingeführt worden ist seit ca. 700 Jahren, – eigentlich war es noch viel später, bis das allgemeine Rechnen vorgedrungen ist. Und nun wird mit der Null umgegangen, als ob's eine Eins oder sonst etwas wäre: aber sie hat eine Funktion, die uns nicht bewußt ist. Die Null hat die Funktion auszudrücken: hier ist nichts, nichts Vorhandenes und sie hat, wenn sie mit einer Zahl auftritt, also z. B. eins und eine Null, die Funktion zu deuten, hier kommt eine neue Gruppe von Zehnern, damit können wir rechnen.......

(Nach weiteren Versuchen mit kleinen Würfeln.)

Daß 3 und 9 und 16 und 25 ausgezeichnete Zahlen sind, hat man vor einigen Jahrhunderten noch gewußt und gelebt; sie bildeten große Quadrate. Erst später ist man zu den abstrakten Zehnerreihen innerhalb des Dezimalsystems gekommen, und dadurch hat sich die Anschaulichkeit des Zunehmens und Abnehmens aus der geometrischen Situation entfernt und ist eine rein arithmetische Situation geworden......... Es gibt kein Fach Rechnen, kein Fach Geometrie und kein Fach Algebra usw. Das ist erst in dem Maße hineingetragen worden ins Rechnen, in dem die Beziehung zwischen funktionellen Vorgängen und Auswendiglernen von Zahlenkombinationen verlorengegangen ist. Wenn's richtig zugeht mit dem Erarbeiten, dann müßte das Zehnersystem am Ende kommen und nicht aus praktischen Gründen, um schnell rechnen zu können, am Anfang.

M. L.: Aber dazu gehört, daß man die Zahlen so lang wegläßt.

H. J.: Die Zahlen braucht man nicht wegzulassen; denn wenn Sie zwanzig sagen, ist nichts einzuwenden. Aber wenn Sie 2 und 0 schreiben, ist in dieser Etappe viel einzuwenden, – die Null ist nur eine Konvention, ist das verständlich? Wir können eigentlich das Einführen in die Auseinandersetzung mit Zahlen nur fruchtbar gestalten, wenn wir erstens selbst interessiert sind an den funktionellen Beziehungen und zweitens, wenn wir gar keine praktische Absicht haben (zum Kaufmann zu gehen o. ä.), sondern erst die Absicht, die Kinder dafür zu interessieren, wie etwas wächst, wie etwas abnimmt, wie etwas größer ist als, wie etwas kleiner ist als, wie sich etwas aus vielen Teilen zusammensetzt, aus wenigen Teilen zusammensetzt usw., und nicht gleich mit der Ordnung anfangen. Wir müssen mit der Unordnung anfangen, um von der Unordnung in die Ordnung zu kommen. Unser altes Problem. Hier ist die Unordnung nicht falsch, nicht das Falsche, sondern, wie findet man sich zurecht? Zuerst hat man wenig Einheiten, die überschaubar sind. Je größer die Einheit, je mehr Einheiten da sind, desto unüberschaubarer wird es......

Ist es wenigstens deutlich geworden, daß wir offenbar mit all den Elementen, die wir den Kindern bringen wollen, tun, als ob sie ganz selbstverständlich wären? Es muß uns nur klar sein, daß die Kinder oft wirklich noch Probleme sehen und Schwierigkeiten für sich vorfinden, wo wir sie gar nicht sehen, also daß die Kinder oft berechtigt Schwierigkeiten haben und sie nur weiterkommen, indem sie uns einfach nachplappern. Deswegen wollte ich das andeuten. Also, die Geschichte der Null ist sehr interessant.

Auf Wiedersehen!

Kurs vom 21.12.1954

H.J.: Wer kennt das Büchlein „Die Entstehung der Zahlen“ von W. Michel* Daraus ist u. a. zu erfahren, daß wir hier in Europa das Dezimalsystem erst seit vier- bis fünfhundert Jahren kennen. Den Kindern wäre viel geholfen, wenn sie beim Beginn des Rechenunterrichts nicht gleich in das Dezimalsystem eingeführt würden, sondern in ihrem eigenen Leben merken könnten, daß die Zahlen in dem Maße größer werden, wie die persönliche Übersicht größer wird. Mit der Abstraktion wird den Kindern viel zugemutet; wäre sie ein wenig an ihre biologische Situation angepaßt, würden viele spätere Konflikte vermieden. Die Kinder haben nur noch eine Reihe von Automatismen und mit der Sache selbst keinen Kontakt mehr. Auch in den Zahlen selbst sind Verführungen zum Desorientiertwerden. Im Französischen und Englischen ist die Benennungsweise sinnvoller als im Deutschen. Man muß immer die größere Gruppe an den Anfang setzen, z. B. vingt-et-un, vingt-deux, twenty one, twenty two. Wir sagen einundzwanzig, zweiundzwanzig, aber in Wirklichkeit ist es zwanzig und eins, zwanzig und zwei. Da sind Unstimmigkeiten. Das Kind hat keine Ahnung, daß es darüber stolpert, aber es stolpert: es muß es einfach lernen. Uns ist, während wir die Wörter für diese Zahlen benutzen, nicht klar, daß wir eine Addition durchführen. Die größeren Zahlen sind nicht denkbar ohne Addition oder eventuell Subtraktion, wenn eine Zahl abgezogen wird, wie bei den römischen Ziffern. Die Geschichte der Zahlwörter erzählt viel darüber, wie wenig selbstverständlich es in der Geschichte der Menschheit gewesen ist, so weit zu kommen, wie wir heute sind.

Selbständige Zahlwörter haben wir bis zwölf, danach erst kommt zehn und drei. Das ist dem Englischen analog. Im Französischen aber haben wir onze, douze, treize, quatorze, quinze, seize – dann kommt dix-sept. Das alles verrät etwas über die lokale Entwicklung. Wenn wir merken würden, daß wir uns angewöhnt haben, Zahlwörter als leere Buchstabenkombinationen zu nehmen, würden wir auch mit der Funktion in Kontakt bleiben, während wir zählen. Auch im Kopfrechnen ist ja die F u n k t i o n wichtig und nicht das Wort.

R. M.: Wer hat eigentlich das Dezimalsystem eingeführt?

---

*Siehe: W. Michel: Die Entstehung der Zahlen. Bern: Verlag A. Francke AG., 1941.

H.J.: Wir wissen nur, daß das Dezimalsystem in seiner vollkommenen Form, nämlich nachdem die Null erfunden worden ist, offenbar zuerst in Indien in Gebrauch war. Dann haben es die Araber von Indien übernommen und wir von den Arabern. Es lohnt sich, sich dafür zu interessieren, nicht etwa, damit Ihre mathematischen Kenntnisse erweitert werden, sondern weil es kaum etwas gibt, das kulturgeschichtlich aufschlußreicher ist, als die Entwicklung der Hilfsmittel, mit denen die Menschen allmählich die moderne Zivilisation aufgebaut haben; denn ohne die Entwicklung der Zahlen in der Mathematik wäre unsere ganze Technik nicht denkbar. Auch das vergißt man leicht. Die Mathematik und die Geometrie waren schon für die Griechen die Basis aller Kultur, und ohne sie ist Philosophie nicht denkbar. Wer nicht Mathematiker, also Geometer in erster Linie gewesen ist, der war kein gebildeter Mensch, schon gar kein Philosoph. Wenn Sie sich erinnern, was Geometrie ist, kann es Ihnen bewußt werden, daß es das letzte ist, bei dem man von Abstraktion reden könnte. Geometrie ist ja das, was der Name sagt: es ist ein Mittel, die Erde zu messen, die Bodenausdehnung usw.. Ein Mittel, um sich an der Realität zu orientieren, und nicht, wie wir meinen, zum Auswendiglernen von schwierigen Regeln, Gesetzen und Axiomen.
Dieses zur Frage, daß man an das anknüpfen sollte, was die Kinder längst wissen, was wir längst wissen. Ich bin überzeugt, daß die meisten Erstkläßler Telefon- und Autonummern kennen. Die Zahlen, die Stellenwerte haben sie längst erlebt, obwohl dann der gleiche Konflikt auftaucht, nämlich, wenn sie die Stellenwerte nur übers Ohr hören, dann können sie sie zunächst gar nicht lokalisieren, weil unser Benennungssystem inkonsequent ist. Daß wir z.B. von 17 Hundert (1700) reden, ist für die deutsche Bezeichnungsweise ganz inkonsequent, plötzlich ein Rückfall in die Hunderterreihe. Es ist eintausendsiebenhundert. – Schon in den historischen Kulturkreisen ist die Systematik sehr verschieden. Im Französischen trente, quarente, cinquante, soixante, und dann kommt plötzlich soixante-dix (septante, modern!), und dann kommt quatre-vingt und quatre-vingt-dix. Zur Frage der Konsequenz oder Unkonsequenz: Es ist nicht konsequent und noch nicht inkonsequent, sondern es ist einfach der historische Niederschlag, daß das Sechzigersystem sich wieder meldet, d.h. das Zwölfersystem. Darin sind Komplexe aus einer ganz anderen Rechnungsetappe, nämlich einer, in der die Zwölfergruppe entscheidend gewesen ist. In den Namen können wir noch die Niederschläge finden, in der Behandlungsweise sind sie nicht mehr vorhanden. Aber wenn Sie nach England oder Amerika kommen, begegnen Ihnen Unzen, Zoll und Meilen. Je mehr wir in der Welt herumkommen, desto weniger selbstverständlich sind uns die Dinge, von denen wir gerade gesprochen haben, und je weniger man aus seinem Stall herauskommt, meint man, das sei die Welt, die einzige Möglichkeit. Es wäre so wichtig, daß man die Kleinen in Kontakt mit der Realität belassen würde!

Wir wollen jetzt auch nicht ausführlich auf die Geschichte der Zahlen oder auf die Anfänge der Mathematik eingehen, obwohl die ganze Arithmetik nicht zu den Anfängen der Mathematik, sondern zu den Enden der Mathematik gehört. Wir haben schon beim letzten Mal davon gesprochen, wie kompliziert und unübersichtlich es war – was für eine phantastische Arbeitsleistung es war –, auch nur kleine Zahlen aufzuschreiben, bevor man die Dezimalzahlen fand. Sie haben ja letztes Mal versucht, ein paar Posten zu addieren. Daß eine Zahl mit drei Symbolen weniger bedeutet als eine Zahl mit einem Symbol, ist in unserem Dezimalsystem ganz unmöglich. Wichtig bleibt für uns in dem Zusammenhang nur, daß uns bewußt ist, wie viel von dieser Seite aus dazu beigetragen werden könnte, in den ersten Klassen Rechenschwierigkeiten nicht entstehen zu lassen, die dadurch entstehen, daß ein Kind das, was es von uns hört, ernster nimmt, als wir es nehmen. Wenn ich z. B. diktiere: einundzwanzig – – warum soll es die zwei zuerst schreiben?In einem französischen Kind entsteht dieses Problem nicht! So kleine Inkonsequenzen sind für ein Kind unter Umständen ein Berg, und der Erwachsene merkt nichts davon. Bei hundert beginnen wir, den Hauptwert zuerst zu nehmen und die Anhängsel hinterher. Das ist voller Inkonsequenz, die eben durch die Geschichte bedingt ist. Wir muten aber dem Kind von vornherein zu, daß es auswendig lernt. S o i s t e s , so sagt man eben, fertig. Das sind, solange das Kind noch halbwegs am Leben ist, richtige Probleme. Wenn das Kind stolpert, ist es unter Umständen viel klüger als wir. Wenn wir in der ersten Zeit zwanzig und eins, zwanzig und zwei diktieren würden, dann würde dieser Konflikt wahrscheinlich vermieden werden. Das Kind funktioniert logischer als wir. Die Frage ist nur, ob es pariert oder ob es aufmerksam geworden ist auf eine Inkonsequenz und zu akzeptieren lernt, daß es in der „vollkommenen" Welt der Erwachsenen manchmal inkonsequent zugeht. Das ist etwas, das wir dem Kind nicht gern eingestehen wollen. Was der Erwachsene mitzuteilen hat, ist zunächst einmal in der normalen Schule vollkommen.

Aber kehren wir zu unserem Ausgangspunkt zurück. Das ganze Problem ist kein Problem der Zahlen, sondern eine Frage, wie man vermeiden kann, daß bei den elementaren Etappen des Rechnens auswendig gelernt wird und die Probleme sich zunehmend verkomplizieren. Wenn man die Zahlen gleich in Gruppen lernt, die größeren schon gar, dann wird wieder auf Vorrat gelernt. Die wichtige Frage ist immer wieder, wie man eine Sache so einleiten kann, daß man damit an ein echtes Interesse vom Kind aus anknüpft. Das ist das eigentliche Problem, mit dem neunundneunzig Prozent aller Lernschwierigkeiten aus der Welt geschafft werden. Das zu prüfen, würde für Sie alle interessant werden, auch wenn Sie nicht gerade in der Schulstube unterrichten müssen. ....

Es geht um dasselbe, wenn Sie mit jemand über unsere Arbeit sprechen wollen, –

über das, was Sie erlebt haben –, was Ihnen aufgefallen ist und Sie für wichtig halten. Sie haben alle mehr oder weniger erlebt, daß Sie die Menschen mit dem Ergebnis der letzten Etappe, in der Ihnen etwas deutlich geworden war, überfallen haben und sich nicht daran erinnert haben, daß Sie auch erst vorausgegangene Erfahrungen mit Überraschung oder Spaß zur Kenntnis haben nehmen können. Die Frage, wie man an vorhandenes Interesse anknüpfen kann, ist auch für uns Erwachsene das Schlüsselproblem zur Verständigung mit anderen, denen wir etwas nahebringen wollen, das uns interessiert hat oder nützlich geworden ist und nur dadurch deutlich, daß ihm ein längerer Klärungsprozeß vorausgegangen ist. Ich sehe keine andere Möglichkeit. ....

Übrigens hat mir *M. T.* etwas aus dem „Emile" herausgeschrieben. Das wird Ihnen Spaß machen. Wer hat „Emile" von Rousseau gelesen? (*H.J.* liest den Text französisch und übersetzt ihn.):

„Dans les premièrs opérations de l'esprit, que les sens soient toujours ses guides: point d'autre livre que le monde, point d'autre instruction que les faits. L'enfant qui lit ne pense pas, il ne fait que lire; il ne s'instruit pas, il apprend des mots.

Rendez votre élève attentif aux phénomènes de la nature, bientôt vous le rendrez curieux; mais pour nourir sa curiosité; ne vous pressez jamais de la satisfaire. Mettez les questions à sa portée, et laissez-les lui résoudre. Qu'il ne sache rien parce que vous le lui avez dit, mais parce qu'il l'a compris lui-même; qu'il n'apprenne pas la science, qu'il l'invente. Si jamais vous substituez dans son esprit l'autorité à la raison, il ne raisonnera plus; il ne sera plus que le jouet de l'opinion des autres.

Vous voulez apprendre la géographie à cet enfant, et vous lui allez chercher des globes, des sphères, des cartes: que de machines! Pourquoi toutes ces représentations? Que ne commencez-vous pas lui montrer l'objet même, afin qu'il sache au moins de quoi vous lui parlez!

Plein de l'enthousiasme qu'il éprouve, le maitre veut le communiquer à l'enfant: il croit l'émouvoir en le rendant attentif aux sensations dont il est ému lui-même. Pure bêtise!"

„Bei seinen ersten Operationen möge der Geist sich stets von den Sinnen führen lassen. Kein anderes Buch als die Welt, keine andere Belehrung als die Tatsachen. Das Kind, das liest, denkt nicht, es liest nur; es unterrichtet sich nicht, es lernt Worte.

Lenkt die Aufmerksamkeit eures Zöglings auf die Naturphänomene, und bald macht ihr ihn wißbegierig. Um aber seine Wißbegier zu schüren, beeilt euch nicht, sie zu befriedigen. Stellt ihm Fragen, die seiner Fähigkeit entsprechen, und laßt ihn sie selbst lösen. Er soll nichts wissen, weil ihr es ihm gesagt habt, sondern weil er selbst es verstanden hat. Er soll die Wissenschaft nicht erlernen, er soll sie finden. Setzt ihr jemals in seinem Kopf die Autorität an die Stelle des Verstandes, wird er nicht mehr denken und nichts anderes mehr sein als das Spielzeug fremder Meinungen. Ihr wollt diesem Kind Geographie beibringen und schafft ihm Erd- und Himmelsgloben an, Landkarten – wieviel unnützes Zeug! Wozu all diese Abbildungen? Warum zeigt ihr ihm nicht von vornherein den Gegenstand selbst, damit es wenigstens weiß, wovon ihr redet?

Erfüllt von seiner eigenen Begeisterung will der Lehrer sie dem Kinde mitteilen: Er glaubt es rühren zu können, wenn er es aufmerksam macht auf die Empfindungen, die ihn selbst bewegen. Die reine Dummheit!"

So gibt es noch vieles im „Emile". Vergessen Sie nicht, Rousseau ist auch Autodidakt gewesen. Es lohnt sich nicht nur, „Emile" zu lesen, sondern auch „Les Confessions". .... Ja, wenn man's gelesen hat, hat man's zu einer Zeit gelesen, in der man so gelesen hat, wie er es schildert. So hat man nichts von dem darin gefunden, was einem später vielleicht allerhand sagt. Der „Emile" mit seinen vier bis fünf Bändchen ist auf jeder Seite voll von solchen Dingen. Es ist ein Roman, ein Erziehungsroman. Aber überall, wo es sich darum handelt, wie man mit jungen Menschen umgehen sollte, damit sie sich entfalten können, findet man so etwas. Aber es sagt einem erst etwas, wenn man schon über vieles gestolpert ist und gemerkt hat, daß etwas, so wie man es gelernt hat, nicht in Ordnung ist, nicht wahr? Den „Emile" in seiner Bibliothek zu haben, lohnt sich, wenn man an Unterrichts- und Erziehungsfragen interessiert ist. Wobei man nicht jeden Satz und jedes Wort wie die „Heilige Schrift" zu nehmen braucht; denn dann hört man auch wieder auf zu prüfen. Ob und wieweit Rousseau etwas zu sagen hat, darf nicht von der Autorität abhängen, die er für Sie hat, sondern umgekehrt: je mehr Sie erlebt haben, was er Ihnen zu sagen hat, desto mehr Autorität bekommt er.

E. St.: Über Betreuung der ganz kleinen Kinder schreibt er interessante Sachen.

H. J.: Sie können sicher sein, daß Sie, wenn Sie sich mit solchen Dingen beschäftigen, heute eine Fülle von Anregungen finden, selbst auch dort, wo Sie sagen würden: „Er sagt so viel Vernünftiges, dieses aber scheint mir nicht sehr zweckmäßig zu sein."

Er ist schließlich auch ein Kind seiner Zeit gewesen, und was es zu seiner Zeit für eine Leistung gewesen ist, so zu denken, das vergessen wir auch leicht, – was für ein Mut dazu gehört hat, Gedanken zu haben, wie er sie fortwährend ausgesprochen hat in einer Zeit, die noch so feudal und so voller Unterdrückung des gesunden Menschenverstandes gewesen ist.

E. St.: Ich dachte jetzt gerade daran, daß er geschrieben hat, man solle die Kinder nicht einbinden, sondern ihre Beine freilassen.

H. J.: Stellen Sie sich einmal vor, was Steckkissen damals geheißen hat! Und Rousseau hat das ungefähr in der Mitte des achtzehnten Jahrhunderts geschrieben!

R. M.: Dann sollten ja die Störungen noch viel größer sein, als jetzt.

H. J.: Sie sind nur anders gewesen. Wir erleben immer wieder, daß Sinnvolles und Unsinn ungestört nebeneinander bestehen können, wenn eine Tradition oder eine Manier, die auch ihre Geschichte haben, nicht in eine Generalkonzeption vom Menschen eingeordnet sind.

Es wird eine Sache abgeschafft und durch eine andere unsinnige Maßnahme ersetzt. Kennen Sie die Enzyklopädisten Diderot, d'Alembert, Voltaire, die Zeitgenossen von Rousseau? Kennen Sie die „Lettres persanes" von Montesquieu usw.? Diese Leute zu lesen, diese Bücher aus der Zeit zwischen 1710 und 1789, das ist sehr zu empfehlen; denn die haben die eigentliche Arbeit geleistet, durch die die französische Revolution möglich geworden ist.

Zur Frage Geschichtskenntnisse: Im Geschichtsunterricht sollten entscheidende Kapitel von diesen Menschen gelesen werden. Man kann all diese Sachen lesen, und sie brauchen einem nichts zu sagen. Aber welchen Zusammenhang, welche Voraussetzungen müssen wir vorher schaffen, damit, wenn jemand das Buch in die Hand nimmt, ihm auch etwas entgegenspringt? Sonst ist es eine Literaturprobe, die man, leider Gottes, „auch noch lesen muß." Das hängt alles miteinander zusammen. Ist Ihnen deutlich, daß ein Autodidakt zu sein, gar nicht so schwer sein kann? Wenn man das Glück gehabt hat, nicht vorher so „dumm gelernt worden" zu sein, daß man selbst gar nicht mehr auf die Suche geht. ....

Also, ich bin noch parat für Fragen und noch lieber für Beiträge von Ihnen, mit denen Sie vorschlagen, wie man diese oder jene Aufgabe im Unterricht so vorbereiten kann, daß sie keine „Forderung" an die Kinder ist, sondern daß sie eine Forderung wird, die die Kinder an uns stellen und die sie mit Vergnügen befriedigen können. Die Verabredung besteht auch für Erwachsene: Wie schaffe ich es, daß etwas, das ich ihnen nahebringen will, sie interessiert und daß sie um Auskunft fragen? Die gleiche Schwierigkeit ist, daß wir's immer erzählen und Resultate anbieten und beibringen wollen, statt so vorzugehen, daß die Erwachsenen fragen: „Wie ist das eigentlich? Kürzlich hast du doch mal so etwas gesagt. Ich hab's mir überlegt, das kann doch nicht sein." Sie sollten allmählich in vielen Situationen prüfen, ob es möglich ist, so vorzugehen, oder ob es eine Sache ist, die so hingenommen werden muß, gelernt werden muß. Gibt es etwas, das bloß gelernt werden muß? Ich weiß es nicht. – Die Zahlen z. B. müssen doch auch gelernt werden?

R. M.: Aber wenn man z. B. eine Fremdsprache lernt, dann muß man doch lernen, daß Mutter z. B. auf französisch mère heißt. Man merkt sich das.

H.J.: Wir haben wiederholt in anderen Zusammenhängen den Begriff „Fremdsprache" abgelehnt, weil er in sich schon eine Fehlerquelle enthält. Jede Fremdsprache ist eines anderen Muttersprache. Deshalb ist für das Kennenlernen einer Sprache die ideale Situation, wenn man in der Umgebung ist, in der diese Sprache gesprochen wird.

R.M.: Aber man probiert, es sich zu merken.

H.J.: Das kommt aus unserer alten Erwachseneneinstellung. Wenn man sich's merkt, fängt man schon wieder an, Wörter zu merken, zu kombinieren und Sätze zu machen. Sie müssen etwas nur häufiger hören, dann bleibt es. Dann bleibt einem immer noch, wenn man genügend Kontakt mit der Sprache hat, das Werkzeug Dictionaire, das einem Auskunft gibt. Aber stellen Sie sich vor, was für ein Unterschied es ist, wenn ich den Dictionaire benutze, um Auskunft zu bekommen für etwas, an dem ich schon interessiert bin, oder wenn ich in meinem Lehrbuch eine Reihe von Vokabeln habe, die ich auswendig lernen muß für die nächste Stunde. Nun ist ja in neueren Lehrbüchern vermieden, daß man Vokabeln auswendig lernen muß; denn wenn das Lesestück, in dem die neuen Vokabeln auftauchen, häufig genug gehört und gelesen ist, dann ist das Wort da, selbst wenn die wörtliche Übersetzung noch nicht da ist. So, wie Erwachsene lesen, wenn sie leichtfertig lesen, wie es ihnen schlechtes Gewissen macht, ist die einzige Form zum Bewältigen fremder Sprachen, nämlich ruhig ungefähr, und wenn es interessant wird, sucht man nach, sucht aber nicht nach jedem Wort, von dem man nicht genau weiß, was es heißt. Selbst wenn Sie in Ihrer Muttersprache wirklich lesen wollen, lesen Sie zuerst so ....

(*R. V.* berichtet ausführlich von einer Freundin, die jetzt bei ihr wohnt und Verkäuferin in einem Lebensmittelgeschäft ist. Sie hat große Schwierigkeiten mit der Leiterin, die bis zu Angstzuständen geführt haben. Als die Leiterin aus einem Urlaub zurückkam, erkrankte sie. Die Leiterin sei auch ein schwieriger und kränklicher Mensch, so daß die Schwierigkeiten immer größer geworden sind.)

H.J.: Nun haben Sie einen Eindruck vom Problem. Ein Problem, das es nur in einer Lebensmittelfiliale gibt? Hat jemand solche Probleme schon in seiner Umgebung vorgefunden?

Es müssen zwei Leute mit Schwierigkeiten zusammenkommen, wenn es so große Schwierigkeiten gibt .... Es hat seine Geschichte, wenn man gewöhnt ist, so schnell auszuweichen und ausgerechnet an dem Tag, an dem die Leiterin aus dem Erholungsurlaub zurückkommt, völlig arbeitsunfähig wird. Das zeigt doch, daß die Freundin es sich schon früher leisten konnte auszuweichen. Jeder Tag liefert genug Chancen, das funktionell gleiche Spiel zu spielen. Es wird nur zufällig bei einer bestimmten Sorte von Vorgesetzten offenbar. Vielleicht erlebt sie ihre Mutter wieder in dieser Vorgesetzten? Ich weiß nicht, wie die Mutter ist, vielleicht auch so, daß alles nach ihrer Pfeife tanzen muß? Jede andere Vorgesetzte, die nicht ähnliche Züge hat, wird diese Schwierigkeiten vermutlich nicht auslösen. Aber hier trifft sie auf das, womit sie zu Hause nicht fertig geworden ist. So kompliziert und vielseitig diese Probleme scheinen mögen, so kommt man, wenn man näher prüft, auf ein paar Tatsachen, die fast immer im Spiel sind.

Man muß die Verhältnisse nicht kennen. Sie brauchen nur die Art von Schwierigkeiten zu schildern, schon wird deutlich, daß die Freundin nicht mit allen diese Schwierigkeiten hat, sondern nur mit jemandem, der den nötigen Druck ausüben kann und Übergewicht hat, eventuell eine bestimmte Sorte von Pedanterie oder sonst etwas Ähnliches, das sie genügend von Kindesbeinen an kennengelernt hat. Es muß nicht so sein, aber meine Frage kommt, weil sie nahe liegt. Wir müssen es mit der Zeit nur fertigbringen, schneller vermuten zu können, um was es sich jeweils handeln könnte.

Vielleicht bringen Sie sie dazu, daß sie mit ihrer Mutter Frieden schließt, – dann wird sie auch mit ihrer Chefin auskommen können. Sie kämpft um etwas, um dessentwillen sie gerne mit ihrer Mutter gekämpft hätte, ohne Aussicht auf Erfolg. Und die Angst, die da besteht, die hat auch ihre Geschichte. Das wissen Sie ja auch. Wenn nun so ein Mensch eine Freundin gewinnt, mit der er sich versteht, ist es klar, daß er sich bei der Freundin mehr zu Hause fühlt als im Elternhaus. Die Frage ist nur, ob die Freundin zu viel nachgibt und ob sie auch gestattet, daß die andere, wenn es Schwierigkeiten gibt, ausweichen kann. Es kann sein, daß man sich freut, eine Freundin zu finden, und dann zweimal die Augen zudrückt – nicht nur einmal –, wenn etwas geschieht, das eigentlich nicht sein sollte. Sie sollten in der Lage sein, Widerstände zu leisten, die bei der Mutter ohne weiteres dazu führen, daß es schief ausgeht. Sie haben das Vertrauen und können dem Menschen notwendige Widerstände leisten. Aber indem Sie stillschweigend „in Freundschaft dulden", schaden Sie nur.

R.M.: Wie kann man sie interessieren für diese Probleme?

H.J.: Die Freundin ist brennend interessiert daran, sie weiß es nur nicht. Sie ist doch auch nur auf der Flucht. Ich habe Ihnen schon häufig geraten, sich mit einigen Publikationen von *Freud* und *Adler* zu beschäftigen, um diese ganzen Wettbewerbs-, Neid- und Eifersuchtssituationen in der Familie ein wenig in ihrem generellen Vorhandensein kennenzulernen; denn sonst behandeln wir jeden Fall als einen Einzelfall, während in fast allen den Einzelfällen auf der Hand liegende allgemeine Schwierigkeiten zugrunde liegen. – Hat sie noch Geschwister?

R.V.: Ja, einen Bruder, der vier Jahre jünger ist. –

H.J.: Ihre Freundin ist die Entthronte gewesen, die Mutter hat den Buben verwöhnt, und der Vater hat sich darüber geärgert. – Wie die Sachen immer so laufen! Blitzableiter müssen offenbar überall sein, wo mehrere Menschen zusammen sind, und daß die Mutter durch diese häuslichen Schwierigkeiten krank geworden ist, ist naheliegend. Ist es verständlich, daß Ihrer Freundin alle Reden, freundliche Aufforderungen und Belehrungen herzlich wenig helfen können, ehe nicht die unbewältigten Probleme in der Familie gelöst sind? Kennt jemand aus eigener Erfahrung analoge Schwierigkeiten, wo im Elternhaus oder in der Umgebung das ältere Geschwister das Aschenbrödel wird und das jüngere, „schönere" Geschwister das Vorgezogene – wo alle diese Begleiterscheinungen damit auftreten? – Sie haben doch gemeint, daß es sich um Schwierigkeiten im Geschäft handelt.

R. V.: Ja, schon!

H.J.: Es handelt sich nicht nur um Schwierigkeiten im Geschäft, sondern sie treten im Geschäft nur so in Erscheinung, wie sie seit Jahr und Tag auch außerhalb des Geschäftes vorhanden waren. Nun kommt hinzu, daß diese Chefin – oder wer's sonst ist – besondere Züge von Autoritär-, Pedantisch- oder Bürokratischsein an sich hat, wie sie vielleicht bei der Mutter in ähnlicher Weise waren. Dann ist's keine große Kunst, sich darüber klarzuwerden, daß das Mädchen draußen auf die gleichen Schwierigkeiten stößt. Es ist nun mal eine merkwürdige „Fügung des Schicksals", daß man draußen in der Welt immer zu seiner Mutter oder zu seinem Vater kommt.

(Nachdem *H.J.* nochmals auf das Verhalten des Mädchens eingegangen ist.)

Die Frage ist, ob man es überhaupt in den Bereich der Erwägung zieht, ausweichen zu können. So gibt es Kinder, die in der Schule eventuell einen Lehrer als Vaterstellvertreter oder eine Lehrerin als Mutterstellvertreterin haben und z. B. vor einem Diktat oder ähnlichem Bauchweh oder Fieber bekommen und zu Hause bleiben „müssen". Wer kennt so etwas auch? Eventuell aus eigener Erfahrung? Und dann gibt es Eltern oder andere in der Umgebung, die ohne Ahnung von diesen Zusammenhängen, – ohne Ahnung davon, daß ein Hintergrund dabei ist, – das Ausweichen fördern und Entschuldigungen schreiben, während gerade dann eine Möglichkeit bestünde, diese ersten Schwierigkeiten, die das Leben bringt, durch Verständigung – ohne Befehl oder Zwang – auf sinnvolle Art zu überwinden, statt ein System des Ausweichens fürs ganze spätere Leben aufbauen zu helfen. Lehrer sollten wissen, daß bei Kindern, die fehlen, sehr oft Beunruhigung, Sorge, ein Ausweichbedürfnis, eine Flucht o. ä. dahinter stecken. Selbst wenn eine Kinderlähmungsepidemie besteht und das Kind die Krankheit bekommt, können Sie das nicht so direkt sehen. Selbst da steckt etwas dahinter; denn es ist die Frage, in welchem Gesamtzustand man sein muß, um anfällig zu werden, – daß bei einem ausbricht, was bei anderen nicht ausbricht. Also die Art der Aufgeschlossenheit für das Krankwerden, eine Bereitschaft, nachzugeben und schlapp zu machen, die sind mitentscheidend dafür, ob man z. B., wenn irgendwelche Infektionskrankheiten in der Luft sind, von diesen nun angesteckt wird oder nicht.

E. St.: Die Kinder, die nicht krank werden, haben doch auch Konflikte mit dem Lehrer in der Schule.

H.J.: Ich spreche von Konflikten, bei denen der Lehrer Stellvertreter für jemand anderen ist. Man kann auch das nicht so schematisch nehmen. Es muß viel zusammenkommen, wenn ein Kind in die Krankheit ausweicht. Viele plagen sich und viele haben Kummer, viele haben Widerstände, und viele würden gerne einen Umweg um die Schule machen, aber die neurotische Situation ist noch nicht so ausgeprägt bei ihnen, daß sie Verpflichtungsgefühlen oder einer Bedrohung durch Nachteile trotzen und ausweichen.

Die ideale Form, in der man vor den legitimen Forderungen ausweichen kann, ohne dafür zur Rechenschaft gezogen zu werden, ist die, krank zu werden. Vergeßt das nicht! Je „kränker" die Krankheit sich präsentiert, desto legitimer ist es, daß man ausweichen kann, und zwar ohne Vorwürfe. Kein Mensch meint zunächst, daß man der Krankheit zum Opfer gefallen ist, weil man nichts dagegen gehabt hat.

E. G.: Das ist doch schon viel früher so mit den Tränen und dem „Unglück", – die sind doch auch oft ein Versuch auszuweichen.

H.J.: Das kommt nur erst *später* in Erscheinung. Tränen sind ja meistens Bestechungsmittel. Mit der Krankheit will man nicht bestechen, sondern seine Flucht legitim machen, während man mit den Tränen versucht zu bestechen, den anderen weich zu machen, zur Nachgiebigkeit zu bringen. Deswegen sind ja gerade die Frauen so berühmt für Tränen, weil die „Männer so weiche Herzen" haben, daß sie Tränen nicht sehen können und nachgeben. ....

(Zu einer Bemerkung von *R. M.*)

H.J.: Ja, man darf halt nicht in Konkurrenz treten wollen mit einem unerreichbar erscheinenden Könner! Je höher man diesen unerreichbaren Könner stellt, desto kleiner erscheint man sich selbst, – ein gutes Mittel, für eine Leistung „unfähig" zu werden. Unsere „Verehrung" für jemanden, der unserer Meinung nach sehr viel kann, ist manchmal auch nur eine Fluchtform. Wie oft habe ich bei der Begabungsproblematik darauf hingewiesen, daß diese *Heldenverehrung* für das Genie eine Fluchtform ist, mit der man legitim davor flüchten kann, sich auch so mobilisieren zu müssen. Da wird jemand auf den Thron gestellt, – so unerreichbar groß, daß man selbst doch lieber gar nicht erst versucht, da es doch „keinen Zweck hat" zu probieren. Das ist ungefähr der Mechanismus unserer Verehrung, und je mehr wir verehren, desto mehr glauben wir, Abzahlung geleistet zu haben: *Verehrung statt Selbstprobieren.*

Es gibt viele Kinder, die sind robust in die Welt gekommen und auch nicht so geplagt, so gestört worden. Die sind viel schlechter dran; denn wenn die gern krank würden, werden sie nicht so schnell krank. Die sehen mit Neid auf die anderen: „Oh, hätt' ich doch auch Bauchweh". Wer kennt das eigentlich? (Heitere Zustimmung!) Mit welchem Neid man auf die gesehen hat, die bei einer schwierigen Sache nicht dabei sein mußten, statt zu bedauern, daß sie sich immer wieder einer Auseinandersetzung entziehen können.

Neurotisches Verhalten deutet sich eigentlich schon an, wenn man Verführungen, wie z. B. dem Ausweichenkönnen, die an jeden Menschen irgendwann herantreten, zum Opfer fällt, während die anderen, bei denen die Tendenz nicht so neurotisch ist, sich durchbeißen. Die Tendenz zu neurotischer, asozialer Reaktion, die ist in uns allen vorhanden. Die Frage ist nur, welche Tendenz kräftiger ist. Ein echter neurotischer „Fall" fragt nicht, ob er sich's leisten kann, z. B. auszuweichen oder nicht. Der ist durch Verwöhntwordensein, durch Nachgeben, das auch in den einfachsten Verhältnissen vorkommen kann, schon so an Ausweichen gewöhnt, daß er auch ausweicht, wenn er sich's eigentlich nicht leisten könnte. Es fällt nur viel mehr auf, wenn Menschen ausweichen, die sich's gar nicht leisten könnten, – wenn z. B. einer morgen nichts zu essen hätte, wenn er nicht zur Arbeit ginge.

E. G.: Das mein' ich nämlich.

H. J.: Aber es gibt Menschen, die auch dann ausweichen und vor die Hunde gehen.

E. G.: Ich erinnere mich: Wenn eines meiner Geschwister – ich hab' schon gar nichts mehr gesagt – sagte, mir ist schlecht, dann sagte meine Mutter: „Mir ist manchmal auch schlecht. Geh' doch hin." – so ganz selbstverständlich.

H. J.: Nicht jeder hat eine so vernünftige Mutter.

E. G.: Wenn's ums Brot geht!

H. J.: Wenn's ums Brot geht und ein Kind herausbekommen hat, wo die Mutter eine schwache Stelle hat, und auf dieser schwachen Stelle spielt, dann wird auch eine vernünftige Mutter schwach.

E. G.: Das gilt übrigens für meinen Bruder! (Heiterkeit)

H. J.: Ja, siehst Du! Die ökonomische Situation ist eine große Hilfe, nicht so leicht ausweichen zu können. Aber der Druck, einfach zu müssen, hindert in keiner Weise, daß man nicht doch ausweicht, wenn er herausbekommen hat, wie man das machen muß, – nicht über den Kopf!

Also bei diesen Zusammenhängen sollte man in der frühesten Kindheit mit dem Interesse für social relation anfangen, nicht erst in der Schule oder im Betrieb. In der Schule wird nur das Kapitel fortgesetzt, derselbe Faden weitergesponnen, der im Elternhaus angefangen hat.

R. M.: Aber kommt da nicht die Frage, welches eigentlich zweckmäßige Forderungen sind und welche so sind, daß man ausweichen durfte?

H. J.: Ja, das ist noch eine Frage für sich. Die beantwortet sich, wenn den Beteiligten bewußt spürbar geworden ist, daß es sich um Ausweichen handelt. Aber üblicherweise bekommt das Kind Fieber. Wenn es Fieber hat, muß es ins Bett. Es wird nicht überlegt, ob es ein Ausweichversuch sein könnte.

Sie wissen, daß ich, wenn Erwachsene eine Verpflichtung haben, irgendwohin müssen, o. ä., und Fieber bekommen, so unbarmherzig bin zu fragen, ob ihnen die Erkältung jetzt wohl zupaß käme oder ob wirklich etwas Ernsthaftes los sei? Andererseits besteht die Frage, ob man es sich bei einer ernsthaften Erkrankung, trotz seiner Pflichten, leisten könnte oder müßte nachzugeben. Es braucht gar nicht nur der ökonomische Druck zu sein. Der ökonomische Druck enthebt einen nur häufig der Wahl, nicht wahr? Aber der Mechanismus ist überall der gleiche. Wenn man so eine Stelle hat, auf der man eventuell eine Zeitlang krank sein kann, – wo Krankenkasse und alles andere funktionieren, dann ist die Chance auszuweichen auch größer.

R. M.: Könnte idiotisch werden auch ein Ausweichen sein?

H. J.: Es kommt darauf an, was Sie mit idiotisch meinen. Wenn Sie's im psychopathischen Sinn meinen, dann ist es eigentlich ein Fall, der in organischem Sinn sehr starke Komponenten hat, wobei man also nicht sagen kann, es sei ein Ausweichen. Aber Sie können sicher sein, daß viele „dumme" Kinder, die hoffnungslos „dumm" sind, in die Dummheit geflüchtet sind. Das kann man ohne jede Sorge, sich zu irren, sagen. Denn es gibt x Gründe, aus denen Kinder ausweichen. Sie brauchen einem kleinen Kind nur häufig genug zu sagen, besonders wenn Geschwister da sind, die vif sind: „Du bist zu dumm, laß das liegen, ich mach's lieber selbst. Bis du's gemacht hast, hab ich's zehnmal gemacht." Wer kennt solche freundlichen Bemerkungen, obwohl der, der „ungeschickt" ist, eine Zeitlang doppelt viel Nachsicht und doppelt viel Aufforderung zu probieren brauchte? Wo soll es denn enden, wenn sonst keine positiven Faktoren im Milieu vorhanden sind, als daß jemand immer ungeschickter wird und dümmer?

R. M.: Wie ist es denn mit dem Schwachsinn?

H. J.: Schwachsinn ist auch eine der geheimnisvollsten Diagnosen, die es gibt, aber auf die ich jetzt nicht näher eingehen kann. Wer z. B. Hilfsschulklassen kennt, der weiß, wie schwierig das ist. ...... Jemand versagt in der Schule gänzlich und als Erwachsener wird er weltberühmt. Warum hat er sich bei diesem Lehrer so benommen? Jeder von uns ist schon sehr dumm gewesen, je nach der Umgebung, in der er gewesen ist! (Verständnisvolle Heiterkeit.) Das Dummsein ist in solchem Fall auch eine Form von Ausweichen. ....

Einen Ehrgeiz wünsch' ich Ihnen allen, nämlich, daß Sie alles gerne selbst machen wollen, sich nicht zurückziehen und sagen, der andere könne das besser. Das heißt aber nicht, alle die Arbeiten unbedingt noch selbst tun zu wollen, für die viele andere zur Verfügung stehen! ....

(Nach einer längeren Aussprache mit der Lehrerin, zu der die Kinder gerne zur Schule kommen.) ....

Wir haben davon gesprochen, daß das, was bei Erwachsenen so drastisch in Erscheinung kommt, von klein an vorbereitet sein muß, und daß im Falle der Freundin von *R. V.* die Ablösung von zu Hause und der Friedensschluß mit der Mutter, das Selbständig-geworden-Sein noch nicht geschehen seien. Der Einzelfall hat immer sein individuelles Gepräge, selbstverständlich! Man würde vielen Menschen unrecht tun, wenn man von vornherein sagen würde, sie seien nicht krank, hätten nur Angst und flüchteten vor etwas. Doch in sehr vielen Fällen wird etwas davon dabei sein. Viele Fälle werden lesbarer werden, wenn Sie anfangen, nicht vom Einzelfall auszugehen.

Auf Wiedersehen!

Kurs vom 5.1.55

H.J. bespricht Fragen und Aussagen aus den Kursresümees und die Problematik des Resümierens: Kurze Notizen über das, was im Kurs gesagt worden ist, ohne den Zusammenhang, aus dem die Aussagen entstanden sind, können große Mißverständnisse ergeben. Wenn z.B. aphoristische Äußerungen nicht präzise wiedergegeben werden, können sie sinnabwandelnd und ebenfalls Mißverständnisse erzeugend wirken.

H.J.: Da heißt es z.B.: „Gibt es etwas, das nur gelernt werden kann?Wir meinen z.B., daß eine gute Wendung in einer Fremdsprache gelernt werden kann."

H.J. widerlegt dies. Erst wenn wir eine solche auftauchen lassen, wird sie uns gegenwärtig bleiben.

H.J.: Das ist aus dem großen Zusammenhang herausgenommen. Erinnern Sie sich, auf was sich das beziehen kann?

So formuliert erscheint es mir sehr problematisch. Ich verstehe schon, was gemeint ist. Aber zu diesen Resümees: die Aussagen brauchen keine meisterhaften Formulierungen zu sein, sollten aber über ein gewisses Maß von Mißverständlichkeit möglichst nicht hinaus gehen. Ich weiß nicht, ob das als Wiederholung einer Notiz, die man hier gemacht hat, formuliert wurde. Kommt Ihnen das Zitat bekannt vor? Wem ist erinnerlich, was mit dieser Aussage gemeint sein kann?

H.G.: Ich glaube, wir sprechen z.B. von Worten, die wir beim Lesen eines Buches in einer Fremdsprache im Dictionaire nachschlagen.

H.J.: Taucht anderen schon etwas auf dazu? Lassen Sie sich ruhig Zeit. – Kommen wir schon etwas näher?

H.G.: Ein Wort sollte uns so interessieren, daß wir es von uns aus nachschlagen und nicht einfach zum Lernen.

H.J.: In welchem größeren Zusammenhang wurde das überhaupt akut?

R.M.: Ich glaube, ich habe gefragt, ob eine Fremdsprache so werden sollte, daß sie quasi Muttersprache wird.

H.J.: Das glaube ich nicht. Wurden nicht Fremdsprachen als Beispiel dafür gewählt, daß wir eben doch Dinge lernen müßten, nämlich Vokabeln etc.? Habe ich nicht darauf hingewiesen, daß die nur gelernten Vokabeln für unsere Fremdsprachenkenntnisse nicht fruchtbar werden, – daß man „Vokabeln" in Kontakt mit Zusammenhängen kennenlernen sollte?

H. St.: : Sie haben doch betont, daß wir viel mehr in einer Fremdsprache verstehen können, wenn wir einen ganzen Abschnitt im Zusammenhang lesen, und daß wir nicht so schnell zum Wörterbuch greifen sollten. Im Zusammenhang können wir uns Redewendungen besser merken, aber nicht die einzelnen Worte.

H.J.: Sehen Sie, das ist die alte Frage, – ob wir analytisch oder synthetisch vorgehen. Wenn wir Zusammenhänge lesen, die uns irgend etwas Erlebbares vermitteln, das uns auch in unserer Muttersprache anspricht, und dadurch Kontakt mit einer Situation entstanden ist, erfährt man, aha, der Franzose sagt so bei dieser Gelegenheit, – nicht, er übersetzt das so, oder wir übersetzen das so, sondern e r s a g t d a s s o ! Wenn er die gleiche Aussage machen will, sagt er es als Engländer so, als Deutscher so, als Schweizer so. Man sollte nicht permanent Wörter übersetzen wollen als Vokabeln; denn die Vokabeln stimmen nicht. Vergessen Sie doch nicht: Wenn Sie ein gutes Wörterbuch nehmen und sich über eine Vokabel orientieren wollen, dann haben Sie 4, 5 ,6, 7 und manchmal noch mehr verschiedene Bedeutungen für dieses eine Wort. Welche Vokabel soll man auswendig lernen? Wenn man eine Fremdsprache auf diese Weise lehrt, lernt, ergeben sich große Schwierigkeiten, weil Vokabeln auf eine bestimmte, isolierte Bedeutung festgelegt werden, in der man sie angetroffen hat.

Manchmal müssen Sie einen großen Zusammenhang lesen, um zu wissen, für welche Nuance oder welche Bedeutung dieses Wortes überhaupt in Frage kommt. Ist das verständlich? Wenn wir mit der Sprache vertraut sind, mit den Wörterbüchern vertraut und unbefangen sind, dann können wir uns viel holen. Aber wir werden ja für den Gebrauch des Wörterbuches befangen gemacht durch diese isolierte Fixierung. Es gibt kein Wort, selbst wenn es eine eindeutige Bedeutung hat, dessen Bedeutung ohne einen Zusammenhang wirklich sauber zu erfassen ist. Selbst ein Satz hat noch keine Bedeutung, Sätze, wie die aus diesen Resümees, haben noch keine Bedeutung. Erst müssen wir uns an eine Fülle von Assoziationen erinnern, die entstanden sind, bis wir „riechen" können, was ein grammatikalisch einwandfreier Satz uns eigentlich mitteilen kann, in der Muttersprache, wohlgemerkt!

Aber Sie merken, daß Sie nur vermuten können, was mit meiner Aussage gemeint ist, obwohl Sie beim ganzen Zusammenhang dabei gewesen sind. Wir müssen versuchen, etwas so niederzuschreiben, daß die Niederschrift bis zu einem gewissen Grade jedem Menschen etwas zu sagen vermag.

Also gehen wir weiter. Ich will noch ein paar Stichproben aus den Resümees nehmen: „Tränen ist ein Bestechungsmittel, – Krankheit ist aber eine Flucht." Spüren Sie, wie unerlaubt vereinfacht dann etwas plötzlich ist? Dann müßte man Tränen in Anführungszeichen setzen als einen Komplex, „Tränen" ein Bestechungsmittel. Wenn wir schon so knapp sein wollen, dann sollte es grammatikalisch präzise sein.

„Krankheit aber ist eine Flucht." Stellen Sie sich vor, wie problematisch es ist, wenn Sie mir unterschieben, daß ich gesagt hätte, Krankheit sei eine Flucht.

R. M.: Krankheit kann auch ein Bestechungsmittel sein.

H. J.: Krankheit ist eventuell auch ein Bestechungsmittel.

M. E.: Aber nicht immer ist Krankheit eine Flucht.

H. J.: Dieser Formulierung wegen reklamiere ich ja. Daß Krankheit etwas ist, in das man hineinflüchten k a n n, davon haben wir gesprochen, nicht aber, daß Krankheit an sich eine Flucht sei. Wenn ich mir schnell eine Notiz gemacht habe, dann kommt sie mir eventuell beim Resümeeschreiben vor die Augen, und ich erinnere mich beim Ablesen, was damit gemeint ist, schreib's schön hin, aber vergesse, wer das nachher verstehen, akzeptieren soll. Wenn ich die großen Semester- oder Jahresresümees bekomme, dann brauchten wir das ganze nachfolgende Jahr, um die Resümees einer Gruppe daraufhin durchzusprechen, wieweit Formulierungen aufrechterhalten werden können. Darum lasse ich es meistens, wenn es nicht für uns wichtig ist. Jetzt hat's ja einen bestimmten Grund, daß wir's herausfischen. Ich verstehe sehr gut, was gemeint ist, *ich*, aber wenn ich mir vorstelle, jemand anderes hört das von Ihnen als einen Bericht aus der Arbeit, dann sträubt sich jedes Haar einzeln. Können Sie verstehen, daß Sie damit jeder lächerlichen Kritik Tür und Tor öffnen? Leichter als mit solchen unhaltbaren Formulierungen können Sie es einem Übelwollenden oder einem zur Opposition Geneigten nicht machen. Wenn Sie jemand mit solchen Berichten für das interessieren wollten, was wir hier tun, dann könnte es ja nur schief ausgehen.

E. St.: Sie sprachen doch einmal davon, daß es, wenn ein guter Wissenschaftler schreibt, so ist, daß jeder Laie es verstehen kann.

H. J.: Ja, sagen wir mal so: Jeder Wissenschaftler, der etwas Wesentliches aussagen will und nicht direkt Spezialisten etwas mitteilen will, wird es, wenn er ein gutes Niveau hat, so sagen, daß jeder Laie, der das ernsthaft und anwesend liest, den Sinn zwar nicht hundertprozentig in allen Verfältelungen verstehen wird, aber durchaus angerührt wird durch etwas, wozu er mittels seines gesunden Menschenverstandes eine Beziehung gewinnen kann.

(*H. J.* berichtet dann ausführlich von einem Vortrag, in dem Einstein während eines ganzen Abends über die Schrumpfung des Raumes gesprochen hat. Man hat an der Stille gemerkt, daß die Menschen folgen konnten. Wahrscheinlich hätte keiner der Anwesenden den Vortrag wiederholen können, aber es schien, daß die meisten heimgegangen sind mit dem Empfinden, daß sie eine Ahnung davon bekommen haben, was mit der Schrumpfung des Raumes gemeint sein könnte. Man wurde angerührt durch etwas, wozu man mittels gesunden Menschenverstandes eine Beziehung bekommen kann.).........

Ihr, die Ihr länger bei mir gearbeitet habt, seid immer wieder hingewiesen worden: „Fragt zurück, reklamiert so lange, bis es Euch erfaßbar ist, um was es in unserer Arbeit geht.“ Ihr seid daran gewöhnt worden, nichts auswendig zu lernen, möglichst nichts nachzuschwätzen.

E. St.: Aber wie kann ich das so formulieren, daß ein nichtwissendes Publikum das verstehen würde? Das wäre sehr viel verlangt.

H.J.: Das will ich Ihnen gerne zugeben, aber ich muß wiederholen: Der Wissenschaftler braucht kein so großartiger Wissenschaftler in bezug auf die Länge des Weges in seiner Wissenschaft, den er hinter sich gebracht hat, zu sein, sondern er muß nur die Elemente seiner Wissenschaft statt gelernt, *erarbeitet* haben. Dann hat er ein Empfinden dafür, ob er einem anderen nur Worte und Formulierungen bietet, oder ob er etwas so nahebringen kann, daß andere sich etwas darunter vorstellen können. Wir müssen so formulieren, daß wir einen Leser als jemand einbeziehen, der nicht das Ganze miterlebt hat, von dem man nur ein paar Rosinen herauspickt. Ich habe hier gar nicht verlangt, daß Sie für einen Fernstehenden in einer isolierten Formulierung Eindeutiges aussagen. Verstehen Sie, was ich sagen will? *Ich* muß mich beim Lesen etwas dümmer stellen als ich bin, um dabei den Anspruch an die Formulierung zu stellen, den *jeder*, der sie liest, zu stellen berechtigt ist, da das ja keine Geheimwissenschaft ist, sondern etwas, das mit den Worten Ihrer Muttersprache eindeutig und sauber sagbar ist. Ich müßte mir von Zeit zu Zeit alle Notizen geben lassen, um zu prüfen, ob sie einigermaßen das wiedergeben, was ich gesagt habe..................

(Nach einigen weiteren Beispielen aus den Resümees zum Notizenmachen während der Aussprachen): Daß es bei uns unerwünscht ist, während der Aussprachen Notizen zu machen, hat seinen tieferen Grund. Man ist nämlich mit einem Ohr bei dem, was weiter gesprochen wird, und mit dem anderen Ohr oder den Gedanken bei dem, was man nun schnell aufschreiben will.

Beim Mitschreiben geht einem so leicht der Anschluß an das Wesentliche verloren. Dann hat man weniger, als wenn man keine Notizen gemacht hat; denn die Notizen sind anders formuliert, als z.B. ich formuliert habe. Solche momentanen Formulierungen, die Sie zum Notieren reizen, sind oft aphoristisch gesagt, also so, daß jedes Komma und jedes Wenn und Aber eine Bedeutung haben. Ich bin für aphoristische Formulierung, sehr sogar, wenn sie geeignet ist, als Aphorismus bestehen zu können. Also als gedrängte Einzelaussage. Die Aphoristik beweist, daß man wesentliche Dinge in sehr knapper Form sagen kann, so daß sie eine bestimmte Eindeutigkeit haben, auch wenn man keine größeren Zusammenhänge kennt. Sie wissen, wie viele allgemeine Aussagen es in Aphorismen gibt. Sie alle kennen doch wahrscheinlich Aphorismen? Von Lichtenberg vielleicht, – von Schopenhauer, von La Rochefoucauld und anderen Franzosen usw. Aphorismen, die mit einem Satz in Kürze Licht über ein ganzes Gebiet ausbreiten – und trotzdem bleiben sie noch vieldeutig. Es ist wiederum Eigenart der isolierten Aussage, daß sie, wenn sie einigermaßen klar ist, notwendigerweise Licht in verschiedene Zusammenhänge bringen kann........................

Nehmen wir ein anderes Resümee:

„Wir kommen nochmals zurück aufs Dezimalsystem. Die heutige Technik hätte nie diese große Entwicklung erfahren können, wenn nicht das Dezimalsystem entdeckt worden wäre.“

Wem hat das etwas gesagt? Dieser Satz ist verständlich, aber auch nur, wenn wir uns daran erinnern, wovon wir damals gesprochen haben; denn es gehört noch viel dazu bis zur Entstehung der heutigen Technik. Die heutigen Ingenieurarbeiten, große Maschinen oder Riesendammbauten wären ohne diese rechnerischen Leistungen nicht denkbar. Ohne die Entwicklung des Dezimalsystems und des Maßsystems, das damit zusammenhängt, wären solche Leistungen in nützlicher Frist gar nicht möglich. Sie haben sicher von den großen elektronischen Rechenmaschinen, den elektronischen Gehirnen*, die zuerst in Amerika gebaut worden sind, gehört. Diese können heute in einigen Minuten, wenn der Auftrag richtig formuliert in die Maschinen hineingegeben worden ist, etwas berechnen, wozu noch vor zehn Jahren ein großer Stab von mathematisch geschulten Wissenschaftlern Rechnungen ausführen mußte, die viele Jahre dauerten. Das ist ein Gebiet, das hochinteressant ist und nicht nur etwas für den Spezialisten, sondern wegen der Tatsache, auf welch hohem Niveau man Prozesse gewisser mentaler Vorgänge verstanden hat, so daß man Maschinen konstruieren kann, die diesen Prozeß wiederholen. Diese Maschinen wurden während des Krieges entwickelt und gebraucht, so z. B. um Berechnungen durchzuführen, wie sie bei der Atomspaltung in der Vorbereitung der Atombombe notwendig gewesen sind. ....

Aber gehen wir weiter:

„Wir vergleichen Zahlen in verschiedenen Sprachen, z. B. 21 auf deutsch, französisch und englisch.“

Woran erinnert Ihr Euch noch? Wir sprachen davon, daß es im Französischen vingt et un, vingt-trois, und im Deutschen ein – und – zwanzig heißt, unsinnigerweise. Wir muten den Kindern zu, zwar dezimal zu rechnen, aber nicht dezimal zu reden; denn beim Rechnen wird immer der größeren Summe eine kleinere zugesetzt. Aber in der Sprache haben wir ein – und – zwanzig, also die kleine Zahl vor der grö-

---

*(Das wurde 1954 gesagt. D. Hrsg.)

ßeren. Das zeigt, daß diese Formulierung in einer Zeit entstanden ist, in der man noch nicht viel mit großen Zahlen rechnen mußte. Diese Zahlen waren ja im Gebrauch, bevor der Umgang mit dem Dezimalsystem sich durchgesetzt hat. Das Duo – Dezimalsystem hat sich immer durchgesetzt in der Sprache. Erinnert Euch, daß die individuellen Zahlen bis 12 gehen.

M.L.: Im Französischen gehen die individuellen Zahlen bis 16.

H.J.: Also das sind nun Dinge, für die wir uns nicht zu viel Zeit nehmen dürfen. Wichtig ist, daß uns das Grundsätzliche deutlich wird, das uns nämlich, besonders wenn wir unterrichten, einen Hinweis geben kann, wieviel wir den Kindern zumuten könnten, ohne daß sie bloß auswendig lernen müßten.
Nun zu der Frage, die Sie, *H.St.*, stellen:

„Was für praktische Konsequenzen können wir daraus für uns ziehen, daß wir offenbar viel länger im Zahlenraum bleiben sollten, in dem Anschauung immer noch greifbar bleibt?"

H.J.: Wenn wir ein bißchen mit der Geschichte vertraut werden, dann haben wir viele Möglichkeiten, den Kindern auch die Zahlenwörter, die sie ja meist längst kennen, und was mit ihnen zusammenhängt, irgendwie erlebbar, anschaulich zu machen.

Wie geht es nun weiter?

„Im Deutschen nimmt man den Einer voraus beim Sprechen, was den Kindern Schwierigkeiten im Schreiben verursacht."

Ich würde dabei nicht sagen, daß es den Kindern Schwierigkeiten im Schreiben verursacht. Wir müssen die Kinder eigentlich erst aufmerksam machen auf diese Inkonsequenz. Sie merken, daß irgend etwas nicht klar ist; denn es ist kein eindeutiges Prinzip erkennbar in der Fortschreitung, sagen wir, von 1 – 20. Es ändert sich das Prinzip gewissermaßen nach 12. Kinder, auch wenn ihnen von dem nichts bewußt wird, stolpern über die Empfindung. Kinder, die also nicht schon gewöhnt sind, einfach anzunehmen, zu schlucken, was der Erwachsene sagt, die fragen: „Warum heißt es nun dreizehn?" Aber sie sind selten, diese Kinder, weil Kinder vorher schon viel zuviel lernen mußten, so daß die Autorität des Lehrers so groß ist, daß sie immer weniger fragen und sich trösten: „Was da steht, ist auf alle Fälle richtig." Dort fängt spätestens diese Hochachtung vor dem bedruckten Papier an, die dazu führt, daß die Erwachsenen, wenn sie irgend etwas Blödes hören und es wiederholen, zur Bekräftigung sagen: „Aber das hat in der Zeitung gestanden." Und dieses Argument wird nun immer als Zeuge benutzt, obwohl wir, seit wir angefangen haben, mehr bewußt zu denken, erlebt haben, wieviel Lügen und Unhaltbares von früh bis spät in den Zeitungen steht, – und erst wenn's Kriegszeiten sind! Es ist sicher viel für selbständiges Denken zu gewinnen, wenn den Kindern, vor allen Dingen in den ersten Jahren, möglichst nicht zugemutet wird, etwas auf Treu und Glauben hin annehmen zu müssen. Ich sagte neulich schon, daß den Kindern im Grunde für alles, was sie „lernen", erfahren sollen, schon Vorerfahrungen in ihrem Leben begegnet sind. Wenn wir uns nur jeweils an sie erinnerten! Wir kennen sie alle, nur nicht bewußt, so daß wir anknüpfen könnten an das, was die Kinder schon kennen, – nur noch nicht mit den Namen kennen, die wir Erwachsene dafür benutzen. Und nicht mit dem System, das die Erwachsenen als zweckmäßig befunden haben! Sie wissen ja, daß Kinder mit Kenntnis von Zahlen, mit Zahlenbildern in die Schule kommen. Es ist aber meistens noch nicht verankert mit irgend etwas Konkretem.

M. L.: Es ist manchmal sehr konkret. Sie kennen die Zahlen der Tram, und dann wissen sie genau, das rote, das ist 8 usw.

H.J.: Ja, ja, aber das ist nicht im Sinn von Zahlen konkret. Das bezieht sich wieder auf etwas anderes. Die Zahl wird da als Symbol für etwas anderes als für eine Quantität benutzt. Das ist nicht das 3. Tram, sondern die Tramlinie Nummer 3, nicht das 7. Tram, sondern die Tramlinie Nummer 7. Eine Tram*linie*, die für ein Kind noch abstrakter ist als für einen Erwachsenen, ist nicht sehr geeignet, um Beziehung zur Zahlbedeutung zu finden..............................

Dann z. B. geht es weiter: ,*Bei den Zahlen 203 schrieb man 2 Lücke 3, man ließ eine Lücke an der Stelle der Null.*'

Also wenn man früher, bevor das dekadische System sich durchgesetzt hat, 203 schreiben wollte, hat man 100, 100, 3 geschrieben, und zwar C C III. Die arabischen Zahlen sind dadurch so praktisch geworden, daß ein Symbol für nichts, nämlich die Null herein kam. So brauchte man den Begriff 203 bloß als einen Komplex, eine Zahl...............

Dann heißt es weiter: „*Wir sollen den „Emile" von Rousseau lesen, auch Voltaire, Diderot, Montesquieu. Ohne diese Leute wäre die französische Revolution nicht möglich gewesen.*"

Wer hat das so wörtlich notiert? Hab' ich gesagt, daß ohne diese Leute die französische Revolution nicht möglich gewesen wäre? – Was habe ich gesagt?

R. M.: Sie haben geholfen, sie vorzubereiten.

H.J.: Ohne die Vorbereitung der Köpfe auf eine neue Zeit, auf eine andere Weise der Betrachtung, auf ein Recht jedes Menschen auf Achtung seiner Menschenwürde, – ohne das wäre, ich möchte sagen, d i e s e französische Revolution nicht möglich gewesen, es wäre bestimmt eine französische Revolution gekommen............ (Hier ist das Tonband leider akustisch nicht zu verstehen.)........... wer war die Göttin, die man verehrte?

H. St.: Fraternité!

H.J.: Fraternité, Egalité, Liberté! Die Göttin der Freiheit ist umjubelt worden,

d. h. das Freiwerden von Feudaldruck. Der Feudaldruck war da. Im Grunde haben die Bauern dreihundert Jahre früher für das gleiche „Ideal“ gekämpft. Sie haben nur keine Enzyklopädisten zur Verfügung gehabt, die ihnen den Kopf zu bewußtem Denken über das geklärt haben, wofür sie eigentlich kämpften: Sie haben gekämpft gegen den Mißbrauch des Menschen, gegen den unmenschlichen Druck, unter dem sie leben mußten. Aber sie haben das spontan getan, sie haben keine Bücher über „Programme“ geschrieben. Der Bundschuh (Im MA. der mit Riemen gebundene Bauernschuh, Name und Feldzeichen der aufständischen Bauernbünde v. d. Mitte des 15. Jh. bis zum Bauernkrieg.) war ein Zeichen, unter dem man sich geeint hat. Was der Bundschuh wirklich bedeutete, – wen ging das viel an? Wenn der Bundschuh auf dem Banner stand, dann war's eine Gruppe, die zu ihnen gehörte. Auch wieder zur Frage, ob man die Formel nimmt oder die Funktion! Sie hatte eine Funktion, diese Fahne, nicht wahr?

Aber die Symbole, die auf der Fahne standen, brauchten von keinem verstanden zu sein. Sie wußten eben, das ist die Fahne für unsere Sache. Daß diejenigen, die die Fahne gemalt und eingeführt haben, – daß die sich etwas darunter vorgestellt haben, ist etwas anderes gewesen.

Sie erleben ja auch, wofür das Kreuz benutzt werden kann! – Für Wundpuder, für Pillen, für ein Landeswappen, für das höchste Symbol der christlichen Kirche. Den wenigsten ist bewußt, warum das Symbol vorhanden ist und wofür es steht. Wenn man sie fragt, dann denken sie vielleicht nach, und dann wissen sie's. Aber wenn sie sonst das Kreuz bei tausend Gelegenheiten sehen, dringt eigentlich kaum etwas von dem ins Bewußtsein, durch das das Kreuz ein solch tragendes Symbol geworden ist.

Und das Swastika (Sanskrit, bedeutet Hakenkreuz) z. B., das Hakenkreuz, das die Nationalsozialisten für sich in Anspruch genommen haben, das gibt's in Indien, es gibt's in Mexico seit Jahrtausenden. Dann, auf einmal, ist es neu germanisch gewachsen. Was vorher gewesen ist, fragen die Leute ja nicht, sie sind dressiert wie die Schafe.

Also ist es verständlich, daß es, wenn ich sagen würde, die französische Revolution wäre ohne diese Leute nicht möglich gewesen, eine zu bequeme Formulierung wäre, die mit Fragezeichen versehen werden müßte? Wenn man nur das schreiben wollte, müßte man sagen, daß diese Menschen an der Vorbereitung der französischen Revolution vor allen Dingen in dem Sinn mitgewirkt haben, daß sie den Menschen dazu verholfen haben, sich bewußt etwas Klarheit über das zu verschaffen, was sie plagt und quält und wovon sie frei werden wollen. Nicht blindwütig nur alles zerschlagen, sondern daß es ihnen spürbar wird, wofür sie den Kopf hinhalten.........................

(Nach weiterem Besprechen von Teilen aus den Resümees)

H.J.: Wir müßten aus Gerechtigkeitsgründen noch etwas auf Notizen über den Fall der Freundin von *R. V.* eingehen, die z.T. problematisch sind. Aber hier heißt es:

„Wenn sie es fertigbringt, mit ihrer Mutter Frieden zu schließen auf einer menschlichen Basis, so hat sie auch viel bewältigt von ihrer Angst vor ihren Vorgesetzten."

Dieser Satz kann wieder so bleiben, besonders mit dem, was mir damals wichtig gewesen ist: Mit ihrer Mutter Frieden schließen auf einer menschlichen Basis, so daß sie aufhören, ein Geplagter und ein Plager zu sein, – ein Kommandierer und ein Sklave, der zu gehorchen bereit ist, und statt dessen zu entdecken, daß sie zwei Menschen sind, die sich dem Buchstaben nach am nächsten stehen. Bitte, haben Sie das gegenwärtig und stellen Sie sich die Realität vor: Die Beziehung zu jemand, der von allen Menschen von Natur aus der am nächsten Stehende ist!............................

Ich will Ihnen von unserem guten Heiri Wunderli einen kleinen Ausspruch lesen. Sie wissen, wer der Heiri Wunderli ist? – :

„Weil man mit der Güte mehr Erfolg hat, als mit irgendwelchen anderen Mitteln, dann muß, ich möchte sagen, ein Etwas im Kinde sein, das gleichsam auf den Ruf der Güte antwortet."

Ob man mit der Güte mehr Erfolg hat als mit irgendeinem anderen Mittel, das kann man aber erst wissen, wenn man's mit der Güte probiert hat und nicht von vornherein meint, das seien Tiere, die zu bändigen wären, und das seien Widerspenstige, die gezwungen werden müßten. Auch viele Eltern haben diese Haltung ihren Kindern gegenüber, wohlgemerkt!

Und ein anderer Ausspruch:

„In Sachen zwischen Eltern und Kindern kommt es aufs Herz und nicht aufs Recht an."

Ich würde sagen, zwischen Lehrern und Kindern kommt es auch aufs Herz und nicht aufs Recht an. Wieviel Empörung bei den Lehrern kommt daher, daß die Kinder etwas tun oder sagen, wozu sie nicht das „Recht" haben, womit sie unsere „Rechte" verletzen oder in diese eingreifen, was sie ja nie von sich aus tun. Das haben sie doch dem Milieu zu verdanken, aus dem sie kommen. Und weil wir gerade bei Heiri Wunderli sind, bei den Blättern, die mir jemand von Ihnen geschickt hat:

„Eigene Erfahrung führt selten irr und die Bücher so oft."

E.St.: Ist das Pestalozzi?

H.J.: Ja, der Heiri Wunderli! – Das war ein Spitzname für Pestalozzi. ....

Ein weiterer Abschnitt:

„Die ökonomische Situation ist eine große Hilfe, nicht auszuweichen (hindert aber nicht immer).“

Erinnern Sie sich, was damit gemeint sein kann?

R.M.: Wenn der Zwang zur Arbeit da ist.

H.J.: Ja, das ist auch ein bißchen gefährlich formuliert. Wo kein ökonomischer Druck ist, kann es sich jemand leichter leisten, z.B. in die Krankheit zu flüchten, nicht zur Arbeit zu gehen oder sonst auszuweichen. Aber es ist sogar möglich, trotz ökonomischer Not auszuweichen, nämlich wenn die Ausweichtendenz z.B. neurotische Hintergründe hat. Da findet sich bei jeder Mutter der schwache Punkt, auf dem der andere „musizieren“ kann. Wenn Not im Hause ist, und es sind mehrere Kinder da, dann hat die Durchschnittsmutter immer noch *ein* Kind, dem sie eher gestattet auszuweichen, als den anderen. ....

Noch eine Formulierung vom vorletzten Abend:

„Ich weiß wohl, daß Zahlen neben unserem Handelsrechnen für die verschiedensten Berechnungen gebraucht werden. Aber wie man eine besondere Beziehung zu Zahlen haben kann und was Geometrie und Algebra, von denen ich keine Ahnung habe, nebst ihrer Zweckbestimmung sonst noch für das Leben eine Bedeutung haben können, ist mir unverständlich.“

Ich kann mir denken, daß sogar Leute, die die Maturität haben, auch noch fragen könnten und fragen können müßten, um eine Beziehung zu den Zahlen als Symbol und zu dem, was alles dahintersteht, zu bekommen. Ich schlage vor, daß sich jeder von Ihnen selbst aus dem Fundus an Beziehung oder Nichtbeziehung zu diesen Gebieten, den er noch von der Schule haben mag, überlegt, wie er die Frage von *R. V.*, diese berechtigte Frage beantworten würde, – natürlich in der Hoffnung, daß niemand inzwischen Bücher darüber zu Rate zieht. Was steht eigentlich hinter dem Wort Algebra, was hinter dem Fach innerhalb der Mathematik, das man Geometrie nennt? Vielleicht wissen Sie, daß von allen mathematischen Funktionsweisen die Geometrie die älteste ist und lange vor der Algebra und der Arithmetik bestand. Also die Geometrie ist die urtümlichere, und darum ist *sie* es auch, mit der man die Kleinen für die Elemente der Geometrie, für Ausdehnung, Masse, also Quantität, am ehesten interessieren könnte, ohne die Numerierung mit Zahlen schon nötig zu haben. Es ist eine Tatsache, daß es Größen sind, mit denen der Mensch sich immer auseinandersetzen muß. Kleine Beine können kleine Schritte machen, und größere Beine können größere Schritte machen. Diese Frage der Quantität ist eine der primitivsten Erfahrungen der Menschheit von jeher. Das Vergleichen und Messen ist ja nicht als ein Sondererlebnis für die Menschen entstanden, sondern sie haben doch stets mit etwas zu tun gehabt, bei dem Ausdehnung wichtig gewesen ist. Sonst hätten sie doch nicht vergleichen und messen müssen. Wenn da etwas mehr bewußte Erinnerung wäre, was den Menschen eigentlich dazu geführt hat, den ganzen Bereich der Quantität, des Meßbaren, zu organisieren, dann würden wir – wenn wir mit den Kindern historisch vorgehen würden, d.h. mit den ersten Bedürfnissen von Menschen, die sich in ihrer Umwelt zurechtfinden müßten – den Ansatzpunkt finden, von dem aus sich die Zahl dann, ich möchte sagen, von selbst aufdrängt, sich anbietet. Man sollte die Zahl in einem System nicht zu früh bringen. ....

Die Kinder sind ja dem Problem gegenüber schon viel zuviel verschult, ehe sie in die Schule kommen, so daß es sinnvoll wäre, nicht an das anzuknüpfen, was sie so an Namen mitbringen, sondern sie entdecken zu lassen, daß sie Antworten auf das, was man sie untersuchen läßt, eigentlich schon lange in sich tragen, ohne zu wissen, daß sie sie in sich tragen. Sagt das schon etwas als Hinweis, *H. St.*?

H. St.: Ich habe mir das früher schon einmal aufgeschrieben. (Heiterkeit!) Aber ich finde den Übergang nicht.

H. J.: (Nach einer Frage nach der gesamten Schulsituation von *H. St.*)

Man hätte z.B. auch im Schulzimmer eine praktische Aufgabe, die sich möglicherweise von selbst stellt, wenn man versuchen würde, die Stühle und Tische so aufzustellen, daß möglichst jeder ebensoviel Platz um sich herum hat wie der andere. Aber es wäre viel besser, wenn Sie einen Garten und Beete hätten. Schon beim Abstecken von Beeten wird akut, wie man es fertig bringt, daß zwei gleich große Beete entstehen. Die Kinder sollten solche Beete abstecken, also begrenzen. Dann sind sie mitten im Beginn der Geometrie. Aber sie sind auch mitten im Messen und Vergleichen, und sie sind mitten im Bedürfnis nach Zahlen. Aber nicht nach Zahlen als fertige Ware, sondern nach Zahlen als Maßeinheiten für Ausdehnung. Wie messe ich das Beet, seine Länge und seine Breite? Wie kann ich dafür sorgen, daß es der andere genauso genau so groß findet? Dann erinnern wir uns an unsere Grunderwägung, daß alles, was im Bereich der Mathematik vorkommen kann, ein Problem ist, zu dem wir nichts brauchen als die Fähigkeit zu vergleichen und zu messen, die jeder mitbringt. Nur die Ausdehnung dessen, was wir messen, um mit etwas anderem vergleichen zu können, die verlangt schon irgendein Maß. Es braucht noch keine Maßeinheit zu sein. Was macht der Gärtner, der keine Ahnung von Geometrie hat?

M. L.: Er spannt eine Schnur.

H. J.: Ja! Er nimmt eine Schnur und zwei Pflöcke. Das ist plötzlich die Maßeinheit geworden. Nun ist's kein großer Schritt. Da braucht man nichts zu sagen, wenn man wissen wollte, wie lang die Schnur zwischen den zwei Pflöcken denn ist. Ist den Kindern nicht schon längst begegnet, daß man ein Stückchen Papier oder sonst etwas genommen hat, um herauszubekommen, wie man etwas z.B. ebensolang machen kann, wie etwas anderes? Es gibt kaum eine Familie, in der es nicht einen Zoll-

stock gibt. Dann taucht plötzlich der Zollstock auf, auf dem man sehen kann, wieviel davon für die Schnur zu benützen ist. Das ist scheinbar vollkommen unsystematisch und bringt doch automatisch das Interesse daran, wie lang das ist, wie breit das ist. Das praktische Leben verlangt ja meistens, das Beete u. a. von gleicher Größe gemacht werden. Dadurch werden eigentlich fast alle Fragen, die zu Maßeinheiten und zu Zahlen führen, von der Situation der Kinder aus akut.
Also, je weniger vorläufig von den Zahlen benutzt wird, desto besser. Das Größer – als und das Länger – als und das Kürzer – als, das sind die ersten mathematischen Funktionen, die fortwährend geleistet werden. Auch als Vergleich gesagt: Wenn wir einen Schlüssel vom Schlüsselbund nehmen und ihn in das Schlüsselloch stecken wollen, dann messen und vergleichen wir auch, ob es uns bewußt wird oder nicht. Entweder haben wir schon vom Augenmaß aus, wenn die Schlüssel auffallend verschieden sind, die Vermutung, daß ein bestimmter hineinpaßt, oder wir probieren so lange, bis der passende gefunden wird. An diese Dinge anknüpfend würde für Sie das Problem akut und viel leichter bewältigbar, und Sie würden plötzlich von den Kindern mit vielen Fragen überfallen nach dem, was Sie ihnen theoretisch nach Programm beibringen sollten. Nur in einer anderen Ordnung. Es ist auch gar keine große Sache, eine Latte zur Verfügung zu haben, auf der gar kein Zeichen ist, keine Meter und keine Zentimeter, auf die man nur für die Länge, die am Beet vorgefunden wurde, einen Strich macht. Dann kann man sagen: „Wir wollen ein Beet machen, das nur halb so groß ist." Die Kinder kennen zwar keine Brüche, aber was halb so groß ist, das wissen sie. Das, was präzise hinter dem Halb-so-groß steckt, – daß das nämlich genau die Hälfte ist von dem, um das es geht, das wäre jetzt erst zu entdecken, zu erarbeiten. Das ist die Reihenfolge, in der der Mensch sich den Zugang zum Messen und Vergleichen erarbeitet, und nicht in der Stufenfolge der Rechenbücher. Je mehr wir nach den Stufenfolgen, die durch die Erforderung des Momentes, des Praktischen entstehen, dazu gezwungen werden, Antworten zu finden – nicht Antworten zu geben –, Antworten finden zu lassen, desto größer wird mit der Zeit, und zwar viel schneller als Sie glauben, das Bedürfnis nach dem Wissen, das in unserem Rechensystem steckt. Dann ist auch das Interesse und Bedürfnis da, so vorzugehen. Es gehört aber viel Erfahrung dazu und schadet nichts, wenn Sie sich x-mal nicht in der Qualität mit der Sache auseinandersetzen, wie Sie es erst später als möglich erleben und dann auch wissen, daß es möglich ist.

Man muß das Vertrauen haben, daß man keine Zeit verliert, daß schlimmstenfalls fürs Rechnenlernen nachher noch Zeit genug ist, darf keine Sorgen haben, man käme nicht zum Rechnen wie's verlangt wird. Verstehen Sie, was ich damit meine? D. h. nämlich, sich einmal einfallen zu lassen, was an Alltagsnöten besteht, die uns mit Notwendigkeit zur Mathematik führen. Schon zur Geometrie; denn was die Kinder mit dem Beet machen, ist der Anfang von diesem großen Gebiet, das Geometrie heißt. Geometrie kommt nämlich von geos, das ist die Erde und metron ist das Maß, und die Erde messen bedeutet das Wort Geometrie. Für alle großen Erkenntnisse, alle ersten Schritte, auch das Messen der Gestirne am Himmel, stand am Anfang die Geometrie.

Also lassen Sie sich für Ihre neuen Resümees nicht allzusehr bedrängen. Versuchen Sie frisch „drauflos“, lassen Sie einen Fremden mitlesen.

Auf Wiedersehen!

Kurs vom 12.1.1955

Es werden zu Beginn wieder einige problematische Äußerungen aus Resümees über den letzten Kursabend besprochen. U. a. liest *H. J.* vor, was *H. St.* als Zusammenfassung im Anschluß an *H. J.s* Hinweis über die Geometrie sagte, als er am 5. Januar erklärte, es wäre besser, den Unterricht der Erstkläßler im „Rechnen" mit Problemen der Geometrie, mit Flächenmessungen etc. zu beginnen. „ ... Nach der Pause war die Rede davon, wie man vorgehen könnte, damit bei den Kindern echtes Interesse für Zahlen und wirkliche Beziehungen entstehen könnten. Man würde mit Geometrie beginnen, weil diese vor Arithmetik und Algebra im Gebrauch war; z. B. ein Gartenbeet ausmessen. Auf diese Weise käme man zuerst zu den Längenmaßen, *würde also mit Zentimetern zählen und rechnen*. (!!) Bisher dachte ich, Finger oder Kügelchen und Würfel, welche die Kleinen von ihren Spielen her kennen, *wären ihnen als Zählobjekte näher*. ..."

H. J.: Diese Konsequenz hätte ich sicher nicht aus dem gezogen, was wir das letzte Mal besprochen haben. Vor allem brauchten wir nicht eines der konventionellen Längenmaße zu benutzen, und schon ganz und gar nicht „Zentimeter" bzw. Meter. ... Die Kinder könnten sich ihre Meßeinheit, die sie zum „Messen" am Gartenbeet benutzen wollen, mit dem praktischen Notwendigwerden einer derartigen Einheit, auch selber e n t d e c k e n und wählen! Wenn die Kinder z. B. für die Verabredung der Größe des Beetes eine Schnur und Pflöcke benutzten – so wie sie es bei den Erwachsenen längst gesehen hatten –, dann brauchten sie zunächst überhaupt noch keine Maßeinheit. Es würde völlig genügen, wenn sie eine Schnur in der Größe der beabsichtigten Länge und eine in der Größe der Breite des Beetes nehmen würden. Ein „richtiges" Messen könnte ganz unauffällig, aber zwangsläufig provoziert werden, wenn z. B. die Notwendigkeit arrangiert wäre, das nächste Beet „gleich groß" abzustecken, ein anderes aber vielleicht doppelt so groß oder nur halb so groß. ... Daß „doppelt so groß" gleich zweimal die Größe des ersten Beetes sei, das herauszufinden ist keine so große „Zumutung" an Erstkläßler! Wir können aber auch einige früher ganz selbstverständlich benutzte Maßeinheiten durch die Kleinen „entdecken lassen", indem sie die Länge der Seiten mit Hilfe eines gerade vorhandenen Stückchen Holzes bestimmen mögen. ... Man kann bei dieser Gelegenheit auch ohne jeden Appell an Historie oder ,,Wissen" und ohne Nachhilfe des Lehrers leicht dazu kommen, einen *Schuh* oder den *bloßen Fuß* zu gebrauchen oder den Arm (die Elle!).

Und eben so unversehens steckt man in der ,,Bruch-Rechnung"! Es braucht nur ein kürzeres Stück als der Fuß am Ende der Beet-Seite zu fehlen oder der Fuß eine Kleinigkeit länger zu sein, als man gerade noch benötigt hätte etc. Die ,,Einheit" und ihre Größe selbst spielt ja zunächst gar keine Rolle für das Sichern der Größe des Beetes. Ob Fuß, ob Schuh, ob Elle oder das zufällig vorhandene Holzstöckchen benutzt werden, ist doch vorläufig völlig gleichgültig; denn das Entscheidende ist doch, daß die Kinder durch Auftreten der Notwendigkeit allmählich selbst entdecken, daß es zweckmäßig wäre, sich an irgendeiner ,,Einheit" zu orientieren, wobei unser Meter oder gar der Zentimeter vorläufig das Unbrauchbarste wären. *Die Funktion* des Messens gilt es zu praktizieren und darüber zu einem echten Bedürfnis nach einer Maß-Einheit zu kommen, deren Größe dabei vorläufig irrelevant bliebe. ... Es wird erst beträchtlich später akut, daß als zweckmäßig erlebt werden kann, eine Maßeinheit, die sich in unserem dekadischen System unterbringen ließe, zu wählen. ...

Wir reden in der ,,modernen" Erziehung so häufig vom Einhalten der biogenetischen Entwicklungsreihe. Warum gehen wir gerade bei so primitiven Problemen nicht wieder diesen Weg? Niemals hat ein Mensch damit *begonnen*, das Normal-Meter zu ,,entdecken", um dann damit zu *rechnen*. ... Aber irgendein dazu besonders brauchbarer Körperteil ist von jeher benutzt worden, wie der Fuß oder die Elle ... und vergessen wir nicht, daß, trotz der enormen Vorteile des metrischen Systems, in den angelsächsischen Ländern auch heute noch mit Zoll, Fuß, Elle etc. gemessen wird. ... Wie häufig finden wir auch in unserer eigenen Alltagssprache noch Bezeichnungen wie ,,kaum einen Fuß breit", ,,eine Armlänge" oder ,,um Armeslänge" etc. ...

So wie es in unserer Zivilisation erst verhältnismäßig spät dazu kam, die Maßeinheiten exakter zu bestimmen, als bloß durch Elle, Schuh oder Fuß, so wird bei den Kindern der *echte Bedarf* nach genau festgelegten Maßeinheiten erst allmählich akut. ... Dann aber leuchtet ihnen auf eine wirklich eindrucksvolle Weise die Zweckmäßigkeit von überall in der Umgebung durch alle Leute benutzten Maß-Einheiten ein, und Meter, Zentimeter und schließlich Millimeter, die den Kindern schon längst als leere Begriffe begegnet sind, werden dann eine erlebte Realität und vor allem eine von ihnen selber als sinnvoll erlebte Realität. ... Bei solcher Art des Vorgehens blieben wir auch völlig mühelos im Bereich eines dann erst fruchtbaren Gesamtunterrichts; denn Fragen nach dem ,,Woher" und ,,Seit wann" etc. drängen sich den Kindern von selber auf. Wir sitzen mitten in der „Geschichte", in dem spontanen Interesse an „Wie war das früher?", „Wo kommt das her?" etc. und sitzen zugleich mitten in der Gegenwart, bei Ländern und Völkern, die es anders machen als wir etc.

Vergessen wir nicht, daß das Maß und das Maß der Maße etwas ist, das seine Geschichte hat, die unmittelbar mit dem lebendigen Leben und Erleben verwoben ist. Wir vergessen zu leicht, wie viele „Abstrakta", die wir von früh bis spät benutzen, uns „selbstverständlich" scheinen, die aber dem Kinde zu einer Fundgrube der Beglückung und des Erzeugens echten Interesses würden, wenn nur uns selber das sinnentleerte Gebrauchen all jener „Selbstverständlichkeiten" auf gute Weise anstößig würde! ... *Für uns ist so vieles „selbstverständlich", als ob es immer und von jeher so gewesen wäre, und doch sollte es den Kindern so begegnen, durch von uns sinnvoll arrangierte Begegnungen, daß ihnen Sinn und Gehalt über dem Entdecken solcher Probleme auf fruchtbare Weise zuwachsen kann*! Das gehört zu den Grundbedingungen dessen, was ich unter Erarbeiten verstehe! ...

R. M.: Ich habe gerade dieser Tage von der 48er Verfassung gelesen und dabei gemerkt, daß vor hundert Jahren in der Schweiz noch so vielerlei „Maße" im Gebrauch gewesen sind!

H.J.: ... und ebenso viel verschiedenerlei Geld! Sowohl die Maße wie das Geld waren oft von Kanton zu Kanton verschieden, genauso, wie etwa in Deutschland zur gleichen Zeit noch jeder kleine Potentat und sein Land oder Ländchen seine „eigenen" Maße und „eigenen" Geldsorten benutzte. Es gab auch einen „Hamburger Fuß", einen „Frankfurter Fuß", einen „Berliner Fuß" und dito Ellen, Meilen, Jucharten, Acker, Ster und Klafter etc. Das ist auch ein Kind der Industrialisierung, der technischen Entwicklung, der Entwicklung der Verkehrsmittel, daß für immer größere Ländergruppierungen Vereinheitlichungen von derartigen „Einheiten" not-wendig wurden, die auch eine der vielen Ausdrucksformen eines immer noch zunehmenden Zentralismus wurden. ...

H.St.: Ist man denn erst, nachdem das metrische System erfunden wurde, dazu gekommen, die Länge der Elle auf 60 cm und die des Fußes auf 30 cm festzulegen? ...

H.J.: Zoll und Fuß und Elle haben in unserem metrischen System auch nur in der Form des Prokrustes Unterkunft gefunden. Diese Konventionen waren mit zunehmender Internationalisierung von Verkehr und Handel allmählich unvermeidlich geworden, und wir schnellebigen Leute vergessen nur zu leicht, wie nah jene „gute alte Zeit" eigentlich zurückliegt, so wie wir vergessen, daß es im damals „freiesten Land der Erde" – also 1848 – noch immer die Sklaverei gab, daß sie erst 1865, am Ende des Bürgerkrieges – wenigstens offiziell – aufgehoben wurde! ... Es hat viel länger gedauert, als wir gewohnt sind, uns etwas gegenwärtig zu halten, bis mit dem zunehmenden „Kleinerwerden" der Welt, mit dem zunehmenden Kontakt durch Wirtschaft und Verkehr zwischen weit auseinanderliegenden Ländern, sich die Einsicht in die Notwendigkeit der *Festlegung gewisser international anerkannter „Normen"* durchsetzen konnte, und ganz durchgesetzt hat sie sich auch heute noch nicht. Sie brauchen bloß nach England zu reisen, um mit Pfunden und Schillingen, die nicht ganz ins dekadische System passen, rechnen zu müssen, um Ihre Tagesbedürfnisse nach Unzen und besonderen englischen „Pfunden", die etwas leichter als unsere sind, zu kaufen, um die Distanzen nach Meilen, nach Land- und Seemeilen berechnen zu müssen, den Kleiderstoff nach Zoll, Elle und Fuß, ... die Flüssigkeiten nach Gallonen, Quarts, Pinten etc. zu kaufen. ... Wenn Sie nach den USA kommen, gibt es wieder andere „Größen" etc. Die Normen, die uns selber selbstverständlich scheinen, sind bisher nur auf einen verhältnismäßig geringen Teil der Erdbevölkerung beschränkt, während die Relation jener Einheiten, die nicht mit dem metrischen System übereinstimmen, in eine genau errechnete Beziehung dazu errechnet ist. So ist z. B. die engl. Meile = 1609,315 m; eine Gallone = 4,54346 l, ein engl. Pfund = 453,59 g, ein Quarter = 12,7006 kg etc. Bei uns in der Schweiz werden jetzt auch Normen benutzt, die für allerlei vielbenötigte Dinge s. Z. in Deutschland festgelegt wurden und sich an dem Zusatz „Din" bzw. „DIN-Format" etc. erkennen lassen, was nichts anderes besagt, als „*D*eutsche-*I*ndustrie-*N*orm". An dem „Deutsche" können Sie das Ausmaß der internationalen Durchsetzung gut erraten. ... Nicht einmal in den Maßen und Gewichten können wir von „Vereinigten Staaten von Europa" reden! Übrigens muß ich *H. St.* noch eine Enttäuschung bereiten; denn ich sehe gerade in meinem Taschenkalender, daß das engl. Yard = 3 feet = 0,9144 m und 1 foot = 0,3048 m und der Zoll = 2,54 cm sind! So elegant gehen die englischen Maße in unserem metrischen System auf! ...

Wir nehmen unsere „heutigen" Zustände so hin, als ob es nicht noch „gestern" sehr anders gewesen wäre, *und so lassen wir unsere Kinder dort zu lernen anfangen, wo wir s. Z. aufgehört hatten*! Dabei würde es ja gar nicht mehr Zeit kosten, wenn man die Kinder etwas von dem Weg erleben ließe, weil dadurch allein auch Zweck und Sinn des heute uns Selbstverständlichen lebendig bleiben würde. ... Der Engländer, der mit seinem Auto nach dem Kontinent reist, dem klebt sein Autoclub eine Umrechnungstabelle auf die Windschutzscheibe, auf der er die Umrechnung der Meilen auf Kilometer ablesen kann, und wenn jemand von Kloten nach New York fliegt, gibt ihm die Swissair eine Umrechnungstabelle von Kilometern auf Meilen mit! Man gewöhnt sich rasch an die Umrechnung, auch wenn sie etwas summarisch bleibt. ...

(Exkurs über die „Herkunft" des Meters, den Platin-Meter in Paris, ... den Ersatz des Meters durch physikalische *Konstanten*.) ... Um zur Situation des *Erstkläßlers* zurückzukommen: Es ist nicht die erste Aufgabe, die Kinder möglichst schnell mit dem „Meter" bekannt zu machen, mit irgendeiner anerkannten Maßeinheit; wichtiger ist, daß den Kindern die Funktion des Messens bewußt wird und ihnen zugleich deutlich wird, wie *jede* als Einheit verabredete Länge, solange ihre Länge konstant bleibt, tauglich ist, ein Maß-System zu liefern. Ob der Engländer ein Objekt mit Hilfe von Yards mißt oder der Kontinentale das gleiche Objekt mit Metern mißt, spielt im Endresultat keine Rolle. ....

Es kommt immer wieder auf die Rückbesinnung an, daß die Grundlage unserer Erfahrungen, unseres erfahrenden Kontakts mit der Umwelt in der Tatsache gegeben ist, *daß uns alle Qualitäts- und Quantitätserfahrungen nur auf Grund unserer biologisch gegebenen Möglichkeit, zu messen und zu vergleichen, zu vergleichen und zu messen, bewußt werden kann.* Ja, wir sollten sogar sagen, *es bleibe dem Menschen gar nichts anderes übrig, als auf Grund von ständigem – zum größten Teil unbewußtem – Messen und Vergleichen seine Eindrücke zu lesen*! ...

(*Hinweis* auf die Bedingtheit unseres dekadischen Systems und daß es sich z. B. bei den großen elektronischen Rechenmaschinen als zweckmäßiger erwiesen hat, alle Berechnungen auf Grund einer Umschreibung in ein *Dual-, ein Zweiersystem*, durchzuführen!) ...

Wir können sämtliche Grundrechnungsarten, alle *Funktionen* von Addieren, Subtrahieren, Multiplizieren, Dividieren, Wurzelziehen und Potenzieren etc. genauso in einem System durchführen, in dem es bloß zwei oder drei oder vier Zahlen gibt und nicht unsere 10 von 0 bis 9!

(Exkurs über *Egmont Colerus*, ... über die Temperaturempfindlichkeit unserer landläufigen Metermaße, Dehnung bei Wärme, Schwund bei Kälte.) ...

Die moderne Physik kommt nicht mehr mit einer so willkürlichen und – trotz des Platin-Mustermeters in Paris – unkonstanten Maßeinheit aus. ... Beim wirklichen Gesamtunterricht müßte man so weit wie nur irgend möglich vom Allgemeinen zum Besonderen fortschreiten und nicht, wie gewöhnlich, von Einzelheiten ausgehen und zur Verallgemeinerung „fortschreiten". ... (Exkurs über den Fortschritt im Elementarunterricht, ihn möglichst in beschränktem Sinne als „Gesamtunterricht" zu führen und nicht aufgespaltet in „Fächer", ... über den *Dalton-Plan*, ... über die Gruppenarbeit auch schon der

Kleinen, die sich wochenlang mit nur einem bestimmten Themenkomplex beschäftigen und nicht mehr alle 45 Minuten mit einem anderen „Fach", ... über den „Fachmann" und den „Spezialisten" auf allen Gebieten, ... den „Fach-Arzt", der sich bloß noch um bestimmte Organe kümmert und kaum vom Menschen Notiz nimmt, ... über die vorzeitige Spezialisierung als größte Gefahr für ein ganzheitliches Funktionieren *gegenüber allen Aufgaben, die das Leben stellt*, ... über die unglückliche Spezialisierung, die bereits auf elementaren Stufen der Mathematik durchgeführt wird, nämlich die Trennung in Arithmetik, Algebra und Geometrie, die gleichzeitig als gesonderte Fächer geführt werden, ... über die wiederholt konstatierte Tatsache, daß außerordentliche Leistungen in den verschiedenen Wissenschaftsgebieten fast nur von Outsidern oder Autodidakten zu erwarten sind, die nicht zu viel „Selbstverständliches" in der Jugend über diese Gebiete haben lernen müssen.) ...

Es gibt keine großen Fachleute in der Wissenschaft, die sich schon in der Mittelschule erfolgreich mit dem betreffenden Gebiet beschäftigt haben! ... Die größten Schwierigkeiten dafür, daß jemand später schöpferische Arbeit soll leisten können, werden nicht erst in der Primar- oder Mittelschule geschaffen, sondern schon im Kindergarten und noch mehr im Elternhaus, in der Kinderstube, wenn ehrgeizige Eltern ihre Kinder schon abrichten, bevor sie in die Schule kommen. ... Das ist in der Stadt noch schlimmer als auf dem Lande. ... (Erneuter Hinweis darauf, wie Angst und Verschüchterung des Kindes seine Fragebereitschaft drosseln, seine Kontaktfähigkeit stören und die Bereitschaft erhöhen, „brav" all das hinzunehmen und auswendig zu lernen, was man ihm zu lernen aufgibt.)

Das werden dann jene Leute, die sich willig der „Autorität" unterwerfen, auch der Autorität des Gedruckten, des „Es war schon immer so", und deshalb muß es richtig sein etc. ...

Auf den Einwand, *so arg sei es doch heute in der Schule nicht mehr*, erzählt *H.J.* von dem, was ihm seine Haushaltshilfe gerade vor ein paar Tagen über ihre kleine Susi berichtet hat, die in der 2. Klasse sitzt. Sie klagte darüber, daß die kleine Susi (etwas über 7 Jahre alt) so verängstigt und schulmüde sei. Die Lehrerin überfordere die Kinder und strafe am laufenden Band, mit „Nachsitzen" und auch mit Schlägen. Über die Weihnachtsferien hätte sie Schulaufgaben aufgegeben, und zwar hätten die Kinder zum Schulbeginn, den 5. Januar, einen Teil des 1 x 1 auswendig aufzusagen gehabt. Sie mußten die Multiplikationen der ersten Zahlen (von 2 bis 9) mit 2, und zwar die *Resultate* bis 20 bzw. 90 vorwärts und rückwärts hersagen können; d.h.:

2 (1 x 2)   4 (2 x 2)   6,   8,   10,   12, ... 20
3 (1 x 3)   6 (2 x 3)   9,   12,   15,   18, ... 30
4 (1 x 4)   8 (2 x 4)   12, ... 40
5 50
6 60
7 70
8 80
9 90   und dann sofort das gleiche *rückwärts* von 90 bis 20!

Nun kommt aber die Hauptsache: Die Kinder mußten – nach der Uhr – mit diesem ,,auswendig" Herunterrasseln von Zahlen in allerhöchstens 3 1/2 Minuten fertig sein! Der Vater, der das Kind besinnungslos lauter Zahlen am Abend, als er von der Arbeit heimkommt, herunterrasseln hört, fragt, was denn mit der Susi los sei. Sie verbrachte die ganzen Ferien mit dem Versuch, die Zahlen fehlerlos herunterrasseln zu können, und probierte noch am späten Abend aus lauter Angst vor der heftigen und ,,strengen" Lehrerin. ... So kann die Erziehung zum Rechnenkönnen und die Schaffung eines echten Interesses an der Mathematik *eingeleitet* werden! Zur Frage, wie man ,,Vertrauen zur Schule und in der Schule" schafft, ist das auch ein ,,kleiner" Beitrag. Und das ist nicht bloß ,,ausnahmsweise" einmal vorgekommen. Ich hörte noch einige ,,Müsterli" von dieser Lehrerin: Ein Junge aus der Klasse hatte infolge eines Beinbruches die Schule lange Zeit versäumen müssen. Als er wiederkam, teilte die Lehrerin der Klasse mit, der Bruch sei noch nicht ganz verheilt und alle sollten aufpassen, daß der Hansli nie gestoßen würde; denn wenn er hinfallen sollte, so könnte das sehr gefährlich für ihn werden. Noch am gleichen Vormittag wußte Hansli etwas nicht, das die Lehrerin gefragt hatte, und sie war darüber so wütend, daß sie ihn heftig hin und her schüttelte, und, als sie ihn losließ, der Bub auf den Boden stürzte. Es gab einen erschreckten Aufschrei der ganzen Klasse. Die Lehrerin aber sagte zu Hansli: ,,Du bist ganz selber schuld daran!" ... Um das Bild abzurunden: Diese Lehrerin sagte letzten Herbst zur kleinen Susi: ,,Wenn Du so gescheit wärest, wie Du nett aussiehst und nett angezogen bist, dann wäre ich zufrieden mit Dir!" ... Wenn wir uns Rechenschaft geben darüber, wie derartiges auf ein sensibles Kind wirken muß, das sehr aufgeweckt und ganz gewiß mindestens so intelligent ist wie die anderen Kinder, dann können wir leider nur zu leicht lesen, wieso Susi bei dieser Lehrerin versagen muß und noch ganz besonders auch beim Rechnen, wenn derartige Aufgaben gegeben werden, wie die eben angeführten. Nehmen Sie dergleichen bitte auch als Beitrag zur Kenntnis dafür, was in einer Stadt mit einem besonders fortschrittlichen Schulwesen wie

Zürich an einer Primarschule möglich ist. Und dies Pech hat, wie Sie schon an der Geschichte vom Buben mit dem Beinbruch sehen, nicht etwa allein die kleine Susi. Alle Kinder haben vor ihr mehr oder weniger Angst, und das Lernen vollzieht sich entweder gehorsam aus lauter Angst oder es wird gehemmt, wie bei der kleinen Susi. ...

R. M. : Ich habe dieser Tage eine kleine Geschichte gehört, die auch in diesen Zusammenhang paßt. Der Vater eines Buben, eines Zweitkläßlers, der mir diese Geschichte selber erzählte, hatte den Eindruck, sein Junge habe etwas Mühe, in der Schule mitzukommen. Gegen Ende des Schuljahres ging er zum Lehrer, um zu hören, was der für einen Eindruck von seinem Jungen habe. Der Lehrer hörte die väterlichen Sorgen an und bat um einen Augenblick Geduld, er müsse erst mal in das Verzeichnis sehen. Dort stellte er fest, daß der Bub eigentlich ganz gute Noten habe. Daraufhin fragte der Vater, was er denn sonst für einen Eindruck von seinem Buben habe. Darauf der Lehrer: ,, ... das wisse er wirklich nicht; denn er könne doch unmöglich all die fünfzig(!) Kinder kennen! ...

H. J. : Bei fünfzig Kindern in der Klasse kann man dem Lehrer nicht einmal böse sein! Bei derartig ,,gefüllten" Klassen *muß* der Lehrer ja geradezu zu einer Unterrichtsmaschine werden. ...

M. E. : Ich habe hier mehr als zehn Jahre mehr als 50 Kinder in der Klasse gehabt!

H. J. : Was nützt da alles Mühen um Unterrichts-,,Feinheiten", um methodische Verbesserungen und Reformen, wenn der persönliche Kontakt durch derartig große Klassen unmöglich gemacht wird. Und das in der Stadt Pestalozzis, der von der ,,Wohnstubenschule" gesprochen hat. ... Solche Massenabrichtungen sind eine Zumutung für den Lehrer und eine Zumutung für die Kinder, und sie sind eine Zumutung für die Zukunft einer ganzen Generation. ... Man kann es dem Lehrer nicht übelnehmen, wenn er ungeduldig und gereizt wird und versucht, sich so viel wie möglich allen zusätzlichen Forderungen, sich um das Privatleben seiner Schüler zu kümmern etc., zu entziehen. Er muß zufrieden sein, wenn es ihm gelingt, in der vorgeschriebenen Zeit die lehrplanmäßigen Ziele zu erreichen! Der Lehrer arbeitet doch meistens auch wieder nur unter diesem Druck. ...

(Exkurs über die vielfältigen Ursachen, die im Grunde seit dem Ende des ,,Siebenjährigen Kriegs", seit der Einführung der allgemeinen Schulpflicht in Preußen an der Gestaltung der sterilisierenden Schulatmosphäre mitgewirkt haben, ... über das preußische Schulsystem, mit Friedrich des Großen ausgedienten Unteroffizieren als Dorfschullehrern etc., ... über den militaristischen Despotismus in den Schulen, die Untertanenmentalität, die in den Kindern gezüchtet wurde und die leider von vielen Ländern, die die so erfolgreiche „Preußische Schule“ zu kopieren versuchten, mitübernommen wurde.) ...

Der menschliche Ton zwischen Lehrer und Schülern ist leider noch immer eher die Ausnahme! ...

M. E. : Es ist aber oft auch schwer, nicht böse zu werden! Manchmal weiß ich wirklich nicht, wie ich ohne heftige Reaktion soll auskommen können. Hab' ich da kürzlich die Hefte zum Verteilen zurückgeben müssen. Mit dem Amt des Verteilers wird jeden Tag ein anderes Kind in bestimmter Reihenfolge betraut. Nachdem der letzte der mittleren Reihe drangewesen war, erhob sich der erste der dritten Reihe, um die Hefte zum Austeilen von mir in Empfang zu nehmen. Als ich ihm den Stoß reichen will, fährt ein Bub aus der ersten Reihe, der offenbar der Meinung war, jetzt käme seine Bank an die Reihe, empört in die Höhe und schreit über die ganze Klasse weg: „Das isch en Bschiss!“ ... So etwas ist doch unerhört. So etwas an Frechheit hatte ich schon lange nicht mehr erlebt! (Mit allen Zeichen eines affektgeladenen Ausbruchs: „Deine Lehrerin bschiisst nie!“) ...

H.J. : Mir scheint, Sie haben sich da gleich mehrfach ins Unrecht gesetzt! Erstens haben Sie den Buben angelogen; denn das werden Sie doch nicht im Ernst behaupten wollen, daß Sie noch nie im Leben und niemandem gegenüber geschwindelt hätten?! Und zweitens hat der Bub das doch gar nicht böse gemeint. Das ist doch eine landläufige und auf Schyzzerdütsch auch in den „feinsten“ Kreisen übliche „harmlose“ Ausdrucksweise! Das ist, meiner Ansicht nach, das gute Recht dieses Sechsjährigen, spontan sich so zu äußern, wie er das bis zum Schuleintritt ganz selbstverständlich unter Kameraden und wohl auch in der Familie tun durfte und wie man es dort wohl auch ganz selbstverständlich im Kreise der Erwachsenen tut. Falls Sie überhaupt in dieser Phase der Eingewöhnung in die Schule so etwas schon beanstanden wollten, dann hätten Sie das höchstens mit Humor und ohne besonderes Gewicht darauf zu legen, also bestimmt nicht mit persönlichem Beleidigtsein, richtigstellen dürfen. Und drittens war, seiner Meinung nach, der kleine Bub derjenige, der überzeugt war, man hätte ihn übergehen wollen und ihn um sein gutes Recht betrügen wollen! ... Sie sehen, es wäre nicht schlecht, wenn es uns gelänge, noch ein klein wenig von unserer Gottähnlichkeit als Lehrer abzubauen! ....

(Es folgt noch eine längere Auseinandersetzung über unsere „Empfindlichkeit“, über das Taubwerden und die Notwendigkeit, unsere Empfindlichkeit bewußt abzubauen zu versuchen.) ...

H.J. : Lassen Sie die Kinder möglichst lange, wenn sie in die Schule kommen, sich unbeschwert und unbesorgt so benehmen, als ob sie zu Hause wären.

Sorgen Sie zuerst für einen freundschaftlichen und angstfreien Kontakt mit der kleinen Bande, und versuchen Sie erst ganz allmählich, nachdem die Kinder Vertrauen zu Ihnen gewonnen und gemerkt haben, daß Sie ihr guter Freund sind, ein bißchen „zu retouchieren". Sie werden bald merken, wie das ganz von selber geht und wie die Kinder sogar auf manche liebe Gewohnheit Ihnen zuliebe gerne verzichten, wie sie bereit sind, Ihnen zuliebe sich um vieles zu bemühen, wozu sie unter Druck niemals bereit wären. ... Sie würden bald merken, daß es „Frechsein an sich" überhaupt nicht gibt, daß so etwas stets eine Reaktion „auf etwas" ist, auf etwas, mit dem wir das Frechsein provoziert haben. ... Oft müssen wir den Kindern erst durch unser ganzes Verhalten, durch unsere unbeirrbare Wärme und Herzlichkeit beweisen, daß sie es gar nicht nötig haben, frech zu werden. ... Und wenn wir die kleinen Leute wirklich als unsere vollwertigen kleinen Freunde empfinden, dann müßte es sonderbar zugehen, wenn die sonst üblichen Schwierigkeiten nicht wie Schnee an der Sonne verschwinden würden. ...

Kurs vom 19.1.1955

Es wird an die Verabredung erinnert, daß jeder *schriftlich formulieren* solle, was für ihn hinter den Begriffen *Geometrie, Algebra und Arithmetik* als besonderer Gehalt, als besondere Funktionen etc. steht, ohne Verpflichtung, etwas darüber wissen zu müssen, und unbekümmert auszusagen, ob und was er darüber „weiß". ... *R. M.* fragt nach der Tragweite frühkindlicher Erlebnisse und wie weit diese bei der Entstehung z. B. von Fixierungen etwa eines Knaben an die Mutter oder eines Mädchens an den Vater mitgewirkt haben könnten? Und wie ist es mit dem Fixiert*bleiben*, so daß der junge Mann z. B. später gar nicht dazu kommt zu heiraten? ... Ich kann mir nicht recht vorstellen, *wieso* es nicht zur Ablösung kommen kann. ...

H.J.: Das akzeptiere ich nicht, daß Sie sich „gar nicht recht vorstellen können, wieso ... ". Sie haben nicht nur schon genug von der Psychoanalyse gehört, sondern auch bei mir viele Hinweise auf Hintergründe bekommen. Sie haben doch gerade jetzt erst John Knights „Geglückte Psychoanalyse"* gelesen! ... Und die Rolle der Verwöhnung durch Mutter oder Vater, die so oft dem Kind alle Schwierigkeiten aus dem Weg räumen wollen, ihm alle Unlustgefühle ersparen und alle Gelegenheiten, seine eigenen Kräfte ins Spiel zu bringen, „aus lauter Liebe" vorenthalten, ist Ihnen bekannt. ... Wie oft spielt dann noch Rivalität zwischen den Eltern bzw. Erziehern, das Buhlen um die Gunst des Kleinen, die verhängnisvolle Rolle, in der der eine erlaubt, was der andere gerade verboten hatte, und damit das Kind, dem Unlustschaffendes dadurch erspart wird, noch mehr an sich bindet! ... Wie soll ein kleiner Mensch wirklich selbständig und allmählich reifer werden, wenn man ihm alle Widerstände aus dem Weg räumt, z. B. alles an des Kindes Statt holt, bringt und wegträgt, wenn man aufräumt, wo es selber schon für Ordnung sorgen könnte etc. Dabei kennen wir alle das starke Bedürfnis eines einigermaßen unverdorbenen Kindes, möglichst selbst mitzuhelfen und so viel wie möglich selbst zu tun!... Wie oft wehren sich Kinder gegen Geholfenbekommen!

M. E.: Sind wir nicht zu alt, um uns noch zu ändern?

H.J.: Alles, was einen von klein auf verführt, den Forderungen des realen

* Siehe: John Knight: Geglückte Analyse. Hamburg: Classen Verlag 1954.

Lebens aus dem Weg zu gehen oder sich blind und taub gegenüber Forderungen und Zumutungen zu stellen, hindert das Selbständigwerden. ... Natürlich ist es schwierig, wenn Menschen auf dieser Basis von Verwöhnung erwachsen geworden sind, aber man kann auch noch mit siebzig Jahren mit Aussicht auf Erfolg anfangen, daran zu arbeiten, nachträglich so etwas bei sich in Ordnung zu bringen! Wenn man nur erfaßt hat, was für Fehlreaktionen man uns antrainiert hatte. ... Das ist aber kein Problem von bloßem intellektuellen Kapieren; denn man muß als ,,Aha!-Erlebnis" gespürt haben, wie plötzlich eine Einsicht in Zusammenhänge dazu führt zu *spüren*, daß hier etwas in Ordnung zu kommen hätte und auch in Ordnung kommen könnte! Mit dem bloßen ,,Sich-erklären-Können" wieso, ist noch nicht viel geholfen! ... Wie häufig bleiben Analysen dort stecken, wo gewisse Zusammenhänge ,,intellektuell" verstanden worden sind, dann aber die Arbeit unterbleibt, die früheren Reaktions- und Verhaltensgewohnheiten in konsequenter Arbeit abzubauen! ... Was nützt uns der ,,Jargon"; was hilft es dem Analysierten, wenn er nun selbst weiß und es aller Welt entgegentrompetet, er sei halt an den Vater oder an die Mutter gebunden, sofern nicht zugleich auch die Aufgabe klar erkannt wurde, es sei in der Beziehung zu dem betreffenden Menschen noch etwas zu bewältigen, in Ordnung zu bringen! ... Auch hier wird unser altes Problem akut, seinen Frieden mit den betreffenden Menschen zu schließen, auch wenn sie gar nicht mehr am Leben wären. ... Eine starke Bindung kann sich ebensogut in der Form von Abneigung und Widerstand wie von ,,Anhänglichkeit" und bedingungsloser Unterwerfung manifestieren. ... Solche ,,Erklärungen", man sei eben zu sehr an Vater oder Mutter gebunden, können durchaus ein Versuch sein, die Verantwortung dafür, daß man eben so sei, von sich auf andere zu verschieben. ... Eine Einsicht bleibt wertlos, solange sie nicht auch in die Realität des So-Seins umgesetzt wird! ... Doch die Einsicht in uns bisher unbekannte Zusammenhänge kann zur Courage verhelfen, sich mit etwas auseinanderzusetzen, an das man früher nicht herangegangen wäre, weil man meinte, so sei eben ,,der Charakter". ... Was Ihnen an John Knights ,,Geglückter Analyse" nützlich werden könnte, wäre das Miterleben des Entwicklungs- oder Nachreifungsprozesses, den der Leser miterleben kann. ...

Sehr verwöhnt worden zu sein, braucht durchaus nicht notwendigerweise auch zu einer Fixierung auf Vater oder Mutter zu führen. ... Verwöhntwordensein bedeutet meistens nur, daß man sich für das Leben eine Haltung angewöhnt, Schwierigkeiten aus dem Wege zu gehen, und, wenn man Dummheiten gemacht hat, sich – wenn man irgend kann – von deren Folgen loszukaufen. ... Je weniger man das, was man sich eingebrockt hat, auch ausfressen muß, desto mehr bleibt man der Verwöhnte, der Verantwortungslose, der Unpünktliche etc. ... An sich selbst arbeiten würde bedeuten, daß, wenn einem endlich einmal das Phänomen des Gebundenseins deutlich geworden ist, so deutlich, daß man immer häufiger darüber stolpert, wenn man in eine entsprechende Situation kommt, und schließlich vielleicht sogar mit ein wenig Humor sich selbst an den Ohren nimmt und sich allmählich freiwillig Aufgaben stellt, denen man vorher konsequent aus dem Wege gegangen war. ... Verschiedene „Formen" von „Bindungen", die wie „Treue" z. B. gegenüber Vater oder Mutter aussehen, die wie Konservativismus aussehen, können der Ausdruck von Bindung an die sein, die es „auch so gemacht haben" oder die „auch so gedacht haben" etc. ... Man macht etwas so, weil's immer so gemacht worden ist, ... das kann, solange die Zweckmäßigkeit nicht überprüft wurde, auch der Ausdruck unbewußter Bindungen sein. ... Dorthin gehört ein großer Teil jener Selbstverständlichkeiten, die uns gar nicht überprüfungsbedürftig erscheinen. ... Ausreifenkönnen setzt die Bereitschaft zum Überprüfen voraus und die Bereitschaft zum sich Ablösenkönnen von Bindungen, ohne daß man dabei „untreu" und „undankbar" zu werden braucht. ... Menschen, die stark gebunden sind (auch an eine Schicht, an eine Gruppe!), kommen überhaupt nicht auf die Idee, sie hätten in ihrem Denken und Tun noch etwas zu überprüfen; denn sie fühlen sich im Überkommenen geborgen und brauchen keine eigenen Verantwortungen auf sich zu nehmen. ... Man kann so von „Bildern" und „Vorbildern" und „Idealen" besetzt sein, so an sie gebunden sein, daß man mit der Realität, der man praktisch gegenübersteht, gar nicht in Kontakt kommt, daß man auf den vorhandenen Partner gar nicht reagiert, weil man auf der Suche nach einem imaginären Partner ist. ... Wieviele Menschen urteilen unbewußt nur so, wie sie meinen, der Vater oder die Mutter hätte so geurteilt oder würde so urteilen, wenn sie jetzt etwas zu sagen hätten. ... Aus solchen Bindungen resultiert eine Verhaltensweise, die einen völlig blind machen kann gegenüber allem, was z. B. dem Vater nicht gefallen hätte, bzw. allem gegenüber, was der Mutter nicht gefallen hätte, – aber ebensogut einen auch blind machen kann gegenüber allem, was der Vater oder die Mutter gerne gesehen hätte. ... Eine derartige Fixierung kann sich eben auch in der Form extremer Identifikation oder extremer Ablehnung äußern. ... Jedenfalls kommt es so oder so nicht dazu, daß jemand mit seiner *eigenen* Erfahr- und Prüfbereitschaft zu reagieren vermag. Erst wenn einem diese Art von Auslöschung der *eigenen* und selbstverantwortlichen Kontaktbereitschaft deutlich spürbar geworden ist und damit anstößig, erst dann kommt mit zunehmend häufigerem Stolpern die Chance, bei sich etwas abbauen zu können. ...

(Exkurs über die „animalische" Bindung z. B. zwischen Mutter und Kind nach der Geburt und in der Stillperiode, ... über die „Bindung" von Jungtieren an ihre Pfleger, die sie als „Mutter" akzeptieren, wenn der Pfleger der erste ist, mit dem sie nach der Geburt in Berührung kommen, ... über die Erfahrungen von *Konrad Lorenz** mit Tieren, ... über die Untersuchungen *Pawlows*** über die *bedingten Reflexe*, bei denen „künstliche Bindungen" gesetzt werden können, und den Pawlowschen Hund mit der künstlichen Magenfistel! ... Nochmals über die Situation des Lehrers in der Schule, über das Problem der Autorität und über den Irrtum, Autorität mit Hilfe von Zwang und Strafen sicherzustellen.) ...

Wo Zwang nötig wird, da muß bereits Wesentliches in den zwischenmenschlichen Beziehungen nicht mehr in Ordnung sein. Es geht um eine *menschliche*, zwischenmenschliche Art, miteinander umzugehen! ... Über *das Schimpfen* mit anderen Leuten, in der Familie, im Beruf und vor allem *mit Kindern*! ... Kein Kind kommt „von sich aus" zum Gebrauch von Schimpfworten! Es muß nicht nur die Schimpfworte gehört haben, sondern es muß auch vom Schimpfen und dem schimpfenden (menschenunwürdigen!) Verhalten der Erwachsenen beeindruckt worden sein! ... Im Taubwerden fällt man mit seiner Reaktionsweise dem Affekt zum Opfer, und verliert man das Empfindlichsein für die Verletzung der Menschenwürde, für „Zu-nahe-Treten" u. ä. Ich erinnere an unsere frühere Verabredung, ein *Buch über die Verführung zum Taubwerden* regelmäßig weiterzuführen, um bewußter hinter die Ursachen von Empfindlichkeit und leichter Gereiztheit zu kommen. ... Fangen Sie auch an, *ein Heft über Fälle* zu führen, *in denen Sie selbst über bestehendes Gebundensein stolpern, und zwar über eigenes Gebundensein wie über drastische Situationen, in denen Ihnen das Gebundensein bei anderen auffällt*!

Nochmals zur Frage von *H. St.*, warum wohl Eltern ihre Kinder, die in der Schule versagen oder die irgend etwas „ausgefressen" haben, damit in Schutz nehmen und entschuldigen, daß andere Kinder noch weniger könnten oder noch ungezogener wären:

H. J.: Dahinter steht u. a. die Tendenz, die eigene Schuld nach Möglichkeit zu vernebeln bzw. andere zu denunzieren, die a u c h so etwas gemacht hätten oder gar noch viel Schlimmeres! Wir finden – wie kann es uns nach dem Muster,

* Siehe: Konrad Lorenz: Er redete mit dem Vieh, den Vögeln und den Fischen. Wien: Verlag Dr. G. Borotha Schoeler 1949.

** Iwan Petrowisch Pawlow, russ. Physiologe, 14.9.1849 – 27.2.1936. 1904 Nobelpreis für Medizin, Entdecker des bedingten Reflexes.

das die Eltern liefern, verwundern! – ähnliche Tendenzen fast in jeder Kinderstube, wenn der Vater oder die Mutter ein Kind bei etwas ertappt haben: „Fritzi hat aber auch genascht" ... oder „Fritzi hat gestern ein noch viel größeres Stück Kuchen genommen". ... Die wahren Urheber solcher Denuntiationen, die gewöhnt sind, Kinder gegeneinander auszuspielen, die das eine der Geschwister als das Klügere, das Tüchtigere, das Fleißigere etc. als Vorbild vorziehen oder es zumindest als Anreizmittel für den Wettbewerb mißbrauchen. ... Dahin gehört auch das „geistvolle" Fragespiel: „Wen hast Du lieber, den Pappi oder die Mammi?"! Hier auch eine der Wurzeln der Tendenz, etwas scheinen zu wollen, was man nicht ist, und sich zum Theaterspielen vor den andern, zum Heucheln etc. verleiten zu lassen, damit „die Leute" besser über einen denken! ... Hier erwächst auch die Tendenz, für sich selbst einen Mehrwert daraus zu beziehen, daß andere weniger seien oder daß wir sie zumindest so einschätzen. ... Auch die Tendenz, jede *sachliche* Feststellung, man solle versuchen, etwas zu verbessern, das einem mißraten ist, ja, die Tendenz, jegliche *sachliche* Feststellung eines Ungenügens als Vorwurf und als Kränkung zu empfinden! ... Die vielen *Gebote, Verbote und Zurechtweisungen* an die Adresse des Kindes, nehmen ihm nicht nur alle Bereitschaft zu eigener Initiative, sondern führen auch dazu, daß sein eigenes Empfinden für das, was jeweils richtig sei, völlig unentfaltet bleibt. Dadurch entsteht die Tendenz, alles, was nicht ausdrücklich verboten wurde, als erlaubt anzunehmen, und später die Tendenz, Gebote sofort daraufhin zu untersuchen, was man zu tun habe, sie ungestraft umgehen zu können. ... Es gibt eine Erziehung zu Unehrlichkeit, Unaufrichtigkeit und „Schlauheit" nach dem Satze: „Laß Dich nicht erwischen!" ... Ein Musterbeispiel ist die Steuer-Mentalität als eine Gelegenheit, bei der alles erlaubt scheint, was nicht ausdrücklich durch die Paragraphen verboten wird, – die zur Prämie für den führt, der ein Loch im Paragraphen zu entdecken vermag, und die die „nach bestem Wissen und Gewissen" ausgefüllten Formulare ergibt, deren Unterfertigung kein Kopfzerbrechen macht, weil man „mit gutem Gewissen" den Steuerfiskus betrügen darf, selbst in einem Land wie der Schweiz, wo das Volk der verfassungsmäßig anerkannte Souverän ist! ...

Von den 120 Minuten der Kursdauer gab es nur 22 Minuten Phono-Aufnahmen. – Vgl. auch *die Resümees der Kursteilnehmer* vom 19. Januar 1955.

Kurs vom 26.1.1955

Es wurde *kein phonographisches Protokoll* aufgenommen. Nachdem *H.J.* erklärt hatte, es freue ihn, endlich auch einmal eine freundliche Feststellung machen zu können, nämlich, daß er nicht nur sämtliche Resümees vom letzten Mal bekommen, sondern sie sogar wenigstens einen Tag vor dem heutigen Kurs bekommen habe, fragt er nach den verabredeten Formulierungen betr. *Mathematik*. ... Da einige keine schriftliche Formulierung vorbereitet hatten, andere offenbar die Verabredung nicht richtig verstanden hatten, wird sie wiederholt: Was versteht jeder von uns heute, nachdem zum Teil Jahrzehnte seit dem letzten Kontakt mit Mathematik vergangen sind, unter „Mathematik"? Was für eine Art von Inhalt verbindet sich bei den Einzelnen mit den Begriffen

„Arithmetik"
„Geometrie"
„Algebra"?

H.J. empfiehlt die Lektüre von Egmont Colerus * „Vom Einmaleins zum Integral" und „Vom Punkt zur vierten Dimension" und liest die ersten Seiten des I. Kapitels von „Vom Einmaleins zum Integral" vor und unterstreicht noch einmal, daß es in der Mathematik nichts auswendig zu lernen gibt, sondern daß jedes mathematische Problem, soweit es sich um die Elemente handelt, in den Erfahrungen unseres täglichen Lebens angetroffen werden kann und nur *auch* als ein mathematisch erfaßbares Problem erkannt werden muß. Mit Hilfe der kleinen *Kubikzentimeter-Würfel* werden *Quadrate, Dreiecke und Würfel und Pyramiden* gelegt und unser spontanes Bedürfnis nach Ergänzung von noch unvollkommenen Grundformen erlebt. Wir legen gleiche Formen in zunehmender Größe und erleben dabei die *Progression der Quadrate in der arithmetischen* und der Würfel in der geometrischen Reihe als Vorbereitung für das Entdecken der gesetzmäßigen Beziehungen zwischen diesen beiden Arten der Progression und der Bedingungen, die zur Entdeckung der Logarithmen führen mußten. Ich erinnere immer wieder an unseren Grundsatz, daß nichts hingenommen werden

---

* Siehe: Egmont Colerus: Vom Punkt zur vierten Dimension. Berlin/Wien/Leipzig: Paul Zsolnay Verlag 1935. Vom Einmaleins zum Integral. Berlin/Wien/Leipzig: Paul Zsolnay Verlag 1937.

darf, dessen Sinn und Funktion nicht zuvor erlebt und erarbeitet worden ist. ...

Im Anschluß an *H. St.s* schriftlich gelieferte Erklärung, was Algebra sei, wird *das Problem der Gleichung* und *die Symbolik der Buchstaben* besprochen und von Anfang an der Kontakt mit der W a a g e als der realen Grundlage der Gleichung verlangt. ....

Kurs vom 1.2.1955

Zunächst werden einige in den Resümees über den letzten Kursabend (am 26. Januar 1955) aufgetauchte Mißverständnisse besprochen, vor allem in den Resümees von *E.* und *H.G.*, betreffend die arithmetische und die geometrische Reihe, und zwar hinsichtlich der Art der Progression. Bei *E.St.* war ein Irrtum über den Logarithmus richtigzustellen. Im Resümee von *R. V.*, die heute abend fehlt, muß noch, sobald sie wieder da ist, einiges betreffend Algebra und Gleichung revidiert werden. Die Rolle der Unbekannten (X) ist offenbar noch nicht klar. ...

Zu dem Schlußsatz im Resümee von *H. St.* ist ganz allgemein etwas zu klären: „Wenn ich an die Quadrate und Kuben denke, die sich mit den Würfelchen legen lassen, so empfinde ich die Gesetzmäßigkeit, die in diesen Formen liegt; sie haben etwas Beruhigendes. Ich glaube auch, daß schon kleine Kinder ein Gefühl dafür haben, ob ein Quadrat oder ein Würfel vollständig ist oder nicht. Aber trotzdem mutet es mich als zu mathematisch an für 6 - 7 jährige Kinder, die sicher von sich aus rein spielerisch mit solchen Würfelchen umgehen würden.“ ...

H.J.: Ich gehe bloß wegen der Schlußbemerkung hierauf ein, weil wir von der Fülle von Auseinandersetzungen, die sich im Kinde abspielen, wenn wir meinen, es beschäftige sich „rein spielerisch“, kaum eine zutreffende Vorstellung haben können. Außerdem muß ich noch einmal daran erinnern, daß ich Ihnen *unsere* „Spielerei“ mit den Würfelchen am letzten Mittwoch nicht deshalb gezeigt habe, damit Sie auf die gleiche Weise mit siebenjährigen Kindern umgehen sollten, wie wir das getan haben! Die Etappe, die im Seminar verpaßt worden ist, wollte ich höchstens in einigen ihrer Möglichkeiten nachträglich andeuten. Dem Lehrer wurden so viele Dinge während seiner Ausbildung fertig serviert. Wie soll er dann später auf die Idee verfallen, die gleichen Dinge von seinen Kindern erarbeitend entdecken zu lassen und gleichzeitig dabei noch überzeugt sein können, daß auf solchem Wege nicht nur ein unmittelbares, echtes Interesse wachsen werde, sondern daß durch die beim Entdecken sich abspielende Auseinandersetzung mit Fragen, die ja von der Welt der Erwachsenen längst gelöst sind – oder besser, deren Lösungen uns Erwachsenen bekannt sind, weil wir sie meist nur auswendig gelernt haben! – sich eine Entfaltung der Möglichkeiten des kleinen Menschen anbahnt, solange er erarbeitend, probierend, entdeckend lernt!

Sie haben ja während unserer „Spielerei" mit den Würfelchen selber gemerkt, was da auch für uns Erwachsene noch an spontan interessierenden Zusammenhängen und Hintergründen sichtbar wird, und das gerade deswegen, weil man in der Schule oder dem Seminar versäumt hat, uns selber mit solchen Möglichkeiten auseinanderzusetzen! Sobald Sie am eigenen Leib erleben, wie viel da zu holen wäre, können Sie anfangen auszuprobieren, auf welche Weise man vom ersten Schultag an die Voraussetzungen zu schaffen versuchen kann, auf denen die Kinder nachher auf ähnliche Weise an den Möglichkeiten des Umgangs mit derartigen „Würfeln" interessiert sind. Das bedeutet aber weder, daß Sie mit solchen Würfelchen anfangen sollten, noch daß Sie mit den Kindern dabei ebenso vorgehen sollten, wie wir das neulich hier versucht haben. Statt den Kindern mit Zahlennamen und Absichten von Rechnenlernen o. ä. zu kommen, – etwas, das man leider auch noch tun kann, wenn man, um es moderner zu tun, nun als Neuheit mit solchen kleinen Würfeln ankommt –, würden wir an das unbewußte Bedürfnis nach Ergänzen, nach Ganz -„machen" von etwas anzuknüpfen haben, das in jedem Menschen spontan spielt, wenn er etwas vor sich hat, dessen Bruchstück-Charakter so eindeutig ist, daß zugleich spürbar wird, auf welche Weise zu ergänzen wäre, und noch mehr, wenn auch noch geeignetes Material bei der Hand ist, das zu diesem Ergänzen besonders geeignet zu sein scheint! Sie alle haben früher einmal bei mir erlebt, wie unmittelbar dies Bedürfnis sich im Bereiche der *Musik* meldet, wenn wir die Klänge und Klangzusammenhänge nicht mehr anglotzen mit dem Ohr, sondern wenn wir sie auf uns wirken lassen. So spielt das analoge Orientierungsvermögen im Bereiche von Größen und Flächen- und Raumformen auch nur als Basis einer spontanen Orientierung eine Rolle, wenn wir Quadratscheiben oder Kuben oder Bruchstücke davon gelassen auf uns wirken lassen, statt sie gut an- zusehen, anstatt sie zu be- trachten. ... Auch hier bleibt die jeweilige Qualität unseres Verhaltens, die Bereitschaft zum Antennig-Funktionieren, entscheidend! ...

H. St.: (lachend) ... Jetzt muß ich aber noch etwas erzählen, das in der Schule geschehen ist, nachdem ich das Resümee schon an Sie geschickt hatte. Ich habe den Kindern kleine Würfel gegeben, ohne viel Hoffnung, daß sie viel damit anfangen könnten. Sie hatten zunächst 8 Würfel, und ich sagte ihnen, jedes solle sich seine Würfel hinlegen, wie es wolle. Und dann hat eines sie in eine Reihe gelegt, ein anderes hat eine Treppe gemacht, zwei haben zwei Reihen von vier Würfeln gelegt, ein anderes legte dreimal zwei Würfel übereinander (in der Fläche) und oben und unten einen Würfel in die Mitte. Ich habe dann ein bißchen nachgeholfen und gefragt, ob man nicht mit den Zweiergruppen noch anders vorgehen könnte, und mit der Hand angedeutet, ob man nicht auch noch in die Höhe bauen könne, und sofort haben einige über ihr Quadrat mit der Seite 2 noch ein zweites gelegt und damit den Würfel gefunden. Als ich dann fragte, welche von ihren Formen, die sie da gelegt hatten, ihnen am besten gefiele, sagten alle übereinstimmend: „Der Würfel!" ...

H.J.: Sie sehen, wie rasch das Versuchen und die dabei entstehenden Erfahrungen Sie gezwungen haben, Ihre erste vorgefaßte Meinung zu revidieren! ... Sie dürfen nur nicht zu rasch auf Erfolge aus sein, und wenn Sie sich und den Kindern mehr Zeit gelassen hätten, so wären sie schon ganz von selber und ohne „freundliche" Nachhilfe zum Würfel gekommen. ... Sie dürfen allmählich den Kindern vertrauen, daß, wenn sie mit Elementen spielen, die, wie die kleinen Würfel, eine bestimmte Struktur zeigen, in der elementare Ordnungsfaktoren in Erscheinung treten, sich den Kindern ganz bestimmte „Form"-Bedürfnisse aufdrängen. ... Sie werden dabei von sich aus zu Pyramiden oder Trapezen oder Dreiecken etc. kommen, und wenn sie nur genug Würfelchen zur Verfügung haben, auch die dritte Dimension bei ihren Bauten ausnützen und werden, während sie damit spielen, Würfel aus 4^3 oder 5^3 legen und, noch bevor sie auch nur größere Zahlworte kennen, schon einwandfrei mit größeren Mengen „rechnen", ohne eine Ahnung davon haben zu müssen, daß sie es tun. Und was für Chancen hat der Lehrer, wenn er später bewußt an jene Quadrate und Kuben anknüpfen kann, ohne daß auch nur ein einziges Mal von „Rechnen" und „Rechenstunde" die Rede gewesen zu sein brauchte! ... Und wenn die Kinder in die dritte Dimension bauen und mit der Pyramide, deren Wände Stufen haben, nicht mehr zufrieden sind, dann würden ganz von selbst „Brüche" akut, müßten Würfel durch zwei gegenüberliegende Kanten halbiert werden, um die Stufen in den Wänden zu glätten etc. Wir sind, ehe wir's uns versehen, mitten in der Bruchrechnung, ohne daß es Konflikte und mühseliges Kopfzerbrechen, ohne daß es Ängste und Paniken zu geben brauchte. ... Wenn schließlich das schulmäßige Bruchrechnen drankommen müßte, dann wäre das alles gar nichts Neues mehr. ... Bruchrechnen praktizieren schon zwei-dreijährige Kinder, wenn das eine eifersüchtig darüber wacht, daß des Brüderchens oder Schwesterchens Kuchenstück nicht viel größer oder kleiner ausfällt als das eigene. ...

Sobald wir anfangen, die Umwelt zur Kenntnis zu nehmen – und das beginnt schon zu Säuglingszeiten – praktizieren wir alle Grundrechnungsarten, ohne eine Ahnung davon zu haben, daß wir mit ihnen umgehen. Das Elend besteht darin, daß, sobald die Auseinandersetzung mit einem System fällig wird, uns das als etwas völlig Neues präsentiert wird und wir nicht nur die Herkunft des Systems vergessen, sondern das Kind, ohne an längst Vertrautes anzuknüpfen, mit der *Endetappe* einer langen, langen kulturellen Entwicklung bedrängen und mit dem Ende anfangen, anstatt das System im Vertrauten wieder entdecken zu lassen und erst später von Fragmenten der Exaktheit zu einem in seiner Klarheit als klar erlebten System vorzudringen. ... Wir haben schon wiederholt festgestellt, wie leicht sich die funktionellen Grundlagen der Grundrechnungsarten immer wieder neu entdecken ließen und zugleich als Entdeckung von längst Vertrautem und von längst Praktiziertem entdecken ließen. Und daraus ließe sich eine sinnvollere Systematik erarbeiten, als aus dem „Rechen-Lehrplan" der Primarklassen, nach dem zuerst der Umgang mit Zahlen bis 20, dann bis 50 und 100 etc. zu lernen ist und ähnliche wenig sinnvolle Arten von „Systematik". ... Wir haben das letzte Mal doch erlebt, wie verhältnismäßig einfach sich die funktionellen Hintergründe sogar der Logarithmen entdecken lassen! ...

(Nochmals von den Beziehungen zwischen der arithmetischen und der geometrischen Reihe und daß „Addition in der arithmetischen Reihe der Multiplikation in der geometrischen und ebenso Subtraktion in der einen der *Division* in der anderen entspricht. Hinweis auf den Abschnitt über *Jost Bürgi* in „Von Pythagoras bis Hilbert" von *Egmont Colerus*.*) ...

Wenn ich Euch auf solche Zusammenhänge und Möglichkeiten aufmerksam mache, dann tue ich das – um es noch einmal zu unterstreichen – nicht, damit Ihr das alles gleich auch mit den Erst- und Zweitkläßlern ausprobieren sollt! Mir genügt es, wenn Euch allmählich klar wird, was für eine andere Sorte von echter Beziehung über längst Erfahrenes zuerst bei Euch selber erarbeitet werden muß, wenn es uns glücken können soll, die Kinder zum Erarbeiten, zum Entdecken von etwas zu bringen, das zu entdecken Ihnen selber Spaß gemacht haben muß! Statt die Kinder systematisch um den Spaß des Findens zu betrügen, indem wir ihnen die Endresultate schon zu Beginn zum Zwecke des Behaltensollens mitteilen, sollte und würde es uns wohl dann ganz von selbst ein ernstes Anliegen werden, den Kindern soviel wie nur irgend möglich von jenen möglichen Entdeckerfreuden zu sichern, die auf so natürliche Weise gesichert werden können, wo noch kein leeres Wissen vorhanden ist! ... Wir müssen unser Spürvermögen dafür vertiefen und weiter entfalten, wo schon im Alltag des praktischen Lebens der Kinder Phänomene angetroffen und Probleme bewältigt worden sind, an die

---

* Siehe: Egmont Colerus: Von Pythagoras bis Hilbert. Berlin/Wien/Leipzig: Paul Zsolnay Verlag 1937.

wir anknüpfen können, damit das Kind jeden neuen Schritt aus Erlebnissen, die es nun nur von einem anderen Standort aus zu lesen versuchen müßte, herauswachsend erlebt. ... Kinder haben doch lange, bevor sie eine Ahnung von der Existenz von Addieren und Subtrahieren, von Multiplizieren und Dividieren hatten, addiert und subtrahiert und multipliziert und dividiert und Brüche benützt und lange, ehe sie etwas von Lesen und Schreiben wußten! ... *Mein Anliegen ist, an das anzuknüpfen, was die Kinder alles schon in die Schule mitbringen, und den Lehrer zur nüchternen Erkenntnis zu bringen, daß den Kindern gar nicht etwas Neues beizubringen wäre, daß er nur auf die zweckmäßigst mögliche Weise dafür zu sorgen hätte, daß das längst Erlebte dem Kinde auf dem Wege des Entdeckens bewußt werden könnte.* ....

Vielleicht solltet Ihr zu dem Heftchen, in das Ihr Einträge über *Taubwerden*, und zu dem, in das Ihr Notizen über Signale für *Gebundensein* macht, noch ein Heftchen anlegen, in das Ihr Eintragungen macht, sobald Euch auffällt, *daß man Dinge, Gedanken, Meinungen als „neu" zur Kenntnis zu nehmen im Begriff ist*, obwohl es einem – funktionell gesehen – längst bekannt war und man es nur noch nicht von dem Standort zu sehen versuchte, von dem aus es einem gerade begegnet, und in dem Zusammenhang, in dem es gerade in Erscheinung tritt. ... *Wie kann ich mein Erwachsenenwissen, das mir kompliziert scheint, von dem ich überzeugt war, ich müsse es extra gelernt haben, ... wie kann ich auch für mich solches Wissen auf längst Erlebtes und längst Bekanntes zurückführen, das zu meinem unmittelbaren Alltag gehört?* ....

Warum soll ich einem Kind die arithmetische Reihe beibringen müssen? Die ist ihm doch „a priori" bekannt! Und wenn ich das nicht glauben will, dann brauchte ich nur den negativen Versuch zu machen und eine Reihe gleichartiger Gegenstände nebeneinanderzulegen und hie und da *eine Lücke* zu lassen. Keinem Kind brauchten Sie erst noch zu sagen, daß in dieser Reihe, in dieser Kette ein Glied fehle. ... Da haben Sie wieder das uns vertraute „am Falschen" merken zu lassen, daß es etwas „weniger Falsches" gibt. ... *Das ist der uns eingeborene Kompaß, der uns zum Erlebnis der Ordnung führt!* Keinem Menschen braucht man „Gefühl für Ordnung" beibringen zu wollen; denn das spricht in uns und aus uns, sobald wir einigermaßen angstfrei auf eine gegebene Situation zu reagieren vermögen! Je mehr jemand verängstigt ist, desto weniger kann er reagieren, desto weniger kommt er mit Gegebenheiten in Kontakt. Je mehr verängstigt jemand ist, desto mehr Fehlschlüsse drängen sich ihm auf, desto weniger „sieht" man von dem, was einem unmittelbar vor der Nase liegt! Und je gelassener und je aufgeschlossener einer ist, desto mehr Probleme begegnen ihm, desto mehr fühlt er sich von der Welt befragt! ... Es bleibt *Eure* Aufgabe, ständig zu prüfen, wie weit diese Behauptungen denn auch stimmen! Wir unterschätzen die Möglichkeiten, die jedes Kind mitbringt, weil wir beim Empfinden für Ordnung an systematisch Geordnetes im Sinne unseres Wissensstoffes und entsprechend unserer uns mühsam angedrillten Erwachsenen-Mentalität denken! Die Ordnungsfaktoren, die uns leiten können, sind ja der Ausdruck von funktionell vorhandenen Bedingungen, die sich an und in den verschiedensten Stoffen manifestieren. ... Und wenn wir so mit Kindern vorgehen, und zwar nicht als „andere Unterrichtstechnik", sondern aus einer anderen Einstellung zu den Möglichkeiten des Kindes, so werden wir überrascht werden, mit wie beglückenden Erlebnissen uns die Arbeit leicht gemacht wird, solange wir gemeinsam mit dem Kind auf Entdeckungsreisen gehen und bereit sind, unsere Meinung über es und uns stündlich zu revidieren! ... Und die Kinder werden auch ohne Angst sein, oder, wenn sie verängstigt kommen, so werden sie ihre Angst verlieren. Wir sehen, wie die Grundlagen alles „Rechnens" in unserer biologischen Ausrüstung gegeben sind, aber ein verängstigtes Kind versteht nicht, was wir von ihm wollen, wenn es auf die konventionelle Weise lernen soll, was es längst besitzt und kann und anwendet, von dem es aber nicht weiß, daß es ihm längst vertraut sei, weil es ihm unter anderem Gewand beigebracht wird. ...

M. E. sollte einmal von da aus die Situation des kleinen *Ruthli* überprüfen, das, wie sie letzten Herbst zu Beginn unseres Kurses berichtete, so völlig beim Rechnen versagt. ...

M. E.: Ich frage mich nur, ob das jetzt immer Angstzustände sind, wenn dieses Kind gerade die arithmetische Reihe gar nicht erfaßt und gar nicht versteht, daß da etwas größer ist und das andere kleiner. ...

H. J.: Die Zahlen mit ihren Namen behalten und sich deren Reihenfolge merken zu müssen u. ä., appelliert an seine „Lernwilligkeit", an sein „Bravsein", sein „Gehorchen", an alles mögliche, bloß nicht an die Tatsache, daß es ein lebendiger kleiner Mensch ist mit Bedürfnis nach Wärme, nach einem guten Wort und nach Sich-aufgenommen-Fühlen, aber auch nach vertrauenschaffenden Erfahrungen! Lernen appelliert nun einmal in erster Linie ans Gehorchen, ans Richtig-Machen, an die Angst vorm „Falsch-Machen" und nicht an das, was das Kind schon alles kann, wenn es in die Schule kommt, nicht an das lustbetonte Erleben, daß es etwas, das es schon immer kannte und konnte, nun nur anders einordnen, anders benennen soll. Wie anders erginge es ihm, wenn man es erleben ließe, daß es so etwas schon immer gemacht hat, wenn es sich das größte Stück Kuchen heraussuchte oder wenn es reklamiert, weil z. B. das Brüderchen mehr bekommen hat als es selber. ...

R. M.: Man lernt doch in der Schule die Reihe auch nur ganz mechanisch;

die Namen eins, zwei, drei etc. müssen doch zuerst einmal auswendig in der richtigen Reihenfolge hergesagt werden können, ohne daß vorher ein Gefühl dafür entstehen konnte, daß etwa vier mehr ist als drei.

H. J.: Gewiß passiert es oft so mechanisch, aber ein Lehrer, der halbwegs am Leben ist, wird trotzdem versuchen, so etwas wie ein Erlebnis des Zuwachsens von Eins aus kennenlernen zu lassen. ...

M. L.: Aber die meisten Eltern haben doch den Ehrgeiz, daß ihr Kind so rasch wie möglich die Zahlen wie ein Verschen aufsagen kann!

H. J.: Es gibt doch auch solche Rechen-Verschen. Bei ihren Spielen, besonders bei den Abzählspielen, geht es doch auch darum, so geschwind wie möglich herunterzuschnurren: „Eins, zwei, drei, vier, fünf, sechs, sieben ..., eine alte Frau kocht Speck ... " etc. etc. Überall ist die bewußte und die unbewußte Tendenz, dafür zu sorgen, daß das Wissen möglichst rasch zum Automatismus wird. ... Solche Verschen gibt's doch auch in der Grammatik der Muttersprache wie der Fremdsprachen. ... – Das alles zielt nun einmal auf „Auswendigbehalten" und nicht auf „Auseinandersetzung"! ...

R. M.: Wahrscheinlich hatte das Ruthli doch schon, ehe es in die Schule kam, viel derartige Erfahrungen hinter sich, hat schon viel zählen müssen etc.

H. J.: Wir haben doch schon so häufig konstatiert, wie schwer befrachtet durch Beibringen die Kinder schon in die Schule kommen. Vielleicht ist das auf dem Lande nicht ganz so arg wie in der Stadt. Der elterliche Ehrgeiz hinsichtlich etwas herunterplappern zu können, ist dort gewöhnlich nicht so stark. ...

M. E.: Ich glaube nicht, daß es bei Ruthli vom Beibringen zu Hause her hapert. Es ist einfach seine ganze Lebenssituation. Das Kind ist sehr verschlossen. Es spricht auch nicht. Alles muß herausgeholt werden. ...

H. J.: Natürlich hat all das seine Geschichte, und wenn ein Kind ohne Wärme und Liebe in einem großen öffentlichen Kinderheim aufwachsen muß, so kann es nicht offen und vertrauend sein. Bevor da kein Kontakt gewonnen ist, ist es ein Unsinn, das Kind mit Aufgaben zu bestürmen, deren Sinn noch gar nicht bis zu dem verschlossenen, verscheuchten kleinen Menschen vordringen kann. Damit können die schon bestehenden Schwierigkeiten nur noch vergrößert werden. ... Wenn das in der Schule jahrelang so weitergeht, wird mit den ansteigenden Forderungen das Kind schließlich so „verdummt", daß es dann heißt, es sei reif für die Hilfsschule. ...

M. E.: Das sollte ich jetzt auch noch erzählen. Mein Ruthli macht eine Art von Protesthandlungen. Wenn wir z. B. eine Reihe schreiben, dann kommt sie zuerst noch einmal zu mir und fragt: „Ist das jetzt richtig?" oder: „Ich verstehe es nicht!". Dann machen wir so etwas noch einmal zu zweit. Dann macht sie zwei, drei Rechnungen, und an der dritten flickt sie so ein bißchen dran herum. Dann kommt sie damit an, ich solle das Mißratene ausradieren. Dann sage ich: ,,Weißt du, Ruth, das ist ja richtig, das lassen wir jetzt so, und du kannst weiterfahren. Ich möchte nicht, daß sie sich zu sehr an mich attachiert.

H.J. : Das ist auch ganz durchsichtig, daß das Ruthli für sich ein Extra-Stück von *M.E.* sichern will. ...

M.E. : Aber was macht sie dann? Dann nimmt sie ihren Kugelschreiber und fährt mit dem wie wild über das ganze Heft und rahmt die ganze Kritzelei hinterher noch ein, und dann kommt sie wieder zu mir. ...

H.J. : Nun, deutlicher kann sie ihre Unzufriedenheit mit Ihrer ,,Unfreundlichkeit" nicht gut manifestieren. ... Vielleicht können Sie aber einmal unauffällig arrangieren, daß das Ruthli Sie ein Stückchen auf dem Heimweg begleiten kann. Aber dafür sorgen, daß es nicht aussieht, als bekäme es eine ,,Extrawurst", und vielleicht entwickelt sich ein menschliches Gespräch und kein pädagogisches dabei! ...

(Exkurs über die soziale ,,Deformation", die die Anstaltserziehung bei kleinen Kindern bewirkt, – über die ,,Anstaltskrankheit" der Kleinkinder, die in Waisenhäusern heranwachsen.) ... –

H.J. : Wie ist denn das Heim, in dem Ruthli untergebracht ist?

M.E. : ... die leitende Schwester kommt von der Pflegerinnenschule und ist dauernd da; aber alle Helferinnen sind immer nur vorübergehend da, und alle Augenblicke, wenn das Kind sich gerade an eine gewöhnt hat, geht sie fort und es kommt wieder eine andere. ...

H.J. : Auch das erklärt viel. Die Kleine braucht – zu Recht! – Wärme und Interesse, aber das Gefühl von Geborgensein kann unter derartigen Verhältnissen niemals entstehen. Wie soll die Kleine zum Vertrauenkönnen kommen!

M.E. : Wieviel habe ich mich bisher schon mit diesem Kind befaßt! Seit dem ersten Schultag, und ich tue das doch immer noch extra! Trotzdem reagiert es so abweisend. ...

H.J. : Vermutlich doch auch mit Recht; denn mit Ihren Versuchen, sich als freundliche Lehrerin etwas um das Kind zu kümmern, haben Sie doch keinen Anspruch auf besondere Dankbarkeit verdient. Wenn wir schenken wollen, müssen wir es aus dem Vollen tun und ohne Absicht, einfach aus warmer Reaktion auf die Not, die aus dem Verhalten des Kindes spricht, und außerdem weder bewußt noch unbewußt ein Konto in unserem Hauptbuch führen, was man alles ,,für das Kind" versucht habe. ... Wenn es Ihnen bloß gelänge, die Lehrerin in sich zu vergessen und sich mit Wärme zu dem kleinen Mädchen zu wenden, weil Sie doch genau spüren, wie bedürftig es ist! ...

(Exkurs über „gemachte", über pädagogische Zärtlichkeit und Freundlichkeit, ... über die routinierte Verwandtenzärtlichkeit, für deren Gehaltlosigkeit Kinder ein feines und unbestechliches Empfinden haben.) ...

Der freundliche Lehrer braucht noch lange nicht auch ein *Freund* der Kinder zu sein. Und das Bedürfnis nach Wahrung der Distanz zwischen den Kindern und sich mag zwar der vernünftigen Absicht entspringen, Kinder nicht an sich binden zu wollen, aber gewöhnlich verrät es zugleich auch eigene Unsicherheit und Unfreiheit. Es besteht ein großer Unterschied zwischen dem wohlmeinenden, freundlichen Lehrer, der möglichst ohne Schimpfen und Schlagen auszukommen versucht, und einem offenen menschlichen Menschen, der gleichzeitig auch Kinder lehrt. ....

Es gibt viele Symptome, an denen man im Verhalten von Eltern, Verwandten und Pflegepersonen ablesen kann, ob die Kinder *Menschen* für sie sind, die noch in kindlichem Alter stehen oder eben „Kinder", die man kontaktlos wäscht, pflegt, füttert etc..

Da ist keine besondere Zärtlichkeit nötig, aber man könnte doch im Kontakt mit dem Kind seine pflegerischen Handgriffe tun. Dann wäre nicht das Waschen z. B. jedesmal mit Abwehrgesten und Geschrei verbunden oder auch das Füttern. Wie routiniert wird diese Pflege oft „erledigt". Es brauchte dabei durchaus keine besondere Zärtlichkeit, aber es gäbe eine sachliche Wärme, genau wie wenn man einem Freunde hilft, der sich nicht selber helfen kann. Hören Sie sich das Gekeife auf manchen Kinderspielplätzen an, wenn das Kind hingefallen ist oder sich das Schürzchen schmutzig gemacht hat: „Komm sofort her! Wo hast du dich denn schon wieder so schmutzig gemacht!" und das begleitet von Herumzerren und Puffen. Das kommt alles vom Mangel an Ehrfurcht vor dem Nebenmenschen. Dabei braucht die Keiferei und Stoßerei durchaus nicht böse gemeint zu sein. Man benimmt sich ja auch dem eigenen Mann oder der Frau gegenüber genauso ungezogen, wenn man gerade aus irgendeinem Grund oder „Gründchen" mißmutig ist.

M. E.: Was Sie jetzt wiederholt über das Schimpfen gesagt haben, hat mir sehr zu denken gegeben. Aber manchmal kommt man einfach nicht drum herum!

H. J.: Sagen Sie lieber: „Vorläufig komme ich manchmal noch nicht drum herum ... " oder „Vorläufig schaffe ich es noch nicht, ohne Schimpfen auszukommen!". Aber zu diesem „Manchmal kommt man einfach nicht drum herum!", als ob es selbstverständlich Fälle gäbe, die Schimpfen legitimierten, sage ich nein. Nur unser eigenes Versagen kündigt sich auch da in der Form von Schimpfen an. Es ist die eigene, noch zu große Reizbarkeit, die man dann abbauen muß. Dafür haben wir doch das Heftchen für das ,,Taubwerden" angelegt! ... Im Moment, in dem Sie nicht mehr so leicht ,,taub" werden (müssen!), finden Sie den Schlüssel zum anderen auch in schwierigen Situationen bzw. er drängt sich Ihnen auf bzw. Sie haben ihn dann gar nicht mehr nötig! Je schwieriger die Situation, desto wichtiger wird es, daß man nicht mehr nötig hat, ,,taub" zu werden. ...

M. E.: ... Es ist nur eigenartig: Wenn z. B. ein bequemes Kind sich nicht gerne anstrengt, es seine Arbeiten lieber halbbatzig macht etc. ... , und man sich bemüht und bemüht, und es immer gleich bleibt, dann kommt einmal der Augenblick, wo man es anfährt. Und vom andern Tage an geht's!

H. J.: Und wie lange hält es dann vor? Wahrscheinlich ist so ein Kind längst zu Hause daran gewöhnt worden, nur noch zu reagieren, wenn man es anschnauzt. Das wird kein ,,bequemes" Kind sein, sondern ein durch unzweckmäßige Maßnahmen verstörtes Kind, ein abgestumpftes Kind! Sie lassen sich dann in der Schule schließlich nur dazu verleiten, in die Fußstapfen der Eltern o. a. zu treten. Auch hier wäre stille, freundschaftlich bestimmte Wärme das, was das Kind aufschlösse. Ich spreche bei solchen Gelegenheiten lieber von ,,Wärme" als von dem problematischen ,,Liebe", das Pestalozzi in solchen Situationen benutzte. ... Das Kind muß fühlen, daß wir ihm Freund sind und – eben – ein wirklicher Freund, im besten Sinne des Wortes und nicht ein ,,Freund", der sich von oben herab dem ,,bedürftigen" Kind zuneigt und für den es eben doch immer ,,bloß das Kind" ist. Darüber wäre viel zu sagen! ,,Wärme" ist auch nicht ,,Hitze" und in Wärme gedeiht alles! ...

R. M.: Woher kommt denn das Bedürfnis mancher Leute, ständig *über andere* zu schimpfen?

H. J.: Was steckt Ihrer Meinung nach dahinter? ...

E. St.: ... damit man sich selber nicht so miserabel vorkommt! ...

H. J.: Vielleicht ist Ihnen allen schon aufgefallen, daß Menschen mit wenig Selbstvertrauen die Tendenz haben, andere, die mehr können oder mehr ,,sind", vor sich und vor anderen zu entwerten! Es ist die Tendenz, nicht nur andere Menschen, die einem ,,überlegen" zu sein scheinen, sondern auch andere Verhältnisse, die einem unerreichbar scheinen, zu entwerten. Sie alle kennen doch auch die Geschichte mit dem Fuchs und seiner Feststellung, die Trauben, die ihm unerreichbar hoch hängen, seien ihm zu sauer! Dorthin gehört auch die Unfähigkeit, die Nichtbereitschaft anzuerkennen, etwas, das in Ordnung ist, etwas, dessen Vorzüglichsein offenbar ist, sei vorzüglich. Zumindest muß man dann immer noch eine schwache Stelle denunzieren und ,,einen Haken" darin finden, auch wenn es diese in der Tat gar nicht gibt. Menschen, die einen anderen in dessen Abwesenheit herabsetzen, versuchen, sich damit selber entsprechend hinaufzusetzen. Dabei geschieht das meistens, ohne daß es dem Über-heblichen(!) selbst klar bewußt wäre. Im übrigen steckt hinter allem, das uns nicht gefällt, wie hinter dem, was uns an andern nicht gefällt, etwas an tieferer Bedeutung, etwas, das Aufschluß über die dabei Beteiligten in mancher Hinsicht gewähren könnte, wenn wir uns für mehr als nur die Oberfläche interessieren würden. Sicher ist all das niemals ein Zufall! Vergessen wir aber nicht, daß es auch berechtigte, ja notwendige und produktive Kritik gibt und daß viele Menschen es sich gestatten, sich gegen Feststellungen, die zutreffend und notwendig sind, damit zu wehren, daß sie behaupten, man schimpfe mit ihnen oder über sie oder man übe ,,negative Kritik"! Nicht jede begründete Äußerung von Unmut ist ein Schimpfen, und nicht jede begründete Ablehnung ist der Ausdruck von ,,Minderwertigkeitsgefühlen" dessen, der ablehnt! Wieviele Menschen wehren sich heftig gegen die Denunzierung von Mißständen, von Unhaltbarem, das längst auf eine sozial notwendige Lösung wartet, nur weil sie ihren ,,Seelenfrieden", d.h. ihr sattes Behagen, nicht gestört haben wollen! Aber meist erkennt man auch hier am affektiven Beiklang der Abwehr, was wirklich los ist. Stets gilt: ,,C'est le ton qui fait la musique ... !" Das ,,Wie" einer Äußerung erzählt uns auch hierbei wiedereinmal mehr als das ,,Was"! Es ist kein Zufall, daß ich mich vorhin so scharf gegen *M. E.s* heftige Feststellung gewehrt habe: ,,Manchmal geht es eben nicht ohne Schimpfen!" und daß ich ihr vorschlug zu sagen: ,,Vorläufig komme ich noch nicht ohne Schimpfen aus."! Sie ist nun schon erreichbar für das, was an Bedeutung aus der veränderten Fassung spricht. Sie hat sogar vergessen, den früher für sie naheliegenden Einwand zu benutzen, es sei nun zu spät, sich noch zu ändern. Selbst wenn sie schon so alt ist, wie sie ist, hat sie noch immer 10 volle Jahre bis zur Pensionierung vor sich, und wie vieles von dem, das sie allmählich zu begreifen beginnt, kann noch für so viele Kinder – und nicht zuletzt für sie selber – fruchtbar werden!

Wie viele Lehrer habe ich in der Arbeit hier gehabt, die, obwohl sie noch wesentlich jünger waren, schon heimlich oder offen einen Trost darin fanden, daß schließlich doch einmal die Pensionierung kommen müsse ... , und wie mancher hat dann allmählich gemerkt, daß mit seinen eigenen Versuchen, an seiner Nacherziehung zu arbeiten, auch Befriedigung und Freude und Kraft für die Arbeit gewachsen ist und wie sich allmählich von ganz woandersher Aufgaben zeigten, die das Leben fruchtbarer werden ließen. Vergessen Sie nicht, wenn es mit rechten Dingen zugehen würde, dann würden wir – ich habe es schon so oft unterstrichen – mit dem Alter nicht nur älter und müder und anfälliger, sondern reifer und menschlicher und im tieferen Sinne erfahrener. Es ist kein Zufall, daß früher es ,,die Alten" und der ,,Rat der Alten" waren, denen Völker die höchste Leitung ihrer Geschicke anvertrauten. Das waren die Senatoren und der Senat ... und diese Bezeichnungen kommen von ,,senex", was nichts anderes heißt als ,,alt", ,,bejahrt", und ,,Greis" und im übertragenen Sinne ,,Weiser". ... In den römischen Senat wurde man ursprünglich nicht vor dem 60. Lebensjahre aufgenommen! ...

Wir wissen nur zu gut, wie selten sich heute ,,alt" mit ,,reif", mit ,,erfahren" oder mit ,,weise" deckt. Aber es könnte allmählich *bewußt* mehr dazu beigetragen werden, damit durch die Einsicht in die Beziehung zwischen der Qualität unseres Verhaltens beim Erfahren und der Qualität, mit der das Erfahrene sich im Sinne von Entfaltung auf uns auswirken kann, Menschen im Älterwerden und Altwerden für das Gedeihen der Gemeinschaft wertvolle und unentbehrliche Mitglieder werden können. ....
....

H.J. kommt noch einmal auf die Frage des *Sich-minderwertig-Fühlens* und auf die dialektisch dazugehörende *Überheblichkeit* zurück. Wenn jemand aus dem tatsächlichen Mehr-Können als der Durchschnitt Mehr-Wert für seine Geltung zu beziehen versucht, so verrät das auch wieder seine Unsicherheit. Im übrigen offenbaren derartige Charakterzüge deutlich ihren *sozialen Ursprung*! ...

(Hinweis auf *Alfred Adler* und die *Individualpsychologie*.)

Der heute so verbreitete und so mißbrauchte Begriff ,,Minderwertigkeitsgefühl" wie ,,männlicher Protest", die Unterstreichung der Bedeutung der Rolle des Platzes in der Geschwisterreihe, der ,,Entthronung" des Frühergeborenen etc. stammen von *Alfred Adler*. ... Sie sollten sich alle zumindest mit dem Grundsätzlichen und Charakteristischen der *verschiedenen ,,Schulen" der Psychologie* auseinandergesetzt haben, um den Ort klarer zu erkennen, von dem aus wir uns zu orientieren und zu klären versuchen! ... *H.J.* weist ausführlich darauf hin, daß das, was gemeinhin mit *Minderwertigkeitsgefühlen* bezeichnet wird, noch *nicht wirklich etwas erklärt*, sondern nur bestimmte Symptome drastisch charakterisiert. ... Der Ursprung solcher Gefühle ist nicht in dem betreffenden Individuum zu suchen. Das Sich-minderwertig-Fühlen ist vor allem *Antwort auf die soziale Situation des Betreffenden*, gibt mindestens soviel *Aufschluß über die Gemeinschaft*, in der der Betreffende herangewachsen ist, wie über ihn selber. Es ist darüber hinaus *Antwort auf die gegenwärtige Struktur der Gesellschaft, in der sich die Be-wertung des Menschen mehr nach seinem ,,Mehr-Wert" oder ,,Minder-Wert" vollzieht, als nach seiner Entfaltung und Reife als Mitmensch. ,,Mehr-Wert" und ,,Minder-Wert" sind dabei un-*

trennbarbar von Geltung, von dem, was gerade etwas gilt und für wen es mehr oder weniger gilt !

Kurs vom 8.2.1955

M. E. fragt zu Beginn, wie sie sich in der Schule zu dem Aufruf des Stadtarztes stellen solle, der wegen der *Pockenepidemie* in Frankreich zur *Schutzimpfung* der Kinder und der Erwachsenen rät. *H.J.* weist auf die sehr verschiedenartig große Anfälligkeit der einzelnen Menschen hin und erinnert daran, daß wahrscheinlich die meisten ihrer Kinder im ersten oder zweiten Lebensjahr geimpft worden seien. Sofern kein Impfzwang von Staats wegen bestehe, durch den die Frage sich sowieso erledigen würde, könne jeder nur auf eigene Verantwortung die Entscheidung treffen. ....

H.J. geht dann auf eine Bemerkung und eine Frage von *H.St.* in ihrem Resümee über den Kurs vom 1.2.55 ein.

Sie schreibt dort: „*M. E.* erwähnte noch Kinder, die sich erst zu einer besseren Leistung aufraffen, nachdem man sie einmal angefahren hat. Mag sein, daß sie eben durch ihre Erziehung daran gewöhnt sind. *Steckt aber nicht die Neigung, sich gehenzulassen, bequem zu sein, im Menschen überhaupt? Ist das Unvermögen, jederzeit eine Höchstleistung vollbringen zu können, ganz unserer Erziehung zuzuschreiben?*" ...

H.J.: Das sind zwei verschiedene Fragen bzw. Fragen, die noch der Präzisierung in der Formulierung bedürften; denn ich jedenfalls habe nie behauptet, „das Unvermögen, jederzeit eine Höchstleistung vollbringen zu können", sei „ganz unserer Erziehung zuzuschreiben". ... Und ... „bequem zu sein" und sich gehenzulassen bzw. die Tendenz dazu gehört zu den primitivsten Reaktionsweisen des Menschen. Ich sage *die Tendenz dazu*, weil es von vielen Umweltfaktoren abhängt, ob und wieweit diese Tendenz aktualisiert wird. An sich ist ja „Bequem-Sein" etwas wesentlich anderes als „Sichgehenlassen". Das letztere bedeutet doch, daß man sich etwas gestattet, das aus *sozialen* Gründen besser unterbleiben sollte, wenn damit ein Verhalten gemeint ist, das nicht Rücksicht nimmt auf begründete Erwartungen der Gruppe, in und mit der man lebt. ... Z. B. kann man unsere Tendenz, sofort mit „Taubwerden" zu reagieren, wenn uns irgend etwas „reizt", auch unter das „Sichgehenlassen" rubrizieren. Man kann sich dann gehenlassen, oder man kann versuchen, sich in solchen Momenten an die Kandare zu nehmen. Bequem-Sein wird als Konstatierung oder gar Vorwurf erst als sozialer Konflikt akut, wenn wir Dinge zu leisten ablehnen oder uns Forderungen entziehen, zu denen sich die Umwelt offenbar berechtigt hält. ...

Was jeweils von jemandem als Bequem-Sein oder gar als Sichgehenlassen aufgefaßt wird, hängt wiederum von der Konvention, der „Haltung", von den „selbstverständlichen" Erwartungen der Schicht ab, der man zugehört oder zugehören möchte. Wenn Sie bei Beduinen zu Gast sind, dann würde es als „Sichgehenlassen", ja als eine Beleidigung der Gastgeber empfunden, wenn man es sich „bequem" machte und anstatt aufgerichtet und straff, schlapp und zusammengefallen im Kreis am Boden säße, während der Kaffee getrunken wird. ... Bei uns würde dergleichen gar nicht auffallen! Aber wenn bei uns jemand mit den Händen in die Schüssel mit Fleischstücken griffe und das Stückchen mit den Zähnen zerrisse und schmatzend kaute, so wäre das ganz und gar „unmöglich", während der Beduine gar nicht verstünde, was wir wollen, wenn wir nach Gabel und Messer suchten. ... Im übrigen genügt es schon, wenn wir uns dafür interessieren, wie Menschen bei uns sich benehmen, wenn sie zu Hause sind ... , d.h. wie sie sich dort in einer Weise gehenlassen können, die sie sich unter Fremden, will sagen unter Menschen, an deren Meinung über sie ihnen etwas liegt, niemals gestatten würden. ... Wie oft sagen wir zu einem Besuche: „Tun Sie, als ob Sie zu Hause wären!" Wenn ich so etwas höre, dann sage ich mir oft: „Gut, daß die Aufforderung nicht ernstgenommen wird!"; denn das würde sonst bedeuten, sich gehenlassen, sich flegeln usw., also so sein, wie man sich in einer Umgebung benimmt, in der man sich alles mehr oder weniger „rücksichtslos" erlauben darf!

Damit beginnen oft Zerfallserscheinungen von Familie und Ehe sichtbar zu werden: weil man sich, sobald man sich so „vertraut" geworden ist, gehenläßt! Man wagt seinen nächsten Menschen Dinge zuzumuten, die man etwas ferner Stehenden niemals zuzumuten wagen würde. Vergessen wir vor allem nicht, daß die Tendenz zum Sichgehenlassen erst eintritt, wenn das, was man sich nicht gestatten sollte, wenn die Forderung der Gruppe nicht akzeptiert worden ist. Aufgezwungene Verhaltensvorschriften, mit deren Sinn oder Berechtigung man sich nie auseinandergesetzt hat, lösen leicht die Tendenz sich gehenzulassen aus. Erinnern Sie sich nur daran, wie die meisten Kinder zum *Waschen* erzogen werden! Wie unfreundlich, irritiert oder gelangweilt kommen die Aufforderungen, sich zu waschen, an die kleinen Kinder; wie grob werden sie oft angefaßt, wenn die Erwachsenen sie waschen ... , ... und wie routiniert und beziehungslos pflegen sich die meisten Erwachsenen selber! ... Warum soll das Kind nicht die gute Gelegenheit ausnutzen, wenn der Erwachsene mal nicht in der Nähe ist, sich um's Waschen zu drücken? Solange ein Kind nicht erlebt und eingesehen hat, daß und warum es zweckmäßig und im Endeffekt auch für's eigene Wohlbehagen besser sei, sich gründlich und ausgiebig zu waschen, solange bleibt das Sich-Waschen-Müssen eine unangenehme Pflicht, die nicht erfüllt wird, sobald der Polizist nicht dahinter steht, der jedesmal fragt, ob man sich auch „richtig" gewaschen habe! Das bereitet alles die spätere Tendenz vor, sich gehenzulassen, sobald niemand da zu sein scheint, der einen zur Ordnung ruft oder der einem die Erfüllung der „Pflichten" abverlangt. ...

Ich überlasse es Ihnen, sich einmal über das Ausmaß der Verführungen zum „Sichgehenlassen" Rechenschaft zu geben. Wir könnten uns auch dafür ein Büchlein anlegen! Wenn man gereizt reagiert und wenn man schimpft, so haben wir es fast immer auch mit Sichgehenlassen zu tun. Ein Mensch, der allmählich dazu kommt, mehr Bedürfnis nach Bei-sich-Sein zu spüren und mehr zu lauschen, wird auch bald über unzählige Gelegenheiten stolpern, bei denen er die Verführung, sich gehenzulassen spürt. ... Schimpfen, schlagen, sich gehenlassen, sobald einen niemand bei der Nichterfüllung von etwas, das wir nur „der Leute wegen" zu tun gewöhnt sind, ertappen kann, ist weitgehend auch der Ausdruck allgemeiner Unreife, von infantilen Reaktionsweisen etc., oder aber es ist die Weiterführung einer „Haltungslosigkeit", die das Milieu charakterisiert, in dem man aufgewachsen ist. ... Wenn zu Hause viel geschimpft worden ist, so wird es geradezu mit ein Symbol des Erwachsenseins, wenn man es sich endlich leisten kann, nun auch einmal andere ungestraft beschimpfen zu dürfen! Solange man „klein" ist, hat man eben das Schimpfen über sich ergehen zu lassen. ... Die Frage: „Ist das Unvermögen, jederzeit eine Höchstleistung vollbringen zu können, ganz unserer Erziehung zuzuschreiben?", sollten Sie sich nun weitgehend selbst beantworten können. Können Sie nicht ein konkretes Beispiel dafür geben, an was Sie bei jener Frage gedacht haben.

H.St.: ... Z.B. an's Briefeschreiben! ...

H.J.: Das ist doch wiederum eine besonders drastisch *sozial* bedingte Aufgabe. Wie sehr kommt es darauf an, *an wen* wir gerade schreiben müssen oder *über was* wir zu berichten haben etc., ob wir gern und mit echtem Interesse oder ungern und mit Widerwillen und inneren Widerständen und Verdruß herangehen werden! ... Wir sollten den Begriff Höchstleistung ganz beiseite lassen. Um die geht es doch gar nicht. Es kommt doch in erster Linie darauf an, so zu schreiben, daß das Geschriebene seinen Zweck erfüllen kann. Was sachlich brauchbar ist, wird uns dann auch als gut erscheinen. ... Wenn man weiß, was man schreiben soll, braucht es gar keinen besonderen Aufwand, den Brief zu schreiben. Wenn man jemandem, den man weder näher kennt noch schätzt, „sein herzliches Beileid" ausdrücken soll über „einen schweren Verlust", während man vielleicht weiß, daß Freude dort im Hause herrscht, weil der reiche Erbonkel endlich „das Zeitliche gesegnet hat", – dann darf man sich nicht wundern, daß man diese unangenehme Verpflichtung entweder so lange wie möglich hinausschiebt oder sich mit ein paar unbefriedigenden und stereotypen Phrasen aus der Sache zieht. ... All das hat aber in seinen Qualitätsunterschieden herzlich wenig mit „Höchstleistungen" oder mit unserer Erziehung zu tun, obwohl es – wenn auch in ganz anderem Sinne – auch wieder mit „unserer Erziehung" zu tun hat. ...

Wie viele „Hochbegabte" brauchen immer erst einen Druck von außen, bis sie anfangen, eine Arbeit auszuführen. ...

(Hinweis auf das schöne Gedicht von Bert Brecht über Laotse und den Zöllner!) ... Alle solche Probleme sind immer auch Ganzheitsprobleme, und wir haben bei der Beschäftigung mit ihnen jene Grundbedingungen zu erfüllen, die zu erfüllen Voraussetzung für wirklich ganzheitliche Erfassung von Problemen ist. ... Ganz gewiß ist es aber ein Erziehungsproblem, wie weit das Milieu, in dem wir herangewachsen sind, ein in gutem Sinne tätiges Milieu gewesen ist, – wie weit wir zwischen auf sinnvolle Weise tätigen Menschen großgeworden sind, – zwischen Menschen, die „zugepackt" haben, wo es nötig war, oder Menschen, die möglichst oft fünf grade sein ließen, – zwischen Menschen, die alles hinausgeschoben haben, oder Menschen, die disponieren und organisieren konnten, wenn sie vor einem Berg von Aufgaben standen. ... Der eine schiebt die unangenehmsten Dinge so lange wie möglich hinaus, der andere erledigt sie zuallererst! Auch das hat seine Geschichte! ....

M. E.: In der Schule macht man doch auch immer solche Erfahrungen, daß es gute Tage und schlechte Tage gibt. Und dann beschäftigt es mich oft sehr, wie solche „guten" und „schlechten" Tage eigentlich entstehen. ... In der Schule frage ich mich dann, ob es von mir kommt, weil ich mich vielleicht nicht wohl fühle, oder ob es von der Resonanz kommt, die ich spüre. ...

H. J.: Da gibt es als Antwort nicht, es sei entweder das eigene Befinden oder die Art der Resonanz schuld; denn wenn wir uns wohl fühlen, so hat das eine komplexe Geschichte, und wenn wir uns schlecht fühlen ebenso. Das gleiche gilt bei dem, was wir die „Resonanz" nennen, auf die wir stoßen. ... Kinder, die vertobt in die Schule kommen, stellen eben in diesem Moment andere Ansprüche an den Lehrer, als wenn sie still und ausgeruht und schon durch frühere Erfahrungen voller Interesse ankommen!

M. E.: Aber warum nur ist das einmal so und einmal anders? ...

H. J.: So zu fragen, haben Sie im Grunde schon lange nicht mehr nötig. Im übrigen stellt uns das ganze Leben die Aufgabe, ständig bereit zu sein, auf die gerade gegebene Realität zu reagieren und *sich improvisierend* verhalten zu können. ... Je reagierbereiter, je improvisationsbereiter wir uns den Ansprüchen des Alltags gegenüber verhalten, desto unmittelbarer, desto bewältigbarer, desto „einfacher" lebt sich unser Leben. ... Je mehr wir darauf eingestellt sind, unser Leben nach einem vorbereiteten und eingeschliffenen Schema und nach fremden Ratschlägen zu gestalten, desto größer werden unsere Schwierigkeiten! ... Wenn jemand an einen ganz bestimmten Routineverlauf gewöhnt ist, genügt es schon, daß es heute gerade nicht möglich ist, im gewohnten Trott zu funktionieren, um in ihm Unmut und Verdruß zu erzeugen!

Eines ist bei alledem sicherlich noch wesentlich, nämlich, daß wir im allgemeinen viel zu wenig Kontakt mit uns selber haben, um spontan reagierend und improvisationsbereit zu funktionieren. Und wenn etwas stimmt, dann stimmt es, daß wir diese Kontaktlosigkeit ganz allgemein der Art verdanken, in der wir erzogen worden sind! Denken Sie an unsere alte Verabredung, sich dafür zu interessieren, wie wir in unseren Tag kommen, ob wir bereit sind, unsere optimale Funktionsbereitschaft schon während des Aufstehens und unserer Morgentoilette vorzubereiten! Wir kennen schon viele Möglichkeiten, uns ganz bewußt einen günstigen Start für unseren Alltag vorzubereiten! Aber eben ... , davon zu „wissen" und sich in der Realität auch so zu verhalten, das ist und bleibt zweierlei. ...

Da ist das Strecken und Dehnen und sich Entgasen und für seinen Stuhlgang sorgen etc. wieder einmal akut. Wir wissen ganz gut, woher meistens das „Sich-nicht-wohl-Fühlen" etc. kommt. ... Und wenn uns die Möglichkeit „psychischer" Hintergründe von gestörter Verdauung bekannt ist, sind wir wieder bei der Unzulässigkeit, „Geistiges" und „Körperliches" zu sondern. ... *Abwesendsein und Anwesendsein während der Morgentoilette* und die entsprechenden Qualitäten des Resultates! ... Die routinierte „Erledigung" und die interessierte Auseinandersetzung! ... Auch hier kommt bei der Bewältigung ein „Sichgehenlassen" nur dann in Frage, wenn einem das Sich-Pflegen nicht *Bedürfnis* geworden war! Sich zu pflegen ist für niemanden ein Problem, wenn man sich mit der Notwendigkeit einmal auseinandergesetzt hat, und es einem zum Bedürfnis geworden ist. ...

R. M.: Wenn man gewissen Sachen ausweicht und sie nicht macht, sie hinausschiebt und verschlampt, dann steckt doch auch immer noch etwas anderes dahinter, z. B., wenn man sich nicht gern wäscht.

H. J.: Das sollte uns bereits klar sein. Natürlich wirkt sich die Opposition gegen die frühere Art des „Dran-gewöhnt-worden-Seins" aus, aber auch der Widerstand gegen die unzweckmäßige Art, in der man noch später ermahnt und kontrolliert worden sein mag. ... Es gehört nicht viel dazu, damit das Sich-Waschen oder besser das Sich-Waschen-Müssen für alle Zeit mit spontanem und „chronischem" Widerstand besetzt bleibt, wenn man diese Widerstände später nicht ganz bewußt abzubauen angefangen hat. Aber wenn man verstanden und *bloß* verstanden hat, man müßte derartige Notwendigkeiten akzeptieren, und man tut doch nichts, die Widerstände abzubauen, dann wird es noch schlimmer als vorher; denn nun käme noch das „schlechte Gewissen" dazu, das man sich mit jedem weiteren „Gehenlassen" großzüchtet! ... Und „schlechtes Gewissen" ist nicht nur ein schlechtes Ruhekissen, sondern es ist auch die stärkste Hemmung für alles Tüchtigerwerden. ... Die Hintergründe können außerordentlich vielfältig bedingt sein. Es braucht sich bloß der sowieso vorgezogene jüngere Bruder oder die jüngere Schwester brav folgsam, oder gar mit Vergnügen, zu waschen, damit das andere Geschwister sich „nun gerade" nicht mehr richtig wäscht! etc. ...

M. E.: Mit dem Waschen habe ich auch immer Schwierigkeiten bei meinen Schülern. Es sind gerade die, die vom ersten Tag an ungewaschen in die Schule kommen, und die ich nicht auf grobe Art oder mit Schimpfen dazu bringen möchte, die sich nicht ändern wollen. Ich schicke sie, wenn ich beim die Handgeben sehe, daß sie nicht sauber sind, ganz ruhig an das Brünnlein in der Klasse mit dem Hinweis, daß wir doch unsere Hefte sauber halten wollten; aber das kann drei Jahre dauern, ohne daß sich etwas ändert, und ich muß dieselben jeden Tag aufs neue schicken! (!!)

H.J.: Macht Sie denn das nicht längst schon nachdenklich, ob Ihre Maßnahme zweckmäßig sei, wenn Sie sehen, daß auch drei Jahre täglichen An-den Brunnen-geschickt-Werdens nichts fruchtet? Sicher ist nichts zur Änderung solcher Gewohnheiten ungeeigneter, als ein Kind vor der ganzen Klasse täglich neu zum Sich-Waschen an den Brunnen zu schicken. Jeder neue Tag bedeutet einen neuen Triumpf über die hilflose Lehrerin, und jeder neue Tag kann gleichzeitig für das Kind eine neue Beschämung mit sich bringen. Es käme aber doch darauf an, mit Wärme das Kind für die Mitarbeit zu gewinnen. Solange Ihnen das nicht gelingt, provozieren Ihre Aufforderungen, sich in der Klasse zu waschen, immer mehr Widerstände oder aber Abstumpfung und Gleichgültigkeit. Sie können sich aber damit auch einen kleinen Terroristen erziehen, der es darauf anlegt, jeden Morgen in der Schule vom „Fräulein" eine Extrawurst zu bekommen. ...

R. V.: Aber was gewinnt denn das Kind dadurch, daß die Lehrerin jeden Tag neu das Waschen anordnen muß?

H.J.: ... Es gewinnt oder erpreßt jeden Morgen ein besonderes Interesse der Lehrerin. Was man als Freundlichkeit nicht bekommen kann, das scheint schließlich auch noch in der Form des Tadels eine gewisse Befriedigung zu gewähren. Der Gewinn liegt auch in der Macht, die man über die Lehrerin ausüben kann, wenn man sie jeden Tag neu zur besonderen Hinwendung zwingen kann. ... Vielleicht erlebt das Kind zu Hause zu wenig Interesse oder Wärme und versucht es – selbst mit negativen Vorzeichen – in der Schule. Es braucht zu Hause bloß ein jüngeres Geschwisterchen da zu sein, das offensichtlich verwöhnt wird, damit sich ein Kind vernachlässigt fühlt, und es braucht dabei gar nicht zu Hause an Freundlichkeit zu fehlen. G e n u g W ä r m e hängt nicht von dem objektiven Maß an Wärme ab, sondern davon, *wie viel* man relativ, im Vergleich zu anderen in der Umgebung, davon bekommt! So etwas kann doch jeder Erwachsene noch bei sich selbst erleben, wenn er – selbst mehr als reichlich mit allem Notwendigen bedacht – dennoch meint, zu kurz zu kommen, wenn irgendein Konkurrent anscheinend etwas bekommt und er nicht! ... Sehr viel mehr Menschen als wir glauben, sind gewöhnt, sich mit negativen Vorzeichen Interesse zu erpressen, wenn das Interesse der Umwelt nicht freiwillig spürbar wird.

Wir haben doch kürzlich darüber gesprochen, wie notwendig es wäre, sich Klarheit über sozialpsychologische Faktoren zu verschaffen, die das Auftreten bestimmter „Charakterzüge" provozieren. In diesem Zusammenhang habe ich Sie auf die *Adler'sche Individualpsychologie* hingewiesen. Ich rate nicht dazu, weil ich Ihnen jene „Methode" empfehlen will, sondern weil Sie dort brauchbare Beiträge über grundsätzlich überall vorhandene Hintergründe finden können. ... *Funktionell* steckt hinter all diesen Dingen ein Gefälle von Neigung, von Zuneigung oder aber auch von Abneigung und Ablehnung. Jedem, der etwas von diesem „Gefälle" spürt – der spürt, daß er vom einen oder anderen zu viel oder zu wenig abbekommt –, dem kann das an unzähligen, stofflich sehr verschiedenen Anlässen manifest werden. So etwas kann an den sonderbarsten „stofflichen" Tatbeständen manifest werden, z. B. auch an den „schmutzigen Händen". ...

Was wir versuchen, nämlich o h n e Affekt und ohne Heftigkeit, aber mit freundlicher Wärme auch etwas Schwieriges, Unangenehmes besprechen zu können, bleibt nach wie vor ein wichtiger Schlüssel im Verkehr mit unseren Mitmenschen – seien es Kinder oder Erwachsene – vielleicht der wichtigste Schlüssel! Affektiv bedingte Widerstände lassen sich nun einmal sehr viel schneller provozieren als auflösen. ...

(Exkurs über die außerordentliche „Tüchtigkeit" mit negativen, gegen die Gesellschaft gerichteten Vorzeichen, die die meisten Rechtsbrecher entwickeln.)

Daß sie sich gegen die Gesellschaft statt mit und für die Gesellschaft mit allen Möglichkeiten von Klugheit und Gewandheit etc. mobilisieren, hat auch *immer* seine Geschichte. Es ist eine kaum mehr zu leugnende Tatsache, daß solche Rechtsbrecher vielfach eine besonders schwere, sie gefährdende Jugend hinter sich haben. Erschweren wir einem jungen Menschen die Möglichkeit, sich sozial einzuordnen, erschweren wir ihm das Erlebnis, sozial in die Gemeinschaft aufgenommen zu sein, so bereiten wir seine negative Einstellung zur Gesellschaft vor. Er schlägt sich zu der Minderheit, die „gegen" die Gesellschaft eingestellt ist, nicht weil sie gegen sie wäre, sondern weil sie sich abgelehnt empfindet. ...

(Exkurs über das Problem der Minderheiten überhaupt und über die spezifischen Charakterzüge von Angehörigen benachteiligter Minderheiten, für deren Entstehung die Mehrheit verantwortlich ist. ...)

H. St.: Woher kann das *Nägelbeißen* bei einem meiner Kinder kommen? ...

H. J.: Dabei können vielfältige Ursachen mitsprechen. Häufig ist es auf ungeschicktes Abstillen zurückzuführen, wie auch das Daumenlutschen, das ebenso häufig „Ersatz" für die Mutterbrust zu sein scheint. Das Nägelbeißen wird aber manchmal als unbewußte Protesthandlung gegen die Erwachsenen, die dem Kind dies „Laster" mit allen Mitteln abgewöhnen wollten, aufrechterhalten. ... Das „Spiel" mit dem Daumen und das Nägelkauen werden durch den „Nuggi" geradezu provoziert. ... Wer keinen Moment ohne seine Zigarre oder Zigarette sein kann, hat oft auch als Erwachsener das „Saugen" noch nicht aufgeben wollen. ... Gerade solche Erwachsenen geben manchmal, ohne es zu ahnen, ein „Vorbild" für den kleinen Daumenlutscher und Nägelbeißer. ...

Kurs vom 16.2.1955

H.J.: Ich möchte nochmals kurz auf die Frage von *H.St.* vom letzten Abend über das Sichgehenlassen zurückkommen. Hoffentlich ist klar geworden, daß auch die Möglichkeit, sich gehenzulassen angeboren ist! Die Voraussetzungen dazu – wie zu allem, was wir tun können und wie wir funktionieren können – sind mit unserer biologischen Ausrüstung gegeben. Es ist allen angeboren als Reaktionsmöglichkeit auf bestimmte Gegebenheiten, unter bestimmten, von der gesamten „Geschichte" abhängenden Bedingungen. ... Die Fähigkeit, sich gehenzulassen, bzw. die Möglichkeit dazu, gehört auch zu unseren Grundfähigkeiten. Welchen Gebrauch wir davon machen und wann wir ihn machen, ist nun einmal außerordentlich komplex bedingt. Immer wird es durch etwas provoziert, wenn wir „schlapp machen" und uns gehenlassen und nachgeben. ....

(*M.E.* fragt in ihrem Resümee über den letzten Kursabend nochmals wegen „Funktion" und „Stoff", ... sie habe offenbar diesen Begriff der Funktion noch nicht recht verstanden. ... *H.J.* verweist noch einmal auf frühere Verständigungsversuche. Die Teilnehmer werden aufgefordert, sich aus dem, was sie bisher von diesem Begriff verstanden haben, zu äußern.) ...

H.J.: Prinzipiell sollte der Begriff nur so gebraucht werden wie in der Mathematik, wo z.B. der Flächeninhalt eines Quadrates *eine* Funktion der Seite des Quadrates ist. Der Widerstand, den z.B. ein abgefeuertes Geschoß in der Luft findet, ist eine Funktion der Geschwindigkeit des Geschosses, – oder der Leiter in einem Stromkreis hat die Funktion, die elektrische Energie weiterzuleiten, und diese Funktion kann ebenso in einem Leiter aus Kupfer, Aluminium, Eisen etc. oder einer Flüssigkeit erfüllt werden. ... In der Algebra stehen z.B. die Buchstaben für funktionelle Beziehungen zwischen Größen beliebiger Art. ... *M.E.* ist als Lehrerin Trägerin der Funktion „Unterrichten", einer Funktion, die durch andere, als Träger dieser Funktion geeignete Personen erfüllt werden kann. ... Unser Züricher Stadtpräsident ist nur Träger der Funktion des Präsidenten des Stadtrates, eine Funktion, die durch das Stimmvolk jedem anderen, ihm dafür geeignet Erscheinenden, übertragen werden kann. ... Die Funktion des Addierens, des Subtrahierens, des Multiplizierens oder Dividierens kann sich an beliebigen Zahlen abspielen. ...

M. E. : Sie sagten neulich aber auch, funktionell handele es sich bei den Schwierigkeiten aller schwierigen Schüler um das gleiche.

H. J. : Das habe ich nie gesagt, aber Sie denken sicher daran, daß ich Sie darauf aufmerksam machte, bei den unzähligen verschiedenen Spielarten von Schwierigkeiten, die wir bei Schülern antreffen, handele es sich im Grunde – gleich, auf welche materielle Art sie sich zeige – funktionell gesehen immer nur um einige wenige Arten von Ursachen, von Störungen ihres sozialen Eingeordnetseins etc. ...

M. E. : Ich bin aber brennend interessiert, was für Arten von Ursachen da in Frage kommen.

H. J. : Das wäre sehr schön, wenn dem wirklich so wäre. Aber darüber werden wir uns immer nur so weit verständigen können, als Sie uns „konkretes Material" bringen, an dem sich die funktionellen Hintergründe der Schwierigkeiten erkennen ließen. Das haben wir bei den Fällen, die hier bereits zur Sprache gekommen sind, jeweils versucht. Erinnert Euch nur an Angst, Vertrauensstörungen, Neigungen und Abneigungen und deren „Gefälle" als funktionelle Hintergründe, wenn jemand etwa „mißtrauisch" zu sein scheint, sich „minderwertig" fühlt oder „tollkühn" ist, ... und wie es da nicht auf ein „Quantum" Neigung, Abneigung, ein „Quantum" Trotz oder dgl. ankommt, sondern auf die Situation, in der jemand r e l a t i v zu dem, was ein anderer bekommt, sich „zu kurz gekommen" fühlt. Da kann jemand alles haben, was man sich nur wünschen kann, Geld wie Heu, und trotzdem kann er sich „zu kurz gekommen" vorkommen, wenn etwa der Bruder, die Schwester oder sonst jemand, dem er sich „gleich" setzt, von irgend etwas ein wenig mehr bekommt als er selber ... und genauso, wenn jener anscheinend etwas mehr Neigung empfängt als er selber. Auch wenn man sich zu ihm freundschaftlich und herzlich verhält, so braucht er nur den Eindruck zu haben, der andere habe davon doch ein bißchen mehr bekommen, und schon wird er mit jener „Einbuße" nicht mehr fertig wie ein sozial eingeordneter Mensch, sondern wird reagieren wie ein neurotischer Mensch. Der Neurotische saugt daraus für sich Gift, wo der Gesunde sich spontan über das freuen könnte, was dem andern noch extra zugefallen ist. Sobald jemand, der das, was zur Diskussion steht, schon in Fülle besitzt, sich in dem Augenblick benachteiligt fühlt, wenn ein anderer auch so etwas bekommt, dann stimmt etwas nicht. Das hat natürlich auch wieder seine Geschichte. ... Unser Interesse hat sich nur auf die Kategorie von Gründen zu beziehen, die hinter derartigen Reaktionsweisen wirksam sind. ... Wenn das Kind in *M. E.s* Klasse, das sich drei Jahre lang täglich zum Händewaschen ans Brünneli schicken läßt und sich noch immer nicht von sich aus dazu entschließt, mit sauberen Händen zur Schule zu kommen oder sich von sich aus zu waschen, wenn es bemerkt, daß sie nicht sauber sind, dann *muß* bei ihm sein sozial Eingebautsein, seine Reagierbereitschaft, seine Bereitschaft, von sich selber Notiz zu nehmen, gestört worden sein. Wodurch es sich benachteiligt oder abgelehnt und isoliert fühlen mag, das müssen wir ohne nähere Kenntnis der häuslichen Verhältnisse noch offen lassen. Vielleicht ist es nur übertrieben verwöhnt worden, hat man es zu unselbständig gehalten, ihm zuviel geholfen. Und wenn es dann noch zu einer so netten Lehrerin kommt, die das tatsächlich drei Jahre lang, – 40 x 6 oder 240 Tage im Jahr, und das noch mit drei multipliziert, also 712 Tage lang auf sich nimmt, dann hat er's doch auch in der Schule noch fertig gebracht, die Erwachsenen für sich einzuspannen! Daß Wärme und Freundlichkeit des Tons, in dem *M.E.* ihn hinschickte, allmählich abgenommen haben werden, falls seine „Schwerhörigkeit" nicht etwa daher kam, daß man ihn von Anbeginn nicht sehr freundlich ans Händewaschen erinnerte, darf uns dann auch nicht wundern. Neulich erinnerte ich doch wieder daran, wie entscheidend wichtig es ist, keine Mahnung auszusprechen, solange man sie nicht affektlos, anwesend und erfüllt zu sagen vermag. Wahrscheinlich kam die Mahnung aber schon am ersten Tag zu tadelnd oder verärgert heraus, und eine Anweisung, die nicht erfüllt und auch nicht interessiert und mit Wärme gegeben wird, wird stets etwas anderes als Antwort nach sich ziehen, als wir erreichen wollten. Es steht noch nicht so ganz gut mit unserer Möglichkeit, einem andern nie etwas mitzuteilen, ohne daß man spürt, ob man den andern dabei auch erreicht.

M.E.: Das ist manchmal furchtbar schwer!

H.J.: Das ist nicht manchmal schwer, sondern es ist immer und jedesmal eine echte Aufgabe, bei sich zu sein, bevor man sich an den andern wendet! Das ist für jeden eine Aufgabe, und wohl dem (und wohl dessen Umgebung!), der im Laufe seines Lebens dazu gelangt, ein echtes Bedürfnis zu haben, nur dann etwas zu sagen, wenn er es auch wirklich sagen kann! ... Wenn wir eine menschliche Auffassung vom *Erziehen* haben, dann ist unsere schwierigste Aufgabe der Abbau des Lehrers in uns, der Abbau dessen, was den Lehrer bewußt und unbewußt so zu empfinden und so zu denken berechtigt, als ob er „von Staats wegen" das Recht habe, *Forderungen* an die Kinder zu stellen. ... Dazu gehört auch der Abbau des Gewohntseins, alles wissen zu müssen, es auf alle Fälle besser wissen zu müssen als die Kinder! ... Das verlangt von jedem, der durch unsere Erziehung gegangen ist, eine wirkliche Arbeit und eine noch größere und beharrlichere Arbeit, als etwa unsere linke Hand gegenüber der rechten konkurrenzfähig zu machen. (Davon war unmittelbar vor dem Erziehungskurs bei der „Körperarbeit" ausführlich die Rede.) Wenn wir die

Notwendigkeit derartiger Arbeit an uns selbst *akzeptieren*, dann kann es auch keinerlei Grund geben, unglücklich und deprimiert zu sein, wenn wir doch mal wieder ausrutschen; denn zu merken, daß man wieder ausgerutscht ist, bedeutet zugleich die große Chance, so etwas wieder in Ordnung bringen zu können. ...

Natürlich wirkt nicht auf jeden Menschen eine Unfreundlichkeit gleich verstörend! Sie wissen längst, wie komplex das alles bedingt ist; aber junge Menschen, die schon Vertrauensverlust und Enttäuschungen erlebt haben, reagieren nun einmal auf erneute Enttäuschungen anders, als solche, die bisher noch offen und selbstverständlich zu reagieren vermögen. Die werden nicht ohne weiteres von einer Enttäuschung gleich umgeworfen; denn Enttäuschtwerden gehört zu den Tatsachen des täglichen Lebens und ihre Bewältigung macht uns tüchtiger und reifer. Unglücklicherweise treffen derartige Zumutungen gewöhnlich gerade solche, die bereits oft benachteiligt worden sind und dabei die bewußte und unbewußte Überzeugung er -lebt haben, überhaupt benachteiligt zu sein! Es ist, als ob gewisse Menschen das ständig erneute Benachteiligtwerden geradezu provozierten! Damit erleben sie sich als benachteiligte Minderheit und produzieren allmählich jene Charakterzüge von Minderheiten, von denen wir neulich sprachen. Aber vergessen wir nicht, daß Minderheiten für sich allein gar nicht existieren können, wenn sie nicht der Ausdruck der Existenz von Mehrheiten wären! Das Problem ist ein Beziehungsproblem, das *zwischen* Mehrheiten und Minderheiten besteht. ... Minderheiten sind auch wiederum nur eine Funktion der Mehrheiten, so wie Mehrheiten eine Funktion der Minderheiten sind! Wer schon erlebt hat, in der schwächeren oder ohnmächtigen Minderheit zu sein, der reagiert gewissermaßen schon auf Vorrat bei wiederkehrenden Zusammenstößen mit der Mehrheit. ...

Das entthronte Kind, das erlebt, daß die Existenz desNeugeborenen ihm Liebe entzieht, das fühlt sich eben minder geliebt und reagiert gewissermaßen als Angehöriger einer Liebes-Minderheit und empfindet jedes neue Erlebnis von Zu-kurz-Kommen in Liebe oder Wärme als Bestätigung und Steigerung der Überzeugung, benachteiligt zu sein. ... Unzählige Erwachsene verhalten sich doch tatsächlich so, daß z. B. in der Familie ein Geschwister unverkennbar bevorzugt wird! Und wenn so ein Kind zu „neuen" Menschen – also z. B. zum ersten Mal in die Schule – kommt, so erwartet es auch schon wieder auf Vorrat von den neuen Menschen nichts anderes, als was ihm bisher durch seine nächsten Angehörigen begegnet ist! ... Sobald wir anfangen, die funktionellen Hintergründe einzelner Schwierigkeiten zu empfinden, fangen wir auch an, sie bewußt als das, was sie sind, zu erleben. Wir bemerken sie immer öfter und fangen an, die Symptome solcher Hintergründe immer rascher als den Ausdruck von Störungen zu ,,lesen", für die die ,,stofflichen" Anlässe, über die wir stolpern, eben nur Symptome sind und Hinweise, die uns helfen, deren funktionelle Hintergründe zu erkennen! Wir erkennen sie als einen Einzelfall von Störungstendenzen, denen wir x-mal in den verschiedensten Formen von Auswirkung begegnen! Das ist doch eines unserer wichtigsten Arbeitsziele, bereit zu werden, nicht mehr so leicht der ,,stofflichen" Seite von Reaktionen, denen wir begegnen, nicht ihrer ,,Schauseite" zum Opfer zu fallen! Unsere Reaktionen darauf werden immer zweckmäßiger werden, je eher wir uns spontan dafür interessieren, was an elementaren Störungen der Bedingungen für das Aufgehenkönnen in einer Gemeinschaft dahinter stecken mag! Dabei ist es wiederum im Prinzip gleich, ob es sich um eine Gemeinschaft von Eltern und Kindern, von Berufsgenossen, von Universitätsprofessoren oder von Dieben und Hehlern etc. handelt; denn es geht um das Erfülltsein von Bedingungen, ohne deren Erfüllung eine Gruppe niemals eine Gemeinschaft sein kann! ... Es ist aber gleich, zu wem Sie unfreundlich sind; denn wenn Sie unfreundlich sind, wird der andere darauf reagieren; aber *wie* er reagiert, das wird von seiner bisherigen Geschichte abhängen! Aber wenn es uns zum Bedürfnis geworden ist, in jedem anderen zuerst den Menschen zu spüren und ihn als Mensch zu akzeptieren, ohne *erst* nach seiner Familie, seinen Zeugnissen etc. zu fragen, so dürfen wir sicher sein, daß *jeder* Mensch, der uns begegnet, darauf reagiert, da unsere spontane Einstellung ihm gegenüber nicht abschätzend, nicht berechnend, nicht überheblich ist. Auch der abgebrühteste Asoziale reagiert darauf, nur stellt er uns lange Zeit immer wieder neu auf die Probe, ob unsere menschliche Einstellung bloß ,,Philanthropie" und „Pädagogik" sei etc. ..., und solche Proben bestehen die meisten „freundlichen" Menschen eben nicht! ... (*H.J.* fragt, wer denn inzwischen Aichhorns* ,,Verwahrloste Jugend" gelesen habe.) ... Das gehört doch zu den wenigen Büchern, die ich Ihnen zu Beginn des Kurses im Herbst empfohlen hatte. ...

M.E.: ... nein, aber ich las das Buch von Makarenko, das mir *Frau R.* geschickt hat. (,,Der Weg ins Leben") ...

H.J.: Dort können Sie natürlich sehr Wesentliches und dieses noch verständlicher im Film ,,Der Weg ins Leben" finden, aber es ist kein Zufall, daß ich dieses Buch s. Z. nicht empfohlen habe; wir sehen doch sofort ,,Rot", wenn wir etwas, das ,,aus dem Osten" stammt, in die Hand bekommen. Wir sind fast alle ,,west"-verseucht, wie die Menschen auf der anderen Seite ,,ost"-verseucht sind. Damit haben wir in der überwältigenden Mehrzahl die Fähigkeit einge-

---

* August Aichhorn: Verwahrloste Jugend. Bern: Verlag Hans Huber, 1951.

büßt, das schlicht und sachlich auf uns wirken zu lassen, was darin an menschlich Ansprechendem vorkommt. ... Haben Sie mit dem Buch etwas anfangen können?

M. E.: Noch nicht sehr viel. ...

H. J.: Vielleicht lesen Sie's trotz des traditionellen Mißtrauens noch ein paarmal! Sie können trotz der östlichen Herkunft für Ihre Erziehereinstellung allerlei darin finden, das es wert wäre, nachgeprüft zu werden! Vermutlich wäre sonst nirgends ein solch kühner Versuch durchführbar gewesen, jenen jugendlichen Mördern, Wegelagerern und Dieben, die durch die Schuld der Gesellschaft asozial geworden sind, ein derartiges Maß von Vertrauen entgegen zu bringen, um sie auf dem einzig sinnvollen Weg für die Gesellschaft zurückzugewinnen. Gesunden können sie eben bloß durch das Erlebnis, wirklich vertrauen zu dürfen!

Für uns, denen alles, was von der Sowjetunion berichtet wird, von vornherein als Schwindel gilt, ist es nun einmal schwer, solch ein Buch zu lesen, ohne beim Lesen immer wieder „taub" zu werden, wenn man liest, daß all diese Erziehungsstätten für Verwahrloste der G. P. U., das ist die „Polizei", unterstehen und daß im Namen dieser G. P. U. solch mutige Erziehungsversuche durchgeführt worden sein sollen. ... Wir kriegen doch schon schlechtes Gewissen, weil wir „so etwas" lesen, und noch mehr davon, wenn wir heimlich spüren, daß an jenem Erzieher-Vorgehen eine große menschliche Wärme offenbar wird! ... Trotzdem habe ich Ihnen s. Z. nicht den Makarenko, sondern den Aichhorn empfohlen, und ich habe auch nicht *Frau R.* geraten, *M. E.* den Makarenko zu schicken. Ich habe Ihnen geraten, den Aichhorn zu lesen, und habe Ihnen geraten, den Lindsay zu lesen! Ich habe Ihnen nämlich den Makarenko absichtlich nicht empfohlen, weil Sie mit Ihrer vorurteilserfüllten Mentalität schon genug Vorurteile in sich zu überwinden haben, wenn Sie sich mit dem auseinandersetzen sollen, was ungewöhnlich vernünftige und ungewöhnlich menschliche Menschen aus Ihren eigenen gesellschaftlichen Kreisen zu berichten haben! ... Was haben Sie doch alle für eine Reise zurückzulegen, bis Sie Fremdem und Ungewohntem halbwegs unbefangen entgegentreten können! Wir wissen doch, was wir für eine Reise zurückzulegen haben, um schon unseren „normalen" Kindern halbwegs so offen entgegentreten zu können und so unbeschwert und so menschlich vertrauend! Erinnern Sie sich bloß, wie etwa *M. E.* reagierte, wenn so ein kleiner Lauser in der Klasse bei der Verteilung der Hefte sich ungerecht behandelt fühlt und seiner Lehrerin zuruft: „Das isch B'schiß!" ... Dort fängt unser Problem schon an! Und dabei ist dieser B'schiß-Vorwurf doch weder weltanschaulich noch politisch oder sonstwie belastet! Offenbar ist es gar nicht so leicht, sich in dieser Welt des Mißvergnügens auf menschliche Weise zu orientieren, und dabei gäbe es in dieser „Welt des Mißvergnügens" so viele erfreuliche Gelegenheiten, trotz allem Unersprießlichen, sich zu freuen und zu bejahen und zum Beglücktsein darüber, daß es so etwas auch gibt! ... So wenig, wie wir über ein „bösartiges Kind" und sein Verhalten gekränkt sein dürfen, so wenig dürfen wir gekränkt sein über bösartige Eltern oder über ein bösartiges Volk, weil, sobald wir gekränkt, also mit affektiven Reaktionen antworten, wir uns den einzigen, zu Einblick und Verständnis führenden Weg verbauen. So wenig wie wir bei affektiver Reaktion das Kind verstehen können, so wenig werden wir bei affektiver Reaktion die Hintergründe des „Böseseins" einer großen Gemeinschaft verstehen können. ... Wir sind nun einmal nicht zum sachlichen Reagieren erzogen worden, weil wir durch und zu Angsthaben erzogen worden sind. So kommen viele selbst beim Lesen nicht affektlos zum Kontakt mit dem, was sie lesen! Wenn Sie so ein Buch wie Makarenkos „Weg ins Leben" lesen, so sollten Sie auch Ihr Büchlein für Einträge übers „Taubwerden" in der Nähe haben; denn wenn Sie ehrlich sind, wird es nicht an Gelegenheiten für Eintragungen fehlen! .... Übrigens vermute ich, daß viele von Ihnen bei der Lektüre von Freuds „Vorlesungen zur Einführung in die Psychoanalyse" und wahrscheinlich auch bei John Knights „Geglückte Psychoanalyse" genügend Gelegenheiten finden werden zu Eintragungen in das Büchlein über „Taubwerden". Es wäre eine wirkliche Aufgabe und eine nützliche dazu, diese Bücher auch als eine Gelegenheit zur Disziplinierung unserer affektgeladenen Reaktionen und zur bewußten Auseinandersetzung mit unserer Tendenz für solche Reaktionen zu benutzen und gewissenhaft Eintragungen zu machen, wo man sich beunruhigt fühlt oder den Kopf schüttelt, weil man etwas für Unsinn erklärt. ... Wenn wir uns wirklich so weit mit unserer Tendenz zum Taubwerden auseinandersetzen wollen, daß wir die Hintergründe erkennen und die „Wunden" endlich ausheilen lassen können, dann müssen wir uns von vielen Seiten aus für unsere Reaktionsweisen interessieren und versuchen, uns, wenn irgend möglich, nicht selbst zu betrügen. Wenn es uns z. B. gelingt, beim Lesen solcher Bücher, wie das über John Knights „Geglückte Analyse" oder den „Weg ins Leben", nicht jedesmal, wenn da etwas uns Beunruhigendes steht, affektiv zu reagieren oder gar „rot" zu sehen, dann wäre bereits ein recht wesentliches Stück Arbeit geleistet! Wer in solchen Momenten beim Lesen nicht „taub" wird, hat bereits mehr Chancen, auch Menschen gegenüber nicht gleich „taub" zu werden, wenn ihn etwas irritiert, geschweige denn gegenüber Kindern, die die letzten sind, denen gegenüber wir es uns leisten dürften, heftig zu werden! Geschieht es trotzdem, so werden wir nun – hoffentlich – darüber stolpern und versuchen, unseren Ausbruch wiedergutzumachen und *uns zu entschuldigen*, nicht aber unser schlechtes Gewissen durch ein Stück Schokolade oder dgl. zum Schweigen zu bringen!

E. St.: Wir sind aber eigentlich doch nicht gegen das Kind böse, sondern gegen das Verzogene in ihm, gegen das Verstörte in ihm.

H.J.: Wenn dem so wäre, dann wäre unsere Reaktion mit Heftigkeit genauso unzweckmäßig und ungerecht und ungerechtfertigt; aber in Wahrheit sind wir doch böse, weil uns etwas an dem Kinde nicht paßt, wenn seine „Frechheit" etwa unsere Erwachsenenherrlichkeit mißachtet etc. Unser Unmut richtet sich nicht gegen das Verstörte. Wir erkennen im gegebenen Augenblick das, was uns verdrießt, gar nicht als den Ausdruck von Verstörtsein; denn in eben dem Moment wäre es uns doch völlig unmöglich, böse zu sein, und schon gar nicht gegen das Kind, dessen unerfreuliche Verhaltensweise uns doch gerade als die Konsequenz der Fehler seiner Erwachsenenumgebung bewußt würde! ... Wir werden doch meistens böse und ungeduldig gegenüber dem Kind, wenn wir den Eindruck haben, es gehorche uns nicht, respektiere uns nicht genug o. ä. Gewöhnlich fühlt sich dann doch unsere eigene hochedle Person gekränkt, wenn wir – durch was es auch sei – mit Bösewerden reagieren! Wenn ein Kind einem etwas entgegnet, mit dem es recht hat, so kann einen das sogar besonders treffen, eben weil es uns „trifft". Wir kennen das „enfant terrible", das oft in Gegenwart von Fremden etwas Richtiges über seine Umgebung aussagt, das aber „fremde Leute" nicht wissen sollen, weil sie dadurch bloßgestellt wird. Für unsere besondere Fragestellung ist es etwas sehr Verschiedenes, ob uns irgendeine Bemerkung trifft und wir heftig reagieren, weil ganz offensichtlich z. B. unser Prestige tangiert ist und uns das selbst bei kurzer Überlegung deutlich wird, oder wenn wir heftig werden, gereizt reagieren, ohne uns darüber klar werden zu können, *warum* wir denn eben so heftig geworden sind!

Es gibt im Alltag auch für einen ausgeglichenen Menschen genug Anlässe, gereizt zu werden, nämlich wenn man durch etwas von jedem Standort aus Unzulässiges gereizt wird. Wir sollen doch nicht unempfindlich werden gegen Anmaßung und Kränkung! Es fragt sich bloß, w i e man darauf reagiert: ob man Opfer seines Gekränktseins wird und heftig zurückschlägt oder ob man dabei noch immer wie ein reifer Mensch bleiben und reagieren kann! ...

Wir werden hier nur wirklich klarer sehen, wenn Sie nächstens aus Ihren Büchlein mit den Eintragungen über das Taubwerden konkrete Fälle daraus zur Diskussion stellen. Wir wollen dann keine Bekenntnisse hören, aber soviel, daß wir daran die Kategorien von Schwierigkeiten ablesen können, die am häufigsten hinter dem jeweiligen Taubwerden zu stehen scheinen. Nur wenn wir viele Fälle vergleichen können, bekommen wir Fingerzeige, was wohl hinter unserer leichten Reizbarkeit stecken mag. ...

E. St.: Ich habe bemerkt, daß es mir, wenn ich mich sehr über etwas ärgere und es dann aufschreibe, nachher bedeutend besser geht. ...

H. J.: Sicher hilft einem nichts so sehr, als wenn man sofort hinterher versucht, sich sachlich damit zu beschäftigen; aber wir wollen mit unserer Verabredung gerne den uns *unbewußten* Hintergründen auf die Spur kommen. Deshalb sollten Sie nicht gleich „wissen" wollen, was wohl die Hintergründe sein mögen, sondern erst einmal möglichst umfangreiches Material möglichst sachlich konstatierend und registrierend s a m m e l n . Sie dürfen dann nicht „tendenziös" sammeln und beim Niederschreiben eine Auswahl treffen. Die Neigung ist ziemlich naheliegend, Dinge, die einem schon beim Aufschreibenwollen peinlich erscheinen, lieber unter den Tisch fallen zu lassen! (Zustimmendes Lachen!) Aha!, so etwas scheint schon einigen von uns begegnet zu sein! Wenn Sie Zensur üben und nur die Fälle aufschreiben, die Sie möglichst edel erscheinen lassen, dann wird unsere ganze Verabredung wertlos. Und es werden später gerade die „peinlichsten" Beispiele sein, die Ihnen den meisten Aufschluß geben können! ....

M. E.: Aber wenn uns ein Mensch ironisch begegnet und wir dann nur innerlich kochen, weil wir nicht auf die gleiche Weise entgegnen können, so gehört doch das auch zum „Taubwerden"? ...

H. J.: Gewiß ..., und wahrscheinlich ist bei solchen Fällen besonders viel Aufschluß zu holen. ... Warum „reizt" uns denn Ironie? Vielleicht illustriert uns *M. E.* mit ein paar konkreten Beispielen, w a s sie da in Harnisch bringt. ... (Es zeigen sich für *M. E.* große Widerstände; es „fällt ihr gerade gar nichts ein". ...) Es gibt freundliche, scherzhaft gemeinte Ironie, und es gibt eine bissige, boshafte Art der Ironie, die einen reizen kann. Es kann einen auch die freundlich gemeinte Form reizen, wenn man erst hinterher merkt, daß etwas ironisch gemeint war und man hereingefallen ist. Aber wir wollen an Ihren Beispielen prüfen, wie weit unser Problem des „Taubwerdens" akut wird. Wer auch auf eine freundliche Form von Ironie mit Taubwerden reagiert, bei dem muß etwas viel Generelleres an Störung wirksam sein als eine bloße Empfindlichkeit gegenüber Ironie! Hier kommen wir nur mit Hilfe praktischer Beispiele weiter. Die „Bosheit" der Kinder, die den Lehrer zur Verzweiflung bringen kann, ist in Wahrheit keine „Bosheit"; denn Kinder sind, auch wenn sie böse sind, nicht bösartig, sondern eben auch in Not und oft in einer Not, in die sie die Schulmeisterhaftigkeit eines Lehrers gebracht hat. Daß ein Lehrer von seinen Schülern so geplagt werden kann, liegt, auch wenn es dem Lehrer nicht bewußt ist, fast immer am Verhalten, an dem Unfreisein des Lehrers, an seiner Widerstände provozierenden Art der Disziplinarmittel, an der Pedanterie seiner Forderungen, die ohne Kontakt mit den Kindern und der betreffenden Situation durchsetzen will, was der Lehrer sich zu Hause zurechtgelegt hat. Und wird der Lehrer, wenn die – berechtigte – Abwehr der Kinder einsetzt, sofort „taub", weil er ohne Selbstvertrauen und Wärme gegenüber den Kindern die Schulmeister-Autorität durchsetzen will, indem er den Kindern aufgrund seiner scheinbaren Übermacht den Meister zeigen will, so hat er überhaupt verspielt. Er ist es, der sich dann die Kinder zu Feinden macht, und nicht die Kinder sind „böse". Wie sehr diese Feststellung stimmt, können Sie häufig daran erleben, daß die selben Kinder bei einem anderen, offenen, freundlich zu ihnen (und zum Leben überhaupt!) eingestellten Lehrer völlig anders reagieren und funktionieren! ...

Kinder sind ja nicht nur evtl. gegenüber einem hilflosen Lehrer grausam, sie sind es auch gegen ein überempfindliches Kind aus der Klasse, das sie reizt, es zu reizen. Aber da wird dann unser Minderheitenproblem akut, bei dem der reagierende Lehrer bald dafür sorgen wird, daß dies Kind ausdrücklich von der Gemeinschaft angenommen und aufgenommen werden kann. Aber der Lehrer, der sich selber an das Katheder fixiert und die Klasse als eine kompakte und feindselige Masse erlebt, ist in solchem Fall auch eine Minderheit! Will er weiter auf seine Ausnahmestellung als Erwachsener mit schweren Waffen, die ihm gegen die Kinder kraft seines Amtes zur Verfügung stehen, pochen, so ist er als Erzieher mit Haut und Haaren verloren! Wir alle haben solche Lehrer selbst miterlebt. ...

M. E.: Mir fällt noch immer kein Beispiel für die Ironie ein, über die ich mich vorhin beklagt habe. Aber etwas ganz anderes gibt es noch, was mich auch immer taub macht: Das ist das Zuspätkommen! Es sind immer wieder dieselben, die zu spät kommen, und wahrscheinlich liegt es eben am Elternhaus und nicht am Kind. ...

H.J.: Am Kind liegt, sobald man näher zusieht, wohl nie etwas!

M. E.: Ja, es gibt aber solche, die auf dem Schulweg ein bißchen bummeln. ...

H.J.: Aber dieses Bummeln auf dem Schulweg hat für das Kind bereits eine Vorgeschichte, z. B. wenn es ausreichenden Anlaß hat, nicht gar so gern in die Schule zu gehen! Wenn es Anlaß hat, sich nicht auf die Schule zu freuen, dann ist die mehr oder weniger unbewußte Tendenz, den Schulweg künstlich zu verlängern, gar nicht unbegreiflich! Die meisten Lehrer spüren es sogar, ohne daß sie sich bewußt davon Rechenschaft geben müßten, daß das Kind, das wiederholt zu spät kommt, offenbar nicht gerne kommt, und so etwas wird vom Lehrer bereits als Kränkung empfunden. Es gibt doch auch Kinder, die gar nicht abwarten können, bis es Zeit ist, wieder in die Schule wandern zu dürfen. Bei Lehrern, zu denen die meisten ihrer Kinder gern in die Schule kommen, weil sie sich auf den Unterricht freuen, wird es kaum Kinder geben, die die Tendenz zum ständigen Zuspätkommen erkennen lassen. ...

R.M.: Das haben wir doch sogar als reife Menschen auf der Universität praktiziert, zu spät zu kommen, wenn man z.B. nicht hat drankommen wollen!

M.E.: Ich glaube nicht, daß Ungern-in-die-Schule-Gehen bei meinen Kindern der wirkliche Grund sein kann. Von meinen drei, die häufig zu spät kommen, sind zwei aus ganz schwierigen Verhältnissen, und der dritte ist der, dem ich jedesmal sagen muß, er solle die Hände waschen. ...

H.J.: Na, liebe *M.E.*, wenn ich jahrelang erlebt hätte, daß ich, sobald ich in die Schule komme, erstmal ans Brünnele geschickt werde und mir die Hände waschen muß, dann würde ich allmählich auch nicht gar so gern und mit fliegenden Fahnen zur Zeit ankommen wollen! Aber wenn auch noch andere Ursachen mit im Spiel sein mögen, so wäre es dennoch empfehlenswert, den Fall des drei Jahre dauernden Tauziehens zwischen der Lehrerin und dem Buben, der sich noch extra die Hände waschen soll, nicht ad acta zu legen, sondern zu versuchen, ob man es nicht doch in Ordnung bringen könnte. Ich möchte jede Wette eingehen, daß Sie durch ein freundliches Gespräch unter vier Augen und das Zugeständnis, daß auch Sie selbst manchmal eine lange Leitung haben, ohne die Sie längst gemerkt haben müßten, daß das tägliche Händewaschen nichts nütze, den Buben erreichen und ihm helfen könnten. Ich meine damit nicht eine Aufforderung an *M.E.*, sich selbst anzuklagen, sondern den Versuch, sich mit ein wenig Humor mit dem Buben zu beraten. Natürlich müssen wir auch dabei die Tendenz abbauen, zu glauben, es bedeute einen Einbruch in unsere Autorität, uns mit dem Kinde ernsthaft zu beraten, wie man bei Schwierigkeiten auch nach Meinung des Kindes weiterkommen könnte! Es wäre unsere Aufgabe, uns von Anfang an mit unseren Kindern zu beraten, sobald irgendwelche – auch leichte – Schwierigkeiten auftreten. Auch das Zuspätkommen von jenen drei Kindern müßte mit diesen Kindern und evtl. auch mit der ganzen Klasse beraten werden, und zwar freundlich und kameradschaftlich und nicht etwa als ein „Gerichts-Verfahren"! *Alle* – einschließlich Lehrerin – sollten gemeinsam überlegen, was zu tun sei, um den Zuspätkommern zu helfen, die Schwierigkeiten aufzulösen, die offenbar hinter dem Zuspätkommen stecken müssen. Was mag da jeweils los sein? *M.E.* schlägt die Kinder nicht und ist auch nicht unfreundlich zu ihnen, auch wenn sie es fertigbringt, den Buben drei Jahre lang täglich ans Brünnele zu schicken. ...

M.E.: Unter den dreien ist ein Bub, der mir vom ersten Tag an aufgefallen ist, weil er so finster blickte und mich immer nur mißtrauisch von unten herauf anguckte. Ich habe mich dann über die Verhältnisse erkundigt und erfahren, daß der Bub aus sehr schwierigen Verhältnissen kommt und schon sehr Schweres mitgemacht hat. Er kommt aus geschiedener Ehe, die Mutter muß für drei Kinder verdienen, und er ist typisch mißtrauisch.

H.J.: Offenbar hat er auch allen Grund dazu, wenn Sie sich vorstellen, was er wohl in der zerrütteten Ehe alles miterlebt haben wird.

M.E.: Jetzt ist er schon viel gelöster, schaut mich schon ganz anders und offener an.

H.J.: Na also! Aber nun müßten Sie auch noch merken, daß das Zuspätkommen nicht notwendigerweise *Ihnen* gilt und daß auch die schmutzigen Hände nicht notwendigerweise *Ihnen* zu gelten brauchen. ...

M.E.: Sie meinten vorhin, daß die schmutzigen Hände damit zusammen hingen, daß er nicht gerne in die Schule kommt. Ich glaube aber, daß ihm in der Schule im Vergleich mit zu Hause recht wohl ist. Und wenn er zu spät kommt, so muß er nachher noch etwas dableiben, und das scheint er ganz gerne zu tun. ...

H.J.: Das paßt durchaus zum Ganzen! Dann hat er doch noch einmal eine Extrawurst und hat seine Lehrerin noch eine Zeit ganz allein für sich! Vielleicht kommen Sie den Kindern doch allmählich hinter ihre mehr oder weniger unbewußt gemachten Arrangements! Vergeßt nicht, was es für ein Trost sein kann für Kinder, die sich bedrückt und verlassen fühlen, eine kleine Extrawurst zu haben. Wir haben wiederholt davon gesprochen, daß Sichauszeichnen und Auffallen auf vielen Wegen und Um wegen angestrebt werden kann und daß es keine entscheidende Rolle spielt, ob es mit negativen oder positiven Vorzeichen geschieht. Wollen wir den Weg gehen, der meiner Ansicht nach allein vorwärts führt, so würde das bedeuten, daß, wenn Schwierigkeiten auftauchen, man sie möglichst von Anfang an mit der ganzen Gemeinschaft beraten sollte, was allerdings voraussetzt, daß wir auch von Anfang an darauf aus sind, eine echte gegenseitige Beziehung zwischen *allen* entstehen lassen zu wollen. Natürlich darf dabei nichts nach Anklage oder „Gerichtsverfahren" oder Vorwürfen schmekken. Es muß ein ernstgemeinter und nicht ein gespielter Wunsch spürbar sein, daß wir uns alle gegenseitig unterstützen müssen, wenn etwas nicht klappt, und die Kinder müssen spüren, daß sie der Lehrerin genauso helfen sollen und können, wie sie versucht, den Kindern nützlich zu sein! Der Lehrer, der sich darüber klar ist, der wird vom ersten Tag an dafür sorgen, daß, wenn etwas nicht klappt in der Klasse oder bei einem Kind, nicht *er* zum Popanz wird, der für Ordnung zu sorgen hat. *Die ganze Gruppe* soll die Mitverantwortung dafür übernehmen, und wenn der Erwachsene sich nicht „für mehr" hält als die Kinder, weil er erwachsen ist, so entwickelt sich das Empfinden für die Gemeinschaft und den Anteil, den *jeder* dazu beiträgt, daß sie eine wird, vom ersten Tag an ganz von selbst. Schwierigkeiten werden viel sinnvoller und wirkungsvoller geregelt, und wir kommen als Erzieher erst gar nicht in den Geruch, der Besserwisser, der Kommandeur und damit der allein verantwortliche Diktator zu sein!

So etwas kommt nur, wenn man sich nicht, weil man ein „fortschrittlicher Pädagoge" sein will, mit den Kindern berät, sondern wenn die Kinder ganz selbstverständlich spüren, sie seien tatsächlich auch für die Mitberatung zuständig! Es ist ausgeschlossen, daß zwischen Kindern und Lehrer eine echte Gemeinschaft entsteht, wenn der Lehrer nicht bloß seinen besonderen Platz vorne auf dem Katheder hat, sondern auch noch auf seine natürliche Überlegenheit kraft seines größeren Alters und seines größeren Wissens und seines Amtes pocht! Als Lehrer *mit* und *zwischen* den Kindern einfach vorhanden zu sein, ist eine Aufgabe, die mit vielen Irrtümern, Fehlschlägen und Umwegen erarbeitet sein will, und nicht eine von außen zu stellende Forderung! Sobald wir uns wirklich mit unseren Schülern beraten, und nicht etwa bloß pro forma, so werden bei den Kindern alle produktiven Möglichkeiten mobilisiert, um wirklich ernsthaft und verantwortungsbewußt zu überlegen, was jeweils getan werden könnte! Die Kinder kommen nicht immer gerade auf die unbrauchbarsten Ideen. Sie kennen sich gegenseitig besser, als wir sie kennen!

Es ist leicht, zu solch einem Vorschlag „ja" zu sagen, und recht schwer, sich so zu verhalten, daß man seine Autoritätsbedürfnisse – auch seine unbewußten! – so weit abbauen kann, daß man wirklich mit so kleinen Kameraden zusammenlebt und sein Bedürfnis, zu führen und Überlegenheit spürbar zu machen, in den Hintergrund treten läßt. Ich weiß aus eigener Erfahrung, daß das viel Wachheit, viel Bereitschaft, sich selbst nachzuerziehen, braucht ... und vielleicht sagen Sie: „Wär' ich doch nie in diesen verrückten Kurs gegangen!" ...

M.E.: Nun, über diesen verrückten Kurs bin ich sehr froh, der hat mir schon allerlei geholfen. ...

H.J.: Na, dann brauche ich mir auch keine Vorwürfe zu machen; aber der Kurs soll Ihnen ja nicht helfen, sondern Ihnen höchstens dazu verhelfen, daß Sie sich helfen können. ....

H.St.: Mir ist noch gar nicht klar, wieso das so ist, daß Kinder oder Erwachsene, um den Ausdruck, der vorhin gefallen ist, zu gebrauchen, eine Extrawurst wollen und daß das auch auf negative – auch für sie negative – Art geschehen kann und gesucht wird.

H.J.: Vielleicht erinnern Sie sich daran, daß ich neulich auf den „Verbrecher" hingewiesen habe, der, wenn er sich auf die Dauer nicht in der bürgerlichen Gemeinschaft aufgenommen oder zurückgewiesen fühlt, sich gegen diese Gemeinschaft wendet und mindestens so viel Intelligenz und Scharfsinn aufbringt gegen die Gemeinschaft, wie er benötigte, um innerhalb der Gemeinschaft mitspielen zu können, und daß er oft sogar mit einem Bruchteil des Aufwandes dort auf eine positive Weise hätte mitspielen können. ... Das ist sehr grob gesagt. In Wahrheit sind die Hintergründe viel komplexer, und oft handelt es sich um Menschen, die in der Kindheit keine Familie, die diesen Namen verdient, gekannt haben und sich von klein auf haben wehren müssen gegen Zumutungen und Elend, so daß ihnen das Erlebnis des Aufgenommenseins und einer Heimat mit positiven Vorzeichen gar nie begegnet ist. Ihr Geltungsbedürfnis kann sie durchaus dahin bringen, Beachtung durch Handlungen gegen die Gesellschaft zu finden und Achtung im Kreise ihrer neuen Gemeinschaft, der Gemeinschaft mit anderen, die auch gegen die Gesellschaft eingestellt sind. ... Der Mensch *kann* nicht in der Isolierung existieren, er *muß* erleben, für etwas nutze zu sein, und er wird, wenn er sich immer wieder abgelehnt fühlt, spontan der Gemeinschaft von Abgelehnten zustreben. Er wird ihr evtl. mit Zuverlässigkeit und Treue, mit Klugheit und Tapferkeit dienen, die – wie wir meinen – „einer besseren Sache würdig wären"! Auch hier wieder läßt sich immer ein Versagen unserer Gesellschaft nachweisen, wenn sich ein Mensch auf die negative Seite der Gesellschaft schlägt und evtl. dort Hervorragendes leistet! ...

(Exkurs über *Alfred Adler* und dessen Interpretation von „Geltungstrieb" u.a. und das problematische „Minderwertigkeitsgefühl" und über das „Reagieren auf Vorrat" als Grund für den besonderen Mangel an Kontakt mit den nächsten Menschen und die routinierte Art von „Vertrautheit" zwischen Menschen, die, wie in den meisten Ehen, sich allmählich an das Nebeneinanderleben gewöhnt haben.) ...

Erarbeiten der Schreibschrift als ein Beispiel für zweckmäßige Aufgabenstellung*

Heinrich Jacoby auf die Bitte einer Kursteilnehmerin:

*Schrift und Schreiben ist ein von mir häufig gewähltes Beispiel, um zu klären, was unter zweckmäßiger Frage- und Aufgabenstellung zu verstehen ist und welche Konsequenzen diese für die Entfaltung des Produktiven, des Schöpferischen im Kinde haben.***

Schreiben ist eigentlich ein Problem – und zwar ein sehr differenziertes – innerhalb der Grundprobleme von Bewegung. Es ist eines der interessantesten Probleme, bei dem wir – wenn die Aufgabe von ihrer biologischen und historischen Voraussetzung aus verstanden ist – erleben können, daß jedes Kind, auch in einer großen Klasse, in wenigen Monaten zum Schreiben kommen kann, und zwar zu einer fließenden Schrift, die keinerlei Charakteristiken mühsam erlernter Schulschrift hat, welche man sich als Erwachsener so schwer wieder abgewöhnen kann.

Diese Erkenntnisse verdanken wir Professor *Fritz Kuhlmann.*

Nach dem ersten Weltkrieg hatte *F. K.*, den das Problem einer Reform des Schreibunterrichts schon 1912 beschäftigt hatte, am Realgymnasium in Altona mit seinen Schülern neue Wege im Schreibunterricht erprobt. Er hat Zeichenunterricht gegeben. Im Schreiben unterrichtete er freiwillig, weil ihn das Schreiben interessierte.

---

* Dieses Thema wurde von *Heinrich Jacoby* in seinen Berliner Kursen bis 1933 ausführlich mit praktischen Versuchen erarbeitet. Von den Versuchen ist nichts erhalten, und eine Fixierung der Gespräche war damals noch nicht möglich.
Da es für die Pädagogik richtungweisend und für die Praxis anregend werden könnte, habe ich dieses Kapitel aus einzelnen Kursen Jacobys der vierziger und fünfziger Jahre zusammengestellt und durch Beispiele aus Zeitschriften von 1919 von Fritz Kuhlmann ergänzt.

** Siehe: Heinrich Jacoby: Jenseits von „Begabt“ und „Unbegabt“, 1. Kurs, Hamburg: Hans Christians Verlag, 1981.

Seine Bestrebungen hatten in München*, wo er den *Schriftwart* gegründet und geleitet hatte, tiefen Eindruck gemacht. Daraufhin wurde er von privaten höheren Mädchenschulen zu Vorträgen und praktischen Übungen nach Hamburg gebeten, wo die Bestrebungen zur Reform des Schreibunterrichts weit zurückreichten. In der Folge wurde er von der Oberschulbehörde Hamburg eingeladen, einen Kurs für Volksschullehrer und -lehrerinnen zu geben, mit dem er großen Anklang fand.

Fritz Kuhlmann ließ die Kinder die Handschrift nicht nach einem Muster lernen, sondern er zeigte ihnen das ursprüngliche, historisch gegebene Modell, die römische Monumentalschrift, die Mutter all unserer modernen westeuropäischen Schriften. Diese Denkmalschrift wurde schon lange vor Christi Geburt in Stein oder Metall gemeißelt. Die Kinder mußten sie an die Tafel oder auf große Bögen Packpapier zeichnen.

Wenn sie auf diese Weise damit vertraut waren, stellte er die Aufgabe, die die Menschen in der Etappe ihrer Geschichte gelöst haben, in der ihnen Material zur Verfügung stand, mit dem sie die Monumentalschrift in Eile produzieren konnten. Das waren Wachstafel und Metallstift (Stilus) und später Papyrus und Gänsefeder und Pinsel, die eine Entwicklung zur Kursive ermöglichten.**

Die intelligente, von Fritz Kuhlmann gefundene Lösung kam aus der Erkenntnis: „Unsere Schreibschrift ist ein Produkt der Eile. Sie kommt – für unseren hiesigen Kulturkreis – aus der lateinischen Monumentalschrift.“

Sie wissen, daß die lateinische Monumentalschrift die glatte Antiqua ist?
Zuruf: Die Blockbuchstaben!

ABCDEFGHIKLMNOPQRSTUVWXYZ

H.J.: Ja, aber eine noch nicht degenerierte Blockschrift, sondern eine aus geometrischen Elementen – aus Geraden, Winkeln, Kreisen und Halbkreisen – zusammengesetzte! An der Tafel demonstriert:

Wenn Sie ein lateinisches **M** sehen, ein Block- **M**, und Sie wollen es schreiben – quasi zeichnen –, wie das Modell ist, so müssen Sie Ihre Bewegungen fortwährend abstoppen, oder Sie müssen eine kurze Zeitlang Feder, Stift oder Kreide von der Unterlage entfernen, damit nur ein Bruchteil Ihrer Bewegungen Spuren hinterläßt:

* Siehe: Fritz Kuhlmann: Der Schriftwart, 1. Folge, Nr. 1, S. 29, München: Gossner & Schenck Verlag, 1919.

** Die ältesten noch erhaltenen Papyrusfragmente aus römischer Zeit reichen bis zum Anfang unserer Zeitrechnung und zeigen Kursive oder Neigung zur Kursiven. Auch auf Wachstafeln finden sich Beispiele aus dem ersten und zweiten Jahrhundert.

Wenn ich bei dem M das mache /, wird oben abgestoppt; denn die Bewegung würde weitergehen. Dann brauche ich einen neuen Ansatz Λ, wieder abgestoppt, einen neuen hinauf N, abgestoppt, und einen ebensolchen zum Schluß M.

Fritz Kuhlmann forderte seine Kinder auf, sobald sie mit der Monumentalschrift vertraut waren, diese zuerst in der Luft und dann auf große Bögen schnell, d. h. in einem Zuge zu „zeichnen". Wenn nun irgendein Kind mit der M-Gestalt vertraut ist und sie schnell zeichnen will, dann wird dieses winkelgerade M abgerundet, abgeschliffen. Je geschwinder man es machen will, desto mehr runden sich die Ecken ab. Und was kommt heraus? Es gibt verschiedene M-Möglichkeiten. Es kann das herauskommen:*

Oder bei einem Anlauf von unten entstehen z. B. solche Formen:

Beim Monumental-E haben Sie oben einen Querbalken, einen Längsbalken, unten einen Querbalken und in der Mitte E einen kurzen Querbalken.

Wenn Sie diese vier Linien nun in einem Zuge machen wollen, müssen Sie in der Mitte noch einmal hinein, um den Querbalken einzusetzen. Dafür ergeben sich verschiedene Möglichkeiten. Es entsteht dieses

oder dieses  oder, wenn Sie oben so anfangen, 
dieses oder  so  etwas.

Die Schreibschrift ist immer nur die Druckschrift, abgewandelt, abgeschliffen durch Eile. Sie ist der Niederschlag der Bewegungen, die zur schnellen Wiedergabe des kantigen Modells notwendig sind. Das ist die ganze *Geschichte der Entstehung der Schreibschrift.*

Für jedes Alphabet, das wir kennen – das griechische, das lateinische Alphabet, die kyrillische Schrift –, gibt es eine Druckschrift oder eine konservativ geschriebe-

* Siehe: Fritz Kuhlmann: Schreiben in neuem Geiste, Tafel 19, Hamburg: Georg Westermann Verlag, 1916.

ne, gemalte Schrift, wie sie noch in den alten Handschriften zu finden ist, und gibt es eine Schreibschrift.

Schreiben bedeutet, die Form in einem Zuge entstehen zu lassen, in fließender Bewegung. Die Versuche in der Luft sind dafür hilfreich; denn in der Luft kann man den Zug nicht unterbrechen. Zeichnen mit Absetzen ist nur auf der Fläche, nicht im Raum möglich.

So schmuggelt sich bei fließender Bewegung immer etwas vom Fluß der Bewegung in den Niederschlag auf die Unterlage ein. Wenn man so vorgeht, wie Kuhlmann es praktiziert hat, können alle Kinder ihre Schreibschrift erfinden. Niemand braucht ihnen zu zeigen, wie die Buchstaben aussehen. Wenn die Kinder so etwas versuchen, treten sämtliche Umformungen auf, die in Schreibschriften zu finden sind, weil das alles Lösungsmöglichkeiten aus freier, nicht abgestoppter fließender Bewegung sind.

Es ist faszinierend zu erleben, daß bei Kindern, denen man die Aufgabe stellt, die Menschen einmal lösen mußten, als sie etwas, das in Stein gemeißelt worden war, schnell notieren wollten, neu der ganze Formenreichtum an Lösungsmöglichkeiten geschriebener Buchstaben entsteht.*

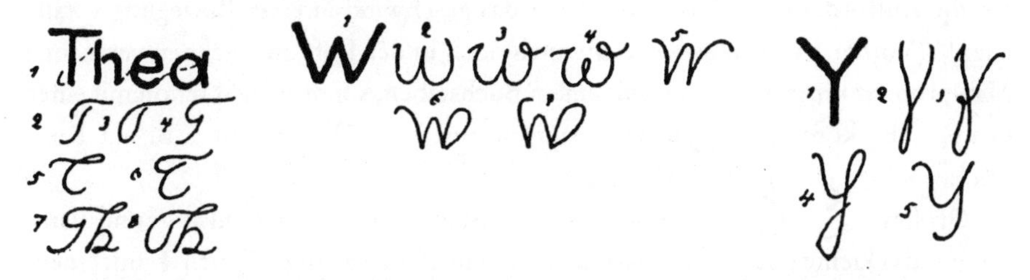

Schreibschrift auf eine produktive und sinnvolle Weise erarbeiten zu lassen ist so möglich. Das ist auch ein Beitrag zur Frage: „Erarbeiten oder Lernen"! Sie wissen, wieviel Mühe, wieviel Plage und auch Schreibkrämpfe mit dem Modellkopieren verbunden sind. Überlassen wir uns aber mit der Bewegung dem, was uns von der Gestaltvorstellung her, die wir mit dem Buchstaben gewonnen haben, als Einstellwirkung bewegt, so ändert sich das Problem von Grund auf. Wir können mit gutem Gewissen sagen, daß die Buchstabenform zunächst von jedem Kind selbst erfunden wird, und dabei gibt es kein „richtig" und kein „falsch". Damit ist auch ein weiteres wesentliches Problem gelöst: Statt der Erzeugung von Angst eine Situation zu schaffen, in der Angst nicht entstehen k a n n! Ermüdung, Anstrengung beim Lerner gibt

* Siehe: Fritz Kuhlmann: Schreiben in neuem Geiste, Tafel 19, Braunschweig: Georg Westermann Verlag, 1923.

es nicht, und zwar allein dadurch, daß die *physiologische und historische Situation vom Lehrer erkannt ist* und eine *zweckmäßige Aufgabengestaltung, eine zweckmäßige Fragestellung gefunden ist.** *Die Fragestellung ergibt sich aus dem Erfassen der funktionellen Grundlage dessen, was als Ziel angestrebt wird.*

Die funktionelle Grundlage des angestrebten Zieles ist nichts anderes, als sich in Kontakt mit der Empfindung der Modellgestalt frei zu bewegen! Läßt sich das im Prinzip verstehen? Es wäre gut, wenn Sie es praktisch ausprobieren würden!

Frau W.: Wie bringt man den Schülern die Monumentalbuchstaben nahe?

H.J.: Man kann z. B. Tafeln mit großen gedruckten Buchstaben aufhängen oder diese Modelle mit geraden Stäbchen und kleinen Kreisfragmenten legen lassen, so daß die Kinder mit dem Typischen der Gestalt vertraut werden. Das müssen sie lesen können. Wenn sie Kontakt mit dieser einfachen Gestalt der Monumentalbuchstaben haben – eine präzise Gestaltempfindung, -vorstellung –, läßt man diese Buchstaben zeichnen, bis die Form des Modells auch durch den Versuch des Darstellens ganz vertraut ist.

Frau W.: Die Urform!

H.J.: Eben diese Urform! Sonst keine Schreibvorlage! Dann kommt eines Tages die Aufforderung: „Nun wollen wir das geschwind in *einer* Bewegung versuchen!" (Vorher hat man es vielleicht auch noch in der Luft zu zeichnen versucht.) Man probiert nicht immer nur mit einem Buchstaben, sondern bald schon mit einer Gruppe. Es kommen originelle Lösungen zustande. Da schreibt z.B. ein Kind „Ei":**

Großes – die kleinen Buchstaben entstehen ebenso – und dann kommt das kleine i. Dieses i in Monumentalschrift ist ein kurzer Strich mit einem Punkt.

Was entsteht? Z.B. oder von zwei Kindern.

Das ergibt sich ganz von selbst. Das einzige Kriterium ist, daß für jeden der Beteiligten der geschriebene Buchstabe – sie wissen gar nicht, daß das „geschrieben" ist – eindeutig als der Vertreter der Monumentalschrift erkennbar ist, nichts sonst! Es gibt kein ästhetisches Problem, kein schulmeisterliches, kein Formproblem! Verworfen wird nur, was man nicht ohne weiteres entziffern kann. Dann nähert man sich vom Unzulänglichen allmählich dem Überzeugenderen und dem gehorsameren

---

* Siehe: Heinrich Jacoby: Jenseits von „Begabt" und „Unbegabt", Hamburg: Hans Christians Verlag, 1981.

** Schreibversuche aus: Fritz Kuhlmann: Schreiben in neuem Geiste, Tafel 20, Hamburg: Georg Westermann Verlag, 1916.

Sichbewegen, d. h., daß nicht motorisch herumgefahren wird, sondern daß die Bewegung fließend aus der Vorstellung, der Empfindung des Modells entsteht.

Beim Kleingeschriebenen ist es das gleiche wie beim Großgeschriebenen. Wenn Sie nicht isoliert schreiben und die kleinen Buchstaben möglichst alle in einer Bewegung schreiben wollen, gehen sie immer eine Verbindung mit ihrer Nachbarschaft ein.

Schon Kuhlmann hat verlangt, daß eine ganze Wand Tafel sein soll, was heute in modernen Schulen üblich ist. „Das Schulheft oder gar Linien und Quadrate engen die Kinder ein, ängstigen sie, machen sie asthmatisch. Sie müssen diese Formen als Bewegungserlebnis erfahren", hat er gesagt und große Bogen Packpapier nehmen lassen, weiche Kohle oder irgend etwas, womit man ganz leicht, so daß die Bewegung nicht gebremst wird, den Kontakt mit der Unterlage behalten kann. Über Kugelschreiber oder Filzschreiber wäre er sicher glücklich gewesen.

Frau W.: Wir haben noch deutsche Schrift gelernt.

H.J.: Es gibt keine „Deutsche Schrift". Es gibt nur eine „Breitfeder"-Schrift! Diese Breitfederschrift als Modell genommen für eine Schrift mit spitzer Feder, hat die „deutsche" Schrift ergeben. Schon vor der zweiten Hälfte des ersten Jahrhunderts unserer Zeitrechnung wurden statt des Griffels Rohrfeder und Gänsekiel zum Schreiben benützt. Die Gänsefeder erwies sich als praktisch, aber wenn man nicht besonders kunstvoll anspitzen konnte, ergab sich keine Spitze. Sie blieb etwas breit, und so wurde schon eine Umwandlung der Formen bewirkt.

Als dann Breitfedern zur Verfügung standen, entstand in natürlicher Entwicklung aus der lateinischen Kursive, ohne jede Anwendung von Druck für die breiten Linien, eine deutsche Schrift, eine „gebrochene" Schrift, die allmählich immer spitzer wurde.

Die Druckschrift – die sogenannte Fraktur-Deutsch-Schrift –, die zu lesen noch eine besondere Aufgabe ist, hat ebenfalls niemand erfunden.*

---

* Johannes Gensfleisch zum Gutenberg in Mainz schnitt die Schreibschrift seiner Zeit in Holz, und zwar in dem Sinne vereinfacht, daß er jeden überflüssigen Schnörkel und die Bindestriche, die beim Schnitzen der Buchstaben – oder später beim Buchstabengießen – zusätzliche Arbeit machten, beiseite ließ und daß er – das war ja das Große, seine geniale Tat – einzelne Buchstaben schnitt, die jeweils zu verschiedenen Wörtern zusammengesetzt werden konnten. In Holzschnitt als Ganzem hatte es längst Druck gegeben. All die Pamphlete, die Zettel, die verbreitet wurden, waren Bilder und Schrift in einem Block aus Holz geschnitten, wie es Gutenberg zuerst auch gemacht hat.
Die einzeln geschnittenen Buchstaben, die immer wieder benutzbar waren und die Reproduktion erleichterten, ermöglichten den Buchdruck. Im Grunde haben Gutenberg und die wenigen ersten Drucker, die mit ihm zusammen an dem Problem gearbeitet haben, die ganze Grundlage der Druckindustrie in der kurzen Zeit geschaffen, die er zu leben hatte,

Aber ein neues Schreibgerät führte um die Wende des achtzehnten Jahrhunderts zum Verfall. Die Breitfederschrift wurde durch Benützung einer spitzen Feder* „vereinfacht“ und auch unter fremdem (hauptsächlich englischem) Einfluß verändert. Die Breite wurde durch Druck (Anstrengung von Fingern und Hand) erzeugt und die Schrift überdies in geometrische Gleichförmigkeit gezwängt. Das war dann die „deutsche“ Schrift, für die – als deutsches nationales Gut – die Lehrer kämpften.

Von der Monumentalschrift über die lateinische Kursive zur Breitfederschrift. Beispiele von Kindern und Erwachsenen: wenn man z.B. für ein lateinisches E ein breites Instrument zum Schreiben benutzt, ist man gezwungen, immer abzuwinkeln, abzukanten.**

Schon haben Sie das ‚gotische‘: E Erna Ei Ei

Mit allen Buchstaben ist es genau das Gleiche:

Di D Dü · L L · L L L L L L Luther

I J · J J J J · J J J · Ich Jahr

M M M · M M M M M M

Kinder mit der aus der Breitfederschrift entwickelten „deutschen“ Schrift mit spitzer Feder anfangen zu lassen, mit dieser abgekanteten Frakturschrift, bei der die

---

und zwar noch unter der Bedrohung, als Schwarzkünstler verbrannt zu werden!
Die Druckschrift, die wir auch als „gotische“ Schrift kennen, ist durch nichts anderes als technische Zwänge entstanden: Zu Gutenbergs Zeit ist mit der Breitfeder geschrieben worden, und auch die Bücher waren mit der Breitfeder gemalt. So hat er Breitfeder-Buchstaben als Modell genommen, die Buchstaben in Holz geschnitten und später in Kupfer gegossen, und zwar so, daß das Kombinieren der Buchstaben nicht durch die Form der Buchstaben erschwert wurde.
Es ist weitgehend vergessen, daß die Druckschrift die aus der lateinischen Monumentalschrift entstandene Schreibschrift ist!

* Siehe: Fritz Kuhlmann: Der Weg zur natürlichen, schönen Handschrift, S. 2, München: Max Kellerus Verlag.

** Siehe: Fritz Kuhlmann: Schreiben in neuem Geiste I u. II, Tafel 40/41, Braunschweig/Hamburg: Georg Westermann Verlag, 1923.

freie Bewegung immer unterbrochen wird, – das Kind also mit einem späten Resultat einer Form*entwicklung* als Anfangsaufgabe zu belasten, ist so, wie wenn Sie von einem Geigenschüler verlangen, daß er in den ersten Stunden schon den Bogen vom Frosch bis zur Spitze durchzieht, und auch noch vollkommen parallel zum Steg. Das ist etwas, was die großen Meister auf der Geige in der Praxis kaum tun!

Es sind in Schulmeistergehirnen ausgeheckte „Ideale"*, durch die das Kind gleich im Anfang eine Bewegungshemmung erfährt, die ausreicht, sich später Jahre und Jahre bemühen zu müssen, um sie vielleicht wieder auflösen zu können.

Beim Unterrichten müßte man empfinden, wann eine Etappe übersprungen würde, wenn es noch nicht Zeit ist, daß etwas Neues versucht oder bekannt wird. Das Finden, das Erkennen muß wachsen wie eine Pflanze. Das ist nicht immer leicht zu verwirklichen.

Fritz Kuhlmann hat keine Schreib-Lehr„methode" gehabt. Durch unsere Gespräche und Zusammenarbeit ist ihm *bewußt geworden,* was für *eine prinzipielle Grundlage des Vorgehens in seiner Arbeit enthalten ist:* nämlich *den* biologischen, physiologischen und historischen Weg einzuhalten, nicht inkonsequent zu sein, keine spätere Etappe vor die frühere zu rücken! Das ist der Weg, der so oft theoretisch in der Pädagogik gefordert wird: die biogenetische Reihe! Hier haben Sie eine biogenetische Reihe!

Frau W.: Könnte man als Erwachsener, wenn man all dieses nun weiß, noch zu einer anderen, einer besseren Schrift kommen?

H.J.: Mit dem Wissen kommen Sie nicht weiter. Sie müssen auf diesem Weg diszipliniert probieren: Wie ergibt sich der Buchstabe aus der flüssigen Bewegung, aus dem Wunsch, einen bestimmten Buchstaben oder eine bestimmte Buchstabengruppe in einem Zuge der Bewegung zu notieren, ohne Druck, ohne Formwillen, sondern so, wie die Empfindung Ihre Hand bei der Bewegung führt?
Das ist wieder ein Beispiel für: *„Buchstabe, was willst du von mir?"*** und von Gehorsam gegenüber dem, was Buchstabe oder Gruppe bzw. die Bildvorstellung davon als Einstellwirkung auf uns ausüben.

So etwas entsteht nicht, wenn man nur einige Male probiert, sondern der ganze

---

* Siehe nächste Seite

** Siehe: Heinrich Jacoby: Jenseits von „Begabt" und „Unbegabt", Hamburg: Hans Christians Verlag, 1981.

Weg muß noch einmal gegangen werden. Wir können auf diesem Gebiet allerdings nicht mehr erfinden, weil wir schon so vieles wissen, während das Kind von den Dingen – wenn man's verhindern konnte! – noch nichts weiß. Es geht vertrauend und selbstverständlich den Weg, der sich der Menschheit aufgedrängt hat, als sie vor solche Aufgaben gestellt wurde.

Normalschriften einzelner Städte und Provinzen.*

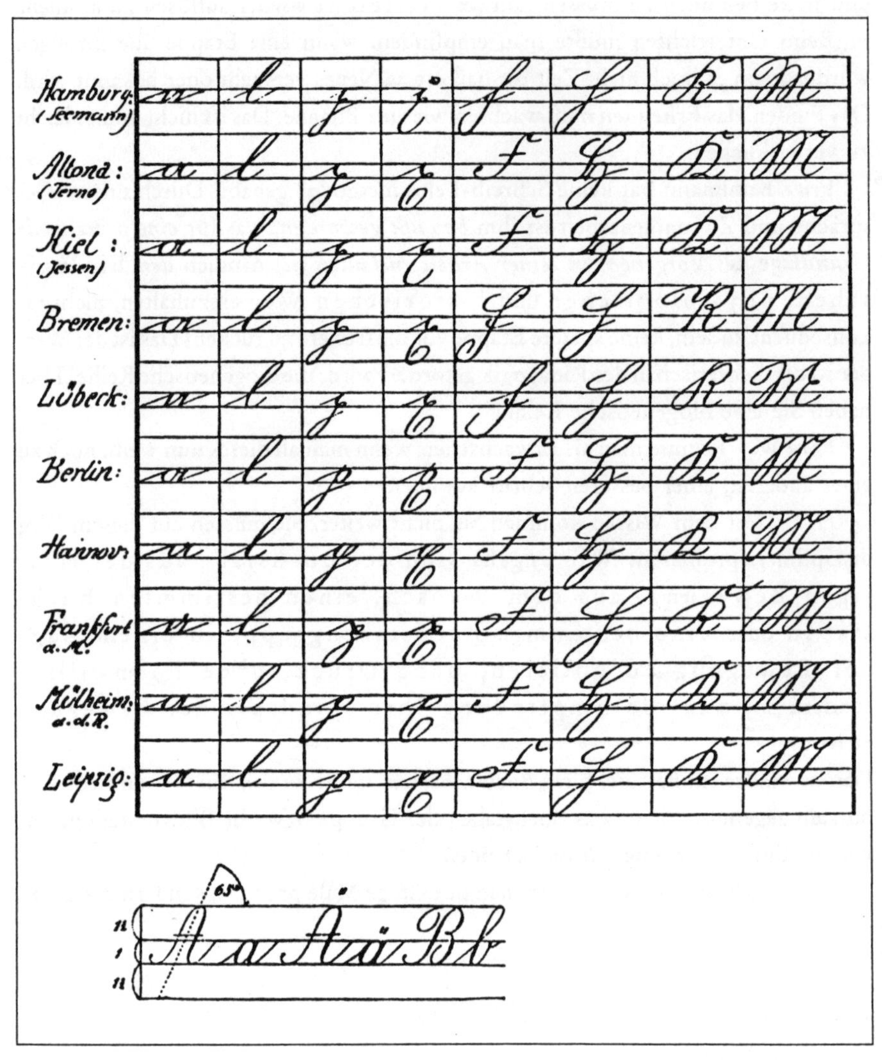

* Siehe: Fritz Kuhlmann: Urkundliche Belege für die Unnatürlichkeit und Schädlichkeit des herrschenden Schreibunterrichts und die Notwendigkeit seiner Beseitigung. In: Der Schriftwart, 1. Folge, S. 16 München: Gossner und Schenck Verlag, 1919.

nicht mehr erfinden, weil wir schon so vieles wissen, während das Kind von den Dingen – wenn man's verhindern konnte! – noch nichts weiß. Es geht vertrauend und selbstverständlich den Weg, der sich der Menschheit aufgedrängt hat, als sie vor solche Aufgaben gestellt wurde.

Heinrich Jacoby

geboren am 3.4.1889 in Frankfurt am Main, bis 1940 deutscher Staatsangehöriger, ab 1935 in Zürich. 1955 Schweizer Bürger, gestorben 1964 in Zürich.[1] 1907 Beginn des Musikstudiums in Straßburg i. E.

Von 1908-1913 Schüler in der Kompositions- und Dirigentenklasse von Hans Pfitzner. (Hörte Philosophie und Psychologie an der Universität Straßburg.) Von 1909-1913 unter der Direktion von H. Pfitzner Kapellmeister und Regievolontär am Straßburger Stadttheater.

Ab 1913 (wegen Ablehnung der traditionellen Musikerziehung) Lehrer für Harmonie- und Formenlehre an der Lehrerbildungsanstalt Jacques Dalcroze in Dresden-Hellerau und Mitarbeit an der Einstudierung der Festspiele.

Ab 1915 Leiter der Lehrerbildung für Musik an der »Neuen Schule für angewandten Rhythmus« in Dresden-Hellerau.

1917-1919 Seminarleitung in München: Untersuchungen über Zweckmäßigkeit und Grenzen der Sinnesschulung und über Ursachen der Entstehung von »Unbegabtheit« auf dem Gebiet der Musik.

1919-1922 Leitung der Musikerziehung in der Odenwaldschule. *Untersuchung über Störungen der Ausdrucksfähigkeit durch die Kleinkinderziehung.*

1922-1924 *Mitarbeit am Auf- und Ausbau einer höheren Versuchsschule in Dresden-Hellerau.*

1924 Beginn der Zusammenarbeit mit **Elsa Gindler**.

1924-1933 Arbeit als Privatgelehrter in Dresden und Berlin, ab 1928 ausschließlich in Berlin. Arbeitsgemeinschaften zur Einführung in die praktischen pädagogischen Ergebnisse seiner Untersuchungen für Lehrer, Ärzte, Heilpädagogen, Psychotherapeuten, ausübende Künstler u. ä. Übertragung der Erfahrung auf dem Gebiet des musikalischen Ausdrucks auf Probleme des Sprechens, der Stimme, der Sprache, der Bewegung, der bildnerischen Gestaltung. Untersuchung der Bedeutung von Zustand und Verhalten für die Qualität von Wahrnehmungs-, Ausdrucks- und Gestaltungsvorgängen unter ganzheitlichen Voraussetzungen.

Ab 1935 Arbeit unter erschwerten Bedingungen in Zürich. Arbeitsgemeinschaften, Einführungskurse, Ferienkurse im Rahmen der »Schweizerischen Vereinigung zur Förderung der Begabungsforschung«, die ihn zur Abhaltung von pädagogischen und psychologischen Kursen beauftragen durfte. Die Bewilligung für diese Arbeit erteilte die Fremdenpolizei jeweils für neun Monate, nach denen Heinrich Jacoby ausreisen mußte und sich in Italien aufhielt. »Jede andere Erwerbstätigkeit, Selbständigmachung, Stellenantritt sowie jede publizistische Tätigkeit und Veröffentlichung literarischer Arbeiten in irgendeiner Form ohne ausdrückliche Bewilligung der Eidgenössischen Fremdenpolizei ist verboten« hieß es.

Von 1941 an wurden halbjährige Fristen gesetzt, in denen Heinrich Jacoby »seine Ausreise vorzubereiten hätte«. Diese Emigranten-Bestimmungen wurden erst 1947 aufgehoben.

Erst ab 1950 war Heinrich Jacoby in der Schweiz nicht mehr nur geduldet. 1955 wurde er Schweizer Bürger.

---

[1] Ein ausführlicher Lebenslauf befindet sich in: Heinrich Jacoby: Musik – Gespräche – Versuche. Hamburg: Christians Verlag, 1986.

Kann Musik uns helfen, zu uns selbst zu finden und uns von Vorurteilen, Denkklischees und Routineverhalten zu befreien? Welche Voraussetzungen müssen wir uns erarbeiten, um diese Möglichkeiten in der Auseinandersetzung mit Musik zu erkennen und sinnvoll zu nutzen? Heinrich Jacoby hat seine aufsehenerregenden Erfahrungen von der Wechselbeziehung zwischen Musik und Mensch in Vorträgen – z. T. mit Demonstrationen – bereits in den 20er Jahren mitgeteilt und gelegentlich in Kursen mit Laien neu erarbeitet.

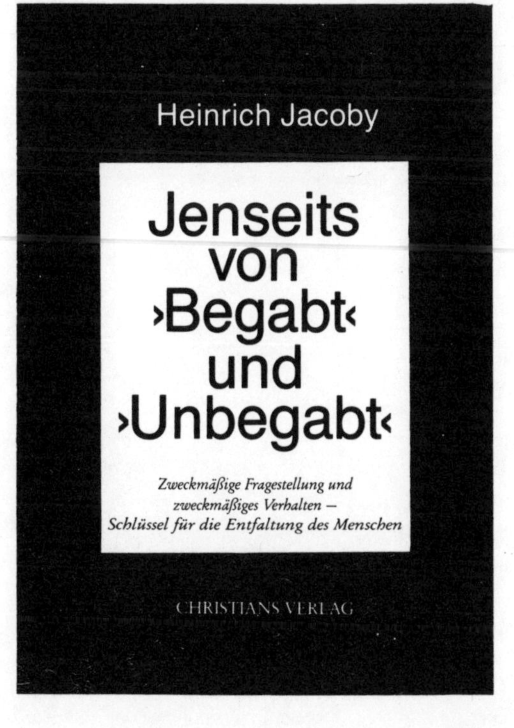